행복하게 성공하기 위한
자기주도
학습전략

행복하게 성공하기 위한
자기주도 학습전략

강 훈, 김미영, 민세홍, 정현옥 공저

동물은 생존본능에 따라 살아가고 인간에게는 성공본능이 있다고 한다. 인간은 순간순간 마주치는 사건들을 성공적으로 해결해 내고, 환경을 이해하고, 사랑을 주기도 받기도 하고, 타인으로부터 존경받고, 자아실현을 이루기까지 연속적인 성공의 순간들을 원하고 있다. 이러한 성공들을 잘 이루어낼 때 만족감을 느끼고 행복이라는 감정에 흠뻑 젖어들 수 있다. 삶은 문제해결의 연속적인 과정이라고 하지 않는가?

공부는 알지 못하던 지식의 습득에 대한 도전이며 그에 대한 성취라 할 수 있다. 이러한 성취감들을 통해 자신감이 자라고 자존감으로 연결되어 또 다른 문제에 도전하려는 용기를 낼 수 있는 심리적 원천이 된다. 이러한 새로운 지식습득이라는 문제해결 경험이 성인이 된 후 삶의 문제해결 능력으로도 연결될 수 있을 것이다. 즉 청소년기의 자기주도적인 학습이라는 성공경험이 성인이 된 이후의 자기주도적인 삶을 이끌어가는 밑천이 된다.

청소년기에 해결해야 할 과제는 무엇이 있을까? 공부에 대한 성취를 부정하고 청소년기의 성공을 말할 수 없다. 학습문제로 청소년들을 만나면서 어떠한 이유로 어려움을 경험하는지 물어보았다. 자신이 경험하는 학습문제의 원인을 자신도 부모님도 제대로 이해하지 못하고 있는 경우가 많았다.

공부하는 방법을 몰라서
공부하려는 의지가 없어서
사람들과 관계의 문제가 있어서
의지는 있으나 실천을 못해서…

공부를 못한다고들 하였다. 그래서 스스로 공부를 성공적으로 이끌 수 있는 구체적인 방법들을 제시하고 싶었다. 학생과 학부모들이 제시하는 공부를 못하는 이유와 자기주도학습이론들을 연결하여 이 책을 구성하였다.

Part 01 자기조절학습전략에 대한 이해, Part 02 동기적 전략, Part 03 인지적 전략, Part 04 행동적 전략으로 구성하였다.

Part 01 자기조절학습전략에서는 왜 스스로 공부하는 것이 중요한지와 두뇌가 학습하는 원리에 대해 제시하였다.

Part 02 동기적 전략에서는 공부하려는 의지를 스스로 가지고 그 의지를 유지하게 하기 위한 전략들을 제시하였다. **[자신감 향상]**에서는 자신감의 중요성과 뿌리에 대해 알아보고 긍정적인 자신의 모습을 디자인하는 내용을 담았다. **[목표지향적 삶의 태도! 목표설정]**에서는 목표지향성의 중요성, 자신의 사명, 꿈, 비전 발견하기, 목표를 설정하고 달성하는 삶으로 안내하는 방법을 제시하였다. **[성격과 학**

습스타일]에서는 MBTI의 원리를 바탕으로 인간의 성격유형과 학습유형을 이해하고 청소년 학습자를 좀 더 이해할 수 있도록 하였다.

Part 03 인지적 전략에서는 공부하는 데 있어 구체적인 방법들을 제시하였다. [효과적 읽기]에서는 교과서 읽기의 중요성, 글을 읽고 이해하는 과정, 짧은 문장과 긴 문장을 요약하는 방법을 제시하였다. [통합정리(=노트필기)의 기술]에서는 교과서와 참고서, 문제집 등 다양한 학습자료들을 자신의 지식으로 정리하는 노트필기법에 대해 제시하였다. [집중력]에서는 학습의 과정뿐 아니라 삶의 과정에서도 필요한 집중력에 대해 알아보고, 집중력을 향상시키는 방법을 제시하였다. [효과적 기억]에서는 인간의 두뇌가 기억하는 원리와 방법들, 인간 두뇌의 기억장치의 구조에 대해 제시하였다. 그리고 기억력을 향상시키는 실제적인 방법들을 제시하였다. [수업 전, 중, 후 전략]에서는 수업시간의 중요성을 강조하면서 예습, 수업, 복습과정의 관계 및 전략들을 제시하였다. [과목별 학습법]에서는 국민공통기본교육과정에 대해 이해하고 구조중심의 과목, 의도중심의 과목, 적용중심의 과목으로 구분하여 학습방법을 제시하였다.

Part 04 행동적 전략에서는 학습 실천력을 높이기 위한 행동적 요소에 대해 제시하였다. [시간관리]에서는 시간의 중요성과 시간을 계획하고 관리하는 구체적인 방법을 제시하였다. [스트레스 관리]에서는 스트레스의 위험성과 스트레스를 극복하는 방법들에 대해 제시하였다.

이 책에서는 자기주도학습력에 메타인지(meta-cognition)를 강조한 의미로서 자기조절학습력을 혼용하여 사용하였다. 메타인지는 자신의 인지나 감정상태에 대해 인지하는 능력으로, 학습의 양이 많아지고 난이도가 높아질수록 자신의 사고와 행동을 모니터링하고 통제하여 힘을 발휘할 것으로 기대할 수 있다. 뿐만 아니라 성인이 된 이후에도 메타인지능력은 성공적인 삶으로 이어주는 핵심능력이 될 것이다.

Part 01에서 Part 04의 대략적인 줄거리에서 나타나듯이, 이 책은 자기주도적인 학습에 관심 있는 사람이라면 누구라도 쉽게 읽을 수 있게 꾸며져 있다. 먼저 청소년 하습지도 전문가라면, 학습이 뇌에서 일어나는 과정과 청소년의 학습문제를 바라보는 다면적인 시각을 갖는 데 도움이 될 것이다. 학부모라면 자녀의 학습과 관련된 상태와 원인을 파악하는 데 도움이 될 것이다. 청소년들이라면 자신이 관심 있는 부분을 선택하여 읽으면 도움이 되리라 생각한다.

2011년 1월
강 훈, 김미영, 민세홍, 정현옥

c o n t e n t s

Part 04. 행동적 전략

Part **01**

자기조절학습전략의 이해

Chapter 01 자기조절학습력은 삶의 기술

CHAPTER

1

자기조절학습력은
삶의 기술

● 왜 자기조절학습력이 중요한가?

➤ 행복한 삶을 연습하는 것이 자기조절학습

모든 인간은 행복하기를 원한다. 중, 고등학생에게 장래 희망이 무엇이냐고 물어보면 의사, 변호사, 외교관, 과학자 등 다양한 직업을 쉽게 말하는 것을 볼 수 있다. 한 번 더 나아가 왜 그 직업이 좋으냐고 물어보면 '그냥' 혹은 '돈을 많이 벌어서' 혹은 '부모님이 희망해서' 등의 외적인 이유를 든다. 더 나아가 그 직업을 가질 때 좋은 점에 대해 물어보면 '부', '명예', '권력'의 세 가지로 의견이 모인다. 이세 가지를 가지면 행복할 거라 생각하는 것이다. 그러나 인생을 살아본 성인들에게 물어보면 이것들을 가졌다고 반드시 행복한 것은 아니라고 한결같이 말한다. 헤르만 헤세는 "인생에 주어진 의무는 다른 아무것도 없다네, 그저 행복하라는 한 가지 의무뿐 우리는 행복하기 위해 세상에 왔지"라고 했다. 그렇다면 우리나라의 국민들 특히 청소년들은 얼마나 행복할까?

최근 한 신문에서는 한국의 청소년이 OECD 국가에 비해 1주일에 15시간 더 공부하지만 학업성취도는 별로 좋지 않다고 발표했다. 이유는 보충수업이나 사교육 시간이 많은 데 비해 스스로 공부하는 시간이 적은 것이라 한다. 학습(學習)의 의미가 배우고(學), 익힘(習)이라는 것을 생각해 보면 배우기만 하고 익히는 과정이 없어 지식의 흡수 과정이 충분하지 않아 배설하는 지식이 많다는 의미로 생각해 볼 수 있다.

또 한 신문에서는 우리나라 초·중·고생의 정신건강에 적신호를 주장하며 13%가량은 정서나 행동에 문제가 있어 정밀검진이 필요하다는 조사 결과를 발표하였다. 학생 정신건강 검진 시범운영 사업 연구 보고서 결과, 전국 245개 초·중·고생 7만 4천380명을 대상으로 정신건강 선별검사를 한 결과 12.9%(9천588명)가 정밀검진이 필요한 것으로 나타났다는 것이다. 학년이 올라갈수록, 해가 거듭될수록 심각성은 더해질 것으로 예상된다고 발표하였다. 주된 원인은 물론 학습 스트레스라 한다. 인간이 과연 즐겁지 않은 일을 얼마간 지속적으로 열심히 잘할 수 있을 것이며, 의무감 또는 경쟁심으로 몇 년간 지속하고 난 후 감정상태는 어떠할까?

청소년들을 대상으로 '삶에 만족하는가'라는 조사결과에서는 네덜란드 94.5%, 핀란드 91.6%, 독일 85.4% 등인 데 비해 한국의 청소년들은 53.9%로 응답한 결과도 있다.

그렇다면 성인들은 행복할까? 영국의 레스터 대학에서 각국의 성인들을 대상으로 조사하여 제시한 행복지도에 의하면 한국은 102위에 해당된다고 보고되었다.

셀리그만에 의하면 행복한 사람의 부류를 첫째, 즐거운 삶(pleasant life)을 사는 사람 둘째, 의미 있는 삶(meaningful life)을 사는 사람 셋째, 헌신하는 삶(devoting life)을 사는 사람이라 하였다. 다시 말하면 행복은 무언가 원하는 것을 이루거나, 가지거나, 욕구가 충족되었을 때 느껴지는 감정으로 이 또한 반복된 습관이라 힐 수 있다. 인간의 뇌는 행복감을 느끼는 회로와 불행함을 느끼는 회로가 있는데, 한 번 감정의 회로를 사용하면 반복적이고 자동적으로 사용하게 된다는 것이다. 청소년기에 활성화된 감정 회로는 성장하면서 자동성이 강화되어 성인이 된 다음의 얼굴 인상이 되고, 언어가 되며, 성품이 되고 그 사람의 삶의 모습이 된다. 청소년기에 어떤 감정을 많이 누렸는지에 따라 성인이 된 후의 많은 부분을 결정짓는다 할 수 있다.

학습을 적극적으로 원하지는 않더라도 학습내용을 스스로 선택하고 올바른 학습방법을 찾아내고 만족 지연을 하는 자기통제의 과정을 통해 학습자는 작은 성취감을 맛보게 될 것이며, 이 성취감들이 모여 자존감을 결정짓고 내적 동기와 삶에 대한 열정으로 자라고 또 학습에의 도전을 하는 선순환과정을 통해 진정한 자기주도학습능력을 갖추게 될 것이다.

청소년 시기에 가장 많은 부분을 차지하는 활동이 학습이다. 이 학습의 시기에 올바른 습관과 전략을 갖추어 가는 동안 자기주도적인 삶의 태도가 형성될 것이며 성인이 된 이후의 자기주도적인 삶의 밑거름이 된다.

➤ 주인공의 삶을 살 것인가? 주변인의 삶을 살 것인가?

청소년들과 교육의 현장에서 "내 인생의 주인은 (   )"라는 문장을 주고 괄호 안을 채워보라고 하면 주저함 없이 "나 자신"이라 말한다. 물론 답을 망설이는 소수의 아이들도 있다. 그럼 주인과 반대되는 주변인 혹은 노예의 차이를 말해보라 하면 "스스로 선택하는 자와 그렇지 못한 자"라는 답변이 많다. 한 번 더 질문을 한다. "그럼 너희 공부는 누가 선택하니?" 이쯤 되면 이구동성으로 "엄마요"라고.

"그럼 너희는 주인이 아니었구나!" 순식간에 아이들의 반응이 술렁이게 된다.

자기주도력이란 자신의 힘으로 모든 것의 주체가 되어 이끌어 나갈 수 있는 힘을 말한다. 주체가 된다는 것은 명확하게 자기 개념을 가지고 자신이 원하는 것, 자신이 하고 싶은 것을 제대로 알아 자기의 색깔을 제대로 아는 것으로부터 출발한다. 이는 자신이 누구인지를 알아가는 과정이며, 동시에 스스로 자기 일에 대해 선택하고 결정하며, 그를 통제 관리할 수 있는 능력까지를 포함한다. 일반적으로 자기주도적으로 일한다는 의미는 그 일에 대한 책임성과 자기 일을 더욱더 확대하고 성장시킬 수 있는 의지와 동기를 가지고 가장 효과적으로 그 일을 자신에게 맞게 해내는 상태를 의미한다. 자아정체성이 형성되어가는 과정에 있는 청소년에게 이러한 자기 주도력은 자신의 욕구에 대한 인식, 세상에 대한 믿음과 신뢰, 개방적이고 창조적으로 세상과 환경에 적응하는 능력 등의 형성 정도를 말하며, 성장할수록 이러한 자기주도력은 점차 더 구체화되고 분명해질 수 있다.

누가 인내를 달라고 기도하면
신은 그 사람에게 인내심을 줄까요?
아니면 인내를 발휘할 수 있는 기회를 주시려 할까요?
용기를 달라고 하면 용기를 주실까요?
아니면 용기를 발휘할 기회를 주실까요?
만일 누군가 가족이 좀 더
가까워지게 해 달라고 기도하면
하느님이 뿅 하고 묘한 감정이 느껴지도록 할까요?
아니면 서로 사랑할 수 있는 기회를 마련해 주실까요?
- 에반 올마이터

만일 우리가 '세상을 변화시켜 달라'고 기도하면 하나님은 세상을 바꿀 수 있는 기회를 주시고, 용기를 달라고 기도하면 용기를 발휘할 수 있는 기회를 주시고 가정의 화목을 간구하면 가족이 회복될 수 있는 기회를 주실 것이다. 그렇다면 인생의 주인으로 살기를 원한다면? 주인의식을 가지고 발휘하며 살아갈 수 있는 기회를 주어야 한다. 청소년기에 올바른 주인의식을 가지고 마음껏 발휘해 볼 수 있는 유일한 기회가 바로 학습의 과정이다. 자기조절학습은 인생의 주인공으로 살 수 있는 유일하고도 장기간의 연습의 장이다.

➤ 지식중심의 시대 변화에 따른 성공적 삶의 수단

인류역사를 보면 삶의 질 향상을 위해 계속 변화해 왔다. 수렵이나 목축이 주된 業(업)이었던 원시사회를 지나, 농업이 주 業(업)이었던 농업사회, 대량 생산이 주요했던 산업사회, 정보와 지식이 가치를 가지고 자산이 되는 지식·정보화 사회에 우리는 살고 있다. 이제 다가올 시대는 한 분야의 깊이 있는 지식도 중요하지만 영역 간의 경계를

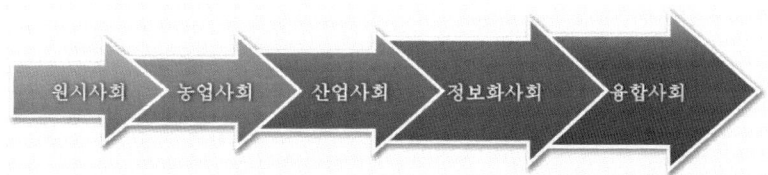

원시사회 → 농업사회 → 산업사회 → 정보화사회 → 융합사회

넘어 영역별로 가진 장점과 강점들을 모아 새로운 아이디어를 내고 지식을 창출하는 융합사회로 향하고 있다. 산업사회까지는 눈에 보이고 만질 수 있는 물리적인 힘이 자산적 가치를 가진 시대라 한다면 정보화 사회나 융합사회는 눈에 보이지 않고 만질 수도 없는 소프트한 힘이 자산적 가치를 가지게 된다.

지식이 중요한 자산이 되는 사회가 되면서 지식의 양이 폭발적으로 증가하게 되고, 지식의 생명주기가 짧아져 경쟁력 있는 사회인이 되기 위해서는 지식의 습득능력이 매우 중요해지고 있다. 자기주도학습능력은 21세기가 요구하는 가장 중요한 능력이라 할 수 있다. 급변하는 사회에서 경쟁력을 가지기 위해 반드시 요구되는 지식, 기술, 정보를 습득하는 능력과 자신의 아이디어를 정확히 표현하는 능력, 어떤 과제가 주어졌을 때 스스로 해결하는 능력이 필요하다.

다시 말해서 21세기 사회에서는 형식적 교육에서 우수한 능력을 갖춘 자, 대학 졸업 후 사회에서도 자신이 갖추고 있는 우수한 능력을 펼칠 수 있는 평생학습자를 요구하며 이에 필요한 접근방법이 자기주도학습이라 할 수 있다.

● 뇌의 학습방식과 학습전략

⫸ 인간이 세상과 만나는 3요소: 인지, 정서, 동기(행동)

인간은 뇌에 저장되어 있는 정보에 의해 움직인다. 이러한 정보는 과거의 의식, 무의식적 경험이나 습관의 결과로 생성되어 진다. 우리가 느끼는 감정, 생각 등은 뇌에서 정보들이 작용을 해서 만들어내는 현상이며, 뇌의 뉴런과 시냅스의 활동에 의해 정보가 저장되고, 서로 네트워크를 형성하여 정보를 주고 받는다.

뇌에 저장된 기억정보는 크게 사실기억과 감정기억으로 구분할 수 있다. 두뇌는 실체에 상관없이 입력되는 정보에 반응한다. 반응 태도나 강도를 결정할 때 자신의 뇌에 저장된 정보와 유사한 기억을 근거로 하게 된다. 따라서 우리가 느낀다고 생각하는 감정들의 뿌리에는 정보가 있으며, 정보가 바뀌면 감정도 바뀐다. 감정과 정보는 마치 폐곡선과 같아서 시간이 지나면 감정이 먼저인지, 정보가 먼저인지 구분할 수 없게 된다. 분명한 것은 어떤 사물에 대한 감정상태가 좋아야 정보를 좋게 해석하고 선택할 수 있다.

그래서 미리 깨달은 지혜인들은 "일체유심조(一切唯心造)"라 하였을 것이다.

신라의 원효는 의상과 함께 당나라로 가기 위해 길을 나섰다. 날이 어두워지고 비까지 쏟아지자 동굴로 몸을 피하고, 두 사람은 잠이 들었다. 원효는 잠결에 손을 더듬어 바가지에 든 물을 마셨다. "아, 참 달고 시원하구나." 다음 날 아침 잠에서 깬 원효는 깜짝 놀랐다. 두 사람이 자고 있던 곳은 굴처럼 된 무덤이었다. 밑에는 썩은 물이 담긴 해골이 놓여 있었다. 원효는 해골물을 마신 것을 알자 심하게 구역질을 했다. 그 순간 '어제 마신 물과 오늘 아침에 본 물은 똑같은 물인데 왜 그토록 다르게 생각될까'라는 생각이 떠올랐다. 모든 것은 마음에 달렸다는 것을 깨닫고 다시 신라로 돌아왔다.

힌두교 소 숭배의 예에서는 인도 사람들은 거의 다 힌두교를 믿고 있으며, 이 종교는 소를 숭상한다. 그래서 인도 사람들은 차도에서 소가 드러누워 있어도 소가 일어날 때까지 기다렸다가 차를 몰고, 소가 사람이 다니는 거리를 다녀도 사람이 소를 비켜간다. 그리고 굶주리면서도 소는 잡아먹지 않는다. 힌두교인들에게 소를 잡아먹는 것은 신성모독이다.

에스키모인들은 귀한 손님이 오면 살아 있는 구더기 요리를 대접한다.

이렇듯 누구나 뇌 속에 저장된 정보에 따라 반응한다. 뇌 속에 저장된 정보는 사실과 감정 두 가지이다. 학생의 입장에서 보면 단순히 교과서에 정해진 공부를 하는 것이지만 두뇌의 입장에서 보면 정보를 습득하는 과정이고 이러한 정보습득과 처리의 습관이 성인이 된 후의 두뇌활용습관을 결정하게 된다.

두뇌의 입장에서 보면 학습을 한다는 것은 뇌를 훈련하는 것이며, 조건화하는 일련의 과정이다.

현재 좋은 성적을 얻는 것이 매우 중요하지만 더 중요한 것은 두뇌의 정보처리능력을 키워주는 것이며 이것은 중, 고등학교 시절에 올바른 학습습관을 갖는 것으로 많은 부분이 결정된다. 타고나면서부터 좋은 뇌, 나쁜 뇌는 없다. 다만 뇌에 어떤 정보가 들어 있는가, 어떻게 뇌를 관리하고 활용하고 계발했는가에 따라 그 수준이 달라질 뿐이다. 뿐만 아니라 두뇌의 힘은 선택과 훈련에 의해 강화된다. 인간의 뇌는 선택과 훈련에 의해서 뇌의 무한한 잠재력과 가능성이 개발될 수 있다. 따라서 올바른 학습습관으로 두뇌활용 훈련을 하는 것이 매우 중요하다.

새로운 자극이나 정보에 노출되었을 때 두뇌에 있는 정보를 자원으로 반응 또는 행동을 선택하게 된다. 따라서 인간이 세상과 만나고 관계를 맺는 기제는 인지(생각, 지식)와 정서(감정, 느낌), 반응(행동)이 된다.

인지(생각, 지식): 세상을 표상하는 기제이다. 잦은 병치레를 통해 주사나 약은 나쁜 것이고 자신을 괴롭히는 사물이고, 간호사는 자신을 괴롭히는 사람으로 생각하고 있다면 '인지'가 작용한 것이다.

정서(감정, 느낌): 세상과 관계하는 기제이다. 사탕을 좋아하거나 뱀을 싫어하는 것은 사탕이나 뱀이라는 대상과의 관계를 설정하는 '정서'의 작용이다.

반응(행동): 세상에 작동하는 기제이다. 쓴 약을 먹고 난 후 입이 허전할 때 사탕을 먹는 것은 '반응(행동)'이라 할 수 있다.

공부라는 대상에 대한 내 아이의 관계를 파악해 보자.

공부에 대한 **인지**	

↓

공부에 대한 **정서**	

↓

공부에 대한 **행동**	

공부라는 대상에 대해 적극적인 행동을 할 만한 정서상태인가? 좋은 정서상태를 유지하기 위한 올바른 인지정보를 가지고 있는가? 두뇌를 건강하게 하는 공부를 하려면 공부에 대한 정서와 인지정보를 바꾸어야 한다.

➤ 학업성취의 3요인: 인지, 정서, 행동

개인의 정보처리능력 또는 학업성취를 결정짓는 3개의 요인은 인지(지능), 정서(학습 동기), 행동(실천)이라 할 수 있다.

초등학교 때에는 학습량이 적고 내용의 난이도가 낮기 때문에 지능만 높아도 학업성취가 높을 수 있다. 중학교, 고등학교로 올라갈수록 학습량이 많고 난이도가 높아짐에 따라 인지보다는 하고자 하는 의지, 즉 학습 동기와 자신을 통제하고 스스로 학습해내고 학습시간을 채워내는 실천력이 절대적으로 필요하다. 주위에 초등학교에서 상위학년으로 진학할수록 성적이 떨어지는 수많은 사례를 쉽게 볼 수 있다. 반대로 지능은 다소 낮더라도 하고자 하는 학습 동기와 해내는 실천력이 있는 학생들은 상위학년으로 갈수록 성취도가 높아질 수 있다. 따라서 지속적인 학업성취를 원한다면 초등학교 때부터 긍정적 학습 동기와 그것을 실천해 내는 자기주도적인 학습습관을 기르는 것이 절대적으로 중요하다. 다음의 표에서 보면 성취도가 높은 학생은 어느 정도의 지능, 학습 동기, 행동으로의 실천이 모두 상위인 학생이 될 것이다. 만약 이 중에서 어느 한 가지를 선택하여 없애도 성취도에 가장 영향을 미치지 않는 것은 무엇일까? 그것은 아마도 지능일 것이다. 낮은 지능은 높은 학습 동기를 가지고 행동으로 실천하면 극복할 수 있게 된다. 그러나 동기가 없어 행동으로 실천하지 않는 높은 지능이 무슨 의미가 있을까?

학업성취도와 인지, 정서, 행동의 관계

성취도	인지(지능)	정서(학습 동기)	행동(실천)
상	High	High	High
중	Middle	Middle	Middle
하	Low	Low	Low

같은 맥락에서 학습계획, 습관, 자세를 포함하는 학습기본(basic)과 과목별 공부기법, 예습, 복습, 필기를 포함하는 학습기법(skill), 집중력, 암기력, 이해력 등의 두뇌력(brain power)이 있다 할 때 초, 중, 고의 학업성취를 결정짓는 요인은 다음 그림과 같다.

상위학년으로 올라갈수록 오히려 기본의 힘이 발휘되는 것이다.

학교급별 학업성취 요인

학습기본(basic)	학습기본(basic)	학습기본(basic)
공부기법(skill)		
두뇌력(brain power)	공부기법(skill)	공부기법(skill)
	두뇌력(brain power)	두뇌력(brain power)
초등학교	중학교	고등학교

학업성취의 인지적 요인은 지능, 기초학습능력, 학습경험으로 세분화할 수 있고, 기초학습능력은 인지전략과 초인지전략으로 나누어 생각할 수 있다.

기존의 연구결과에 따르면 지능은 학업 성취를 예언하는 데 가장 강력한 변인으로 성적의 16~36%를 설명하고 있다. 학습경험에 대하여는 지나치게 어렵거나 많은 양의 학습으로 인한 인지적 효율이 감소되며 지나친 선행은 오히려 학습무기력 상태와 관련이 높으며, 발달단계에 맞는 학습을 권장하고 있다. 자신만의 학습전략에 자신이 없거나 성적이 낮거나 인지발달의 균형이 맞지 않은 아이들은 기초학습능력에 초점을 맞추는 것이 좋다. 인지전략은 효과적 기억전략, 효과적인 글 읽기 전략, 통합적 정리전략, 시험 준비 전략 등이 해당된다. 초인지전략은 목표 설정, 계획 수립, 자기 관찰 및 평가, 자기 강화, 환경 관리, 자신의 생각과 행동에 대한 모니터링하는 전략이다. 인지전략이 단순한 학습기술이라면 초인지전략은 자신을 지켜보는 또 다른 자신을 의미하며 자신의 방향, 상태를 관찰하고 평가하는 정신작용이라 할 수 있다. 자신이 아는 것과 모르는 것을 구분하는 행위, 자신이 집중을 하고 있는지 그렇지 못한지, 자신의 미래를 그려보는 것, 시험준비를 얼마나 더 해야 하는지를 평가하는 것은 모두 초인지전략에 해당되는 것이다. 학년이 올라가고 성인이 될수록 초인지전략은 자신의 내면에 집중하며 더 성공적인 삶을 사는 데 막강한 힘을 발휘할 것이다. 그러나 대부분의 경우 가정에서나 학교에서 초인지전략에 대해 가르치지 않고 있다.

➤ 초인지전략 향상을 위한 5단계 생각법

이명경은 초인지전략에 익숙해지는 방법으로 5단계 생각법을 개발하여 가르치고 있다.

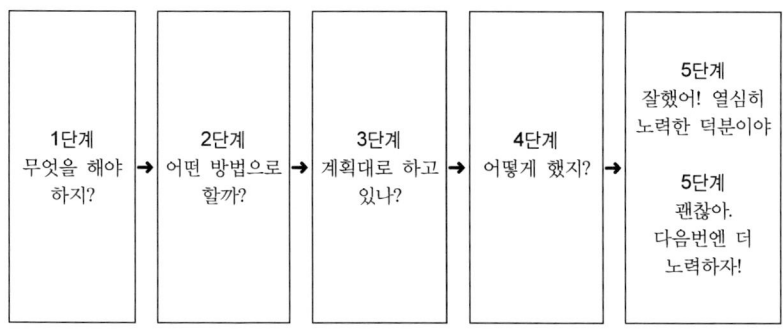

| 1단계
무엇을 해야
하지? | → | 2단계
어떤 방법으로
할까? | → | 3단계
계획대로 하고
있나? | → | 4단계
어떻게 했지? | → | 5단계
잘했어! 열심히
노력한 덕분이야

5단계
괜찮아.
다음번엔 더
노력하자! |

- **문제정의 1단계: 무엇을 해야 하지?**

활동을 시작하기 전 단계이며 주어진 과제의 종류와 성질을 파악하고 목표 행동을 설정하는 단계이다.

"이번 수업에는 무엇을 배울 거지?"

"이번 시간에는 무엇을 할 거지?"

"이번 중간고사에는 목표가 어떻게 되지?"

등으로 지금 혹은 이번에 해야 할 과제를 자기언어로 말해보고 정의하게 하는 것이다.

- **계획수립 2단계: 어떤 방법으로 할까?**

활동 시작 전 단계로서 과제를 효율적으로 처리하기 위한 전략을 고안하는 데 **시간**에 대한 계획과 **방법**에 대한 계획을 동시에 고려하는 단계이다. 과거의 성공, 실패 전략을 적극적으로 활용하며 교사나 부모는 가장 효율적인 문제 해결전략을 제안하지만 처음부터 학생에게 강요하지 않는 것이 좋다. 자기 나름의 방식과 교사가 제안한 방법을 검토해서 더욱 효과적인 것을 선택하도록 해야 한다.

선생님이 물어주고 아이들이 답하기를 반복하다 보면 내재적 언어화가 되어 어떤 과제를 수행할 때 스스로 자신에게 물어보는 내재화 언어를 사용할 수 있게 된다.

"영어 CD를 듣고 교과서를 볼까, 교과서를 보고 CD를 들을까?"
"교과서를 보고 참고서를 본 다음 문제를 풀까?"
"지난번 교과서를 보지 않아 개념정리가 잘 안되었지?"
"과거의 성공? 어떻게 해서 성공했었지? 칭찬받았었지? 이전에는 시간이 얼마나 걸렸지? 어떤 게 더 효과적이었지?"

● 중간점검 3단계: 계획대로 하고 있나?

활동의 중간에 이루어지는 단계로 계획한 시간에, 계획한 방법으로 과제를 수행하고 있는지 점검하는 것이다. 습관적으로 과거의 비효율적인 방법으로 접근하고 있는지 확인하고, 집중의 정도를 평가하는 단계이다.

"입으로 중얼중얼하기로 했지, 안 하고 있네?"
"내가 지금 다른 생각을 하고 있네?"

이 단계는 집중하고 있는 동안보다는 집중하지 않고 있다가 자신의 상태를 파악하는 데 유용하다. 처음에는 교사나 부모가 "지금 집중하고 있니?", "하기로 한 방법대로 하고 있니?"라고 물어주다 보면 스스로 자신의 과제 수행 상태를 모니터링할 수 있게 된다.

● **수행 후 점검 4단계: 어떻게 했지?**

활동을 마친 후 빠뜨리거나 실수한 것이 없는지 확인하는 단계로 글씨, 선 등을 더 정확하고 깨끗하게 수정할 수 있다. 또한 점검 과정에서 수정하는 것은 자신의 실력으로 인정하면 좋다.

● **자기강화 5단계: 잘했어! 열심히 노력한 덕분이야. 괜찮아~ 다음번에 더 잘하면 돼**

활동을 마친 후 수행에 대한 적극적인 칭찬을 하거나 결과기 기대에 못 미치는 경우 격려하고 다음 과제에 대한 동기 부여를 하는 단계이다.

과제나 활동의 결과에만 초점을 맞추기보다는 잘한 경우에는 성공경험으로, 잘 안 된 경우에는 학습의 기회로 삼는 것이 자기효능감 향상에 도움이 된다.

초인지전략은 겉으로 드러나지 않지만 모든 일에 있어 성패를 결정짓는 핵심적인 습관이며, 의식적인 습관화 과정을 위하여 시각화자료를 작성하여 활용하도록 한다.

왓슨에 의하면 혼자서 스스로 하는 속내 말은 곧 사고이며, 사고란 음성을 내는 데 관여하는 발성근육활동이 너무 작아 소리가 외부로 나오지 않는 것이다. 책을 읽으면서, 무언가 골똘히 생각하면서, 혼자서 돈을 셀 때 작은 소리로 중얼거리면 더 잘 집중되는 것에서도 사고와 말은 같은 대상에 대한 다른 표현이라는 것을 알 수 있다.

아이들이 속으로라도 자신을 객관적으로 관찰하고 평가하도록 하자.

➤ 정보처리이론에 의한 학습의 단계

정보처리이론에 의하면 학습의 과정은 다음과 같다.

인간 외부에 있는 학습대상인 자극이 시각·청각 기관에 들어온다. 감각기관에 들어온 자극물은 주의를 기울이면 단기기억으로 넘어가게 되고 두뇌의 적절한 작용에 의해 장기기억으로 이동하게 된다. 장기기억에 저장된 정보는 정보가 필요한 상황이 되면 인출될 수 있다. 각 기억단계 별로 망각이 발생하며 경우에 따라 인간은 자신이 무엇인가를 보았다는 사실조차 망각하게 된다.

이러한 학습의 단계는 입력단계 ⇒ 처리단계 ⇒ 출력단계의 3단계로 표현할 수 있다.

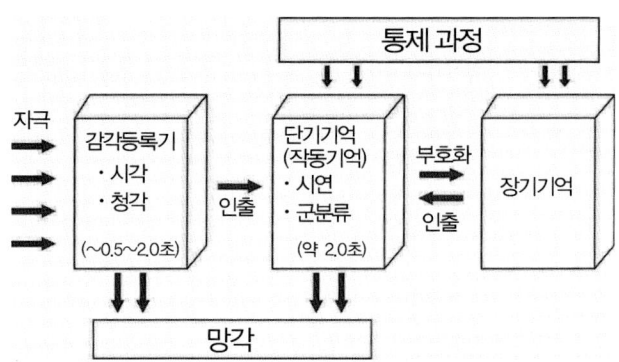

학습의 3단계에서 주의집중, 지각, 시연, 부호화, 인출의 과정을 거친다.

주의집중은 자극에 대해 반응하는 것이며 감각등록기에 들어온 자극들 중 선택적인 반응을 의미한다. 오늘 아침부터 지금까지 다니면서 보았던 수많은 자동차와 건물, 자연, 사람 등의 대상 중 보았다고 기억나거나 기억나는 자동차 번호라도 있는가? 그것이 자신이 주의집중하고 선택적으로 반응한 것이다. 인간은 1초에 수만 개의 정보를 본다고 한다. 그들에 모두 주의집중을 하고 기억한다고 상상해 보라. 끔찍하지 않은가?

지각은 주의집중을 통해 들어온 자극에 개인의 의미와 해석을 부여하는 과정을 의미한다. 지나가다가 사고를 당할 뻔한 차의 번호가 무의식적으로 기억난 적이 있는가? 늘 다니던 세탁소가 눈에 띄지도 않았지만 세탁할 물건이 있을 때에는 갑자기 눈에 들어오고 나면 그 다음부터는 생생하게 떠오르는 것도 지각의 과정을 거쳤기 때문이다. 혹 가까운 사람의 얼굴에 몇 개의 점이 있는지 기억하는가? 지각의 과정을 거치지 않았다면 아무리 가까운 사람이라 하더라도 기억나지 않을 것이다.

시연은 소리 내 읽거나 속으로 되풀이하여 반복을 통해 파지, 전이하는 과정이다. 사고를 당할 뻔한 자동차 번호를 기억하기 위해 소리 내거나 속으로 반복했다면 더 확실히 기억이 유지될 것이다. 인간은 누구나 언어를 도구로 하여 사고를 하고, 그 사고를 확장하기 때문에 말이나 글로 표현한 것은 자기의식이 될 가능성이 큰 것이다. 학업성취가 높은 아이와 그렇지 않은 아이의 주요한 차이 중 하나는 자기언어로 시연하는 과정을 거치는지 여부이다. 속말이나 겉말로 되뇌는 것은 주요한 학습전략이 된다.

부호화는 장기기억 속에 존재하고 있는 기존의 정보에 새로운 정보를 연결하거나 연합하는 과정이다. 뇌가 학습하는 과정은 기존에 알고 있던 정보와 새로운 정보가 네트워크를 연결하는 과정이며, 새로운 정보가 입력될 때 기존에 알고 있는 정보 중 가장 유사한 정보를 찾아 연결하려는 속성이 있다. 그래서 전혀 새로운 분야의 초기학습은 선행을 한 익숙한 학습에 비해 학습효율도 떨어질 뿐 아니라 어려운 것이다. 그래서 많은 교수학습방법 중에 선행학습과의 연결고리를 활용하는 것이다.

인출은 장기기억에서 정보를 찾는 탐색과정으로 이용 가능성과 접근성이 높을 때 효율적이다. 효과적인 학습자는 인출에 유용한 방식으로 부호화하여 저장한다.

● 자기주도학습과 학습전략

노울즈(1975)는 자기주도학습이란 타인의 도움 없이 자기 스스로가 주도권을 가지고 학습목표를 설정하고, 효율적인 학습전략을 사용하며, 학습결과를 스스로 평가하는 일련의 과정으로 정의한 후에 많은 학자들이 저마다의 새로운 정의와 구성요인을 제시해 왔다.

우리나라에서도 송인섭(2008) 등이 자기주도학습 구성요인을 제시하였는데 동기적 요인, 인지적 요인, 행동적 요인이 공통으로 포함되어 있으며, 환경적 요인이 차별적으로 포함되어 있다. 이 책에서는 기존의 연구결과들을 종합하고 필자의 의견을 덧붙여 주제별로 교육 모듈화하여 다음과 같은 자기주도학습전략 모형을 제시한다.

자기주도학습전략

동기전략	인지전략	행동전략
• 자존감 향상(자기효능감) • 목표지향적 태도(목표설정) • 성격에 따른 학습전략	• 효과적 읽기 (글을 읽고 이해하는 과정) • 통합정리의 필기 • 집중력 향상 • 기억력 향상 • 수업 전, 중, 후 학습법 • 과목별 학습법	• 시간관리 • 스트레스관리

초인지전략
• 왜, 무엇을, 어떻게 해야 하지?
• PQ4R 혹은 5단계 생각법에 의한 자기관찰, 평가 강화

동기전략, 인지전략, 행동전략의 세부구성요소는 이외에도 더 추가할 수 있으며, 학습의 전 단계에서 초인지전략이 잘 작동하는 것이 더 기본적이고 핵심전략이라 할 수 있다.

많은 경우 책상에 앉아 있는 것과 학습을 하는 것에 차이가 있다. 학생들은 올바른 학습방법을 알지 못해 심지어는 자신이 집중하고 있는지, 글자를 읽고 있는지 아니면 의미를 파악하고 있는지 조차 알지 못하고 들인 시간에 비해 학습결과가 좋지 못하여 힘들어 하고 있다.

학습전략이 있다는 것은 조직에 시스템이 있다는 의미이며, 시스템이 없다는 것은 일관성 있게 다음 단계의 업무나 결과를 예측할 수 없다는 의미이다. 개인에게 학습전략이 없다면 공부한 시간에 대비하여 결과를 예측할 수 없으며 일관성이 없다는 것이다. 시골에서 자라서 30년간 자라면서 개헤엄을 친 경우와 도시에서 2년간 제대로 수영을 배운 경우 누가 더 능률적인 수영을 할 수 있을까? 학습은 양이 아니라 질이 중요하다. 질적인 학습을 할 수 있도록 하는 것이 학습

전략이라 할 수 있다.

초등학교에서는 규칙적으로 학습하는 습관을 들이고 중학교에서는 자신에게 맞는 학습전략을 찾아내고 고등학교에서는 많은 양의 학습을 자신의 학습전략에 따라 최선을 다하도록 해야 한다.

➤ PQ4R 학습법

Robinson과 Thomas가 만든 PQ4R은 학생이 교재나 책 읽기과제를 효과적으로 할 수 있는 방법이다. 개관하기(Preview), 질문하기(Question), 읽기(Read), 곰곰이 생각해 보기(Reflection), 암송하기(Recite), 복습하기(Review) 등의 절차를 포함하는 것으로 약호화하여 PQ4R이라 부르고 있다. 단계의 절차는 다음과 같다(송인섭, 2008).

● 개관하기(Preview)

독서를 하기 전에 그 장의 주제가 무엇인지 살펴보고, 그것이 담고 있는 내용이 무엇인지 개략적으로 알아보는 과정이다. 각 장의 제목을 살펴보고 그 장의 일반적인 주제를 파악한다.

● 질문하기(Question)

앞에서 살펴본 각각의 장이나 절의 제목을 읽고 그에 대한 질문을 해보는 것이다. 어렵게 생각하지 말고 간단한 것부터 질문해 나가는 습관이 중요하다. 만약 주제가 '고정관념'이라면 질문은 '고정관념이란 무엇인가?'부터 시작하는 것이다. 이런 질문을 하면 적극적으로 자기가 읽고 있는 바에 관여하게 되고 중요한 아이디어를 확인할 수 있도록 도움을 받게 된다.

- **읽기(Read)**

이 세 번째 단계에서야 독서에 빠져들 준비가 되는 시기다. 정말로 관심을 가지기로 결심한 특정 부분만을 읽고, 방금 질문했던 부분의 답을 알기 위해 읽어 나가는 것이다. 만약 필요하다면 자신의 질문에 내한 답을 할 수 있을 때까지 연결되어 있는지를 살펴보고 그것에 대한 답을 찾도록 하는 것이 중요하다.

- **곰곰이 생각해 보기(Reflection)**

교재를 읽으면서 이해하거나 아는 지식과 관련짓는 등 읽은 내용을 진지하게 숙고하는 것이다. 책을 읽으면서 실례를 생각해 보거나, 자료의 심상을 머릿속에 그려보도록 한다. 지금 읽고 있는 것과 이미 알고 있는 것을 정교화시키고 연관시켜 보는 것이다.

- **암송하기(Recite)**

이제 자신이 그 부분의 핵심 질문에 응답할 수 있다면 이를 큰 소리로 암송하는 것이다. 그 답에 대한 자신의 답을 사용하는 것이다. 왜냐하면 이는 단순히 외우는 것 대신에 이해를 요구하기 때문이다. 지금 외우고 있는 부분의 주요 아이디어를 이해할 때까지는 다른 부분으로 넘어가지 말고, 첫 번째 부분을 충분히 소화시켰을 때 다음 부분으로 가도록 한다.

- 복습하기(Review)

　읽고자 한 장을 다 읽었을 때 중요한 부분을 되짚으면서 자신의 기억을 상기시키고 시험해 보는 것이다. 책이나 노트를 보지 않고 자신의 질문에 대답하고 이를 복습하는 것이다. 이런 복습은 주요 아이디어에 대한 기억을 강화시키고 당신이 마스터하지 못했던 주요 아이디어를 일깨운다.

참고문헌

송인섭(2008). 『현장적용을 위한 자기주도학습』, 학지사.
이명경(***). 브레인 트레이너 온라인 교육과정 학습교안.
Knowles, M. S.(1975). Self-Directed Learning: A Guide for Learners and Teachers. NY: Association Press.

Part **02**

동기적 전략

무엇이든 할 수 있다는
자신감 향상

● 자신을 존중하고 귀하게 여기는 마음에 관하여

자신감은 자신을 가치 있게 여기는 마음과 무언가를 해낼 수 있다는 유능감이 합쳐져 생긴 자아개념이다. 현재 형성되어 있는 자신감은 주로 아이가 태어나면서 겪었던 의미 있는 타인의 태도 및 반응과 자신의 심리상태가 상호작용한 결과이다.

교육심리학자 에릭슨은 인간의 심리 사회적 발달단계를 제시하였다. 0~1세 단계에서는 기본적 신뢰감 및 불신감이 생긴다. 이때 의미 있는 타인의 지속적인 사랑과 관심을 받으면 신뢰감이 생기지만 일관성 없는 관심을 받거나 사랑의 양이 부족하면 공포심이나 의심이 생긴다고 하였다. 기본적 신뢰감과 불신감은 세상에 대해서만 한정되는 것이 아니라 자기 자신에 대한 가치 있음의 정도까지도 결정된다 할 수 있다.

심리 사회적 발달단계

연령	단계	설명
0~1세	기본적 신뢰감 대 불신감	지속적인 사랑과 관심 vs 일관성 없는 관심, 공포감, 의심
2~3세	자율성 대 수치심/회의감	혼자 하려는 노력을 강화해 주면 자율성 발달 vs 과잉보호나 처벌을 받으면 능력의심과 수치감
4~5세	주도성 대 죄책감	도전적 시도를 격려, 보상해 주면 주도성 vs 주도적 행동을 비판, 꾸짖으면 죄책감
6~11세	근면성 대 열등감	어려운 과제 성공으로 근면성 획득 vs 실패를 많이 겪으면 열등감
12~18세	정체감 대 역할혼미	독립성을 증가시키려는 시도가 허용될 때 정체감 vs 지나친 제한과 제한 없는 양육방식은 역할 혼미
19~24세	친밀감 대 고립감	자기 정체성 확립 후 타인과 융합할 때 친밀감 획득 vs 심리 사회적 도전을 극복하지 못하면 고립감
25~54세	생산성 대 침체성	사회의 긍정적 발전을 위해 노력할 때 생산성 획득 vs 심리 사회적 도전을 건강히 해결하지 못하면 침체성
54세 이상	통합성 대 절망감	인생에 대한 후회가 적을 때 통합성 획득 vs 인생에 대한 후회가 많을 때 절망감

기대이론에 의하면 자기 자신에 대한 긍정적 믿음을 가지고 있을 때 긍정적 효과가 난다는 피그말리온 효과와 자신을 비난하고 파괴적인 비판을 하는 등 부정적 인식을 가지고 있을 때 부정적 결과가 나타난다는 낙인효과가 있다. 자신에게 긍정적으로 기대하지 않는 아이는 무언가 도전하려는 시도조차 하지 않을 것이다. 따라서 학습에 대한 아이의 자신감을 키워주는 것이 중요하다.

➤ 나는 나를 어떻게 보고 있을까? 자아개념

아이가 자신을 어떻게 생각하고 있는지 확인해 보자. 프로이드에 의하면 인간은 95% 이상의 무의식 세계와 5% 이하의 의식세계를 가지고 있다. 무의식은 행동, 사고, 욕구를 결정짓는 숨은 조정자로서 인간의 외부세계에 대한 반응, 생각, 정서, 행동을 숨어서 결정하고 있다.

20개의 나는 (   ) 문장을 완성해 보자

1	나는 ( )
2	나는 ( )
3	나는 ( )
4	나는 ( )
5	나는 ( )
6	나는 ( )
7	나는 ( )
8	나는 ( )
9	나는 ( )
10	나는 ( )
11	나는 ( )
12	나는 ( )
13	나는 ( )
14	나는 ( )
15	나는 ( )
16	나는 ( )
17	나는 ( )
18	나는 ( )
19	나는 ( )
20	나는 ( )

20개의 문장을 쉬지 않고 단숨에 작성하기가 쉽지는 않을 것이다. 작성한 자아개념을 분류해 보자.

○ 역할, 지위:

(나는 ○○학교 학생이다.)

○ 신념:

(나는 정의가 중요하다.)

○ 갈망:

(나는 부자가 되고 싶다.)

○ 선호:

(나는 사과를 좋아한다.)

○ 평가:

(나는 자신감이 많다.)

○ 공란:

(아무것도 적지 않은 부분)

긍정적인 문장과 부정적인 문장

아이가 자신을 어떻게 여기고 있는지 확인해 보자. 자신에 대한 신념은 자신의 뇌가 가지고 있는 패턴화된 생각으로 신체와 감정의 영향을 받아 가변적이다. 긍정적인 생각과 긍정적인 신념의 형성이 자기주도학습을 시작할 수 있는 준비단계라 할 수 있다.

심리학자 폴 발레리는 "생각하는 대로 살지 않으면 사는 대로 생각하게 될 것이다"라고 하였다. 현재의 자아개념은 자신의 의지나 생각대로 형성된 것이 아니라 살다 보니 지금의 모습이 만들어진 것이다.

● 자신감의 뿌리는 어디이며 어떻게 자랄까?

세상에 태어났을 때에는 주로 의미 있는 타인, 즉 부모의 무조건적인 돌봄을 필요로 한다. 아이는 단지 우는 것만으로 욕구를 표현한다. 이때 부모의 반응은 크게 두 종류로 나뉠 수 있다. 첫 번째 반응은 즉각적이고 따뜻한 보살핌을 일관성 있고 지속적으로 베풀어 준다. 이때 아이는 "세상은 믿을 만한 곳이로구나"하는 느낌과 함께 초기 신뢰감이 생기면서 "내가 참 괜찮은 사람인 모양이구나"라는 자아개념, 즉 자신감이 생기게 된다. 두 번째 유형의 반응은 "아이는 원래 다 그래, 좀 울어도 돼, 까다롭기는" 하면서 즉각적으로 반응을 보이지 않는다. 이때 아이는 "세상은 믿을 만한 곳이 못돼"라는 불신감이 생기면서 "나는 별 볼 일 없는 사람인가 봐!"라는 낮은 자아개념이 생기게 된다.

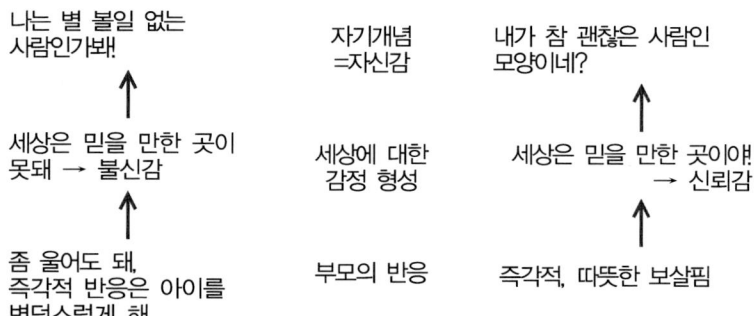

높은 자존감이 생긴 아이는 자라면서 새로운 상황에 대한 도전을 시도할 수 있는 용기가 생기게 되고, 시도한 경우도 성공확률이 더 높

아지게 된다. 새로운 도전에 성공하는 경우 성공에 대한 귀인을 "역시 나는 장해!, 그럴 줄 알았어!"라는 내부귀인으로 돌리게 된다. 설령 실패했다 하더라도 "운이 나빴어!, 다음에 더 잘하면 돼"라고 외부귀인을 하게 되므로 결국 성공하나 실패하나 자신감이 더 높아지게 된다.

반대로 낮은 자존감의 아이는 자라면서 새로운 상황에 대한 도전을 시도할 수 있는 용기가 쉽게 나질 않으며 억지로 용기를 내어 시도했을 때에도 성공확률이 낮아지게 된다. 새로운 도전에 대해 성공했다 하더라도 "이번에는 운이 좋았어! 다음에도 운이 좋지는 않을 거야"라고 외부로 귀인을 하게 된다. 실패했다면 "역시 나는 안돼! 내가 그렇지 뭐!"라고 내부로 귀인을 하게 된다. 이러한 귀인으로 인해 성공 여부에 상관없이 자신감은 더욱 낮아지게 되는 것이다.

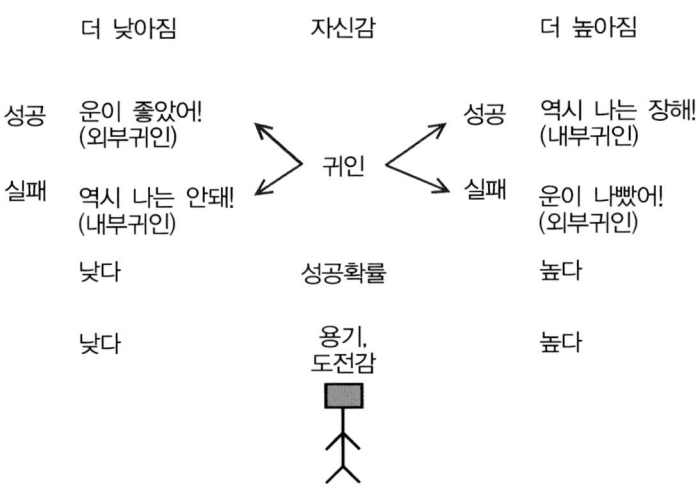

이렇듯 한번 형성된 자존감은 너무 안정적이어서 쉽게 변화되질

않는다. 아이가 태어나 초기 외부 신뢰가 내부 신뢰로 전이되어 자존감 혹은 자기개념, 자신감이 형성되며 이것은 대단히 주관적이고 안정적이어서 한번 형성되면 좀처럼 변하기가 쉽지 않다. 물론 여기에 가장 중요한 결정인자는 부모의 언어이다.

인간이 존재하기 위해서는 음식, 공기 등의 생물학적 요소와 사랑, 인정의 심리학적 요소가 반드시 필요한데 사랑과 인정은 부모의 태도에 의한 것이며 사랑과 인정의 양이 자신감을 결정짓게 된다.

➤ 긍정적 착각을 하자

자신을 어떠한 사람으로 보고 있는가? 자기 자신에 대한 인식은 누구에 의해 형성된 것인가? 혹 자기 자신이 아닌 다른 사람들이 자신을 보고 판단하는 말들을 입력하고 그것을 재료로 하여 내부에 형성되어 있는 자아개념의 요리법으로 만들어내는 결과가 아니었나? 어차피 인간이 무엇인가를 본다는 것은 다른 무엇인가를 보지 못하고 있다는 것을 의미한다. 존재 자체가 아니라 그렇게 보고 있는 시선과 평가가 있을 뿐이다. 결국 보고 있는 모든 것이 착각이다. 그렇다면 긍정적 착각을 선택하자.

자신의 단점과 장점을 찾아보자.

번호	나의 단점은?	나의 장점은?
1		
2		
3		
4		
5		

장점과 단점을 얼마나 찾아내었는가? 어느 편이 발견하기가 더 쉬운가? 정말 나 자신은 단점이나 장점 중 어느 한 면을 더 많이 가지고 있는가? 다시 한 번 잘 생각해 보자.

예를 들어 자신에게 **말이 많다**는 단점이 있다. 그런데 **발표를 잘하려면** 말을 많이 하게 되는데 이렇게 말을 많이 하는 과정에서 훈련된 것이 아닐까? 장점이나 단점은 모두 일반적인 특징일 뿐이다. 그것을 판단하는 마음이 단점을 보느냐? 장점을 보느냐? 하는 것뿐이다. 물론 판단하는 사람의 가치관에 의해서 크게 좌우된다.

장점을 바라보는 눈을 가진 사람은 자연스럽게 장점이 보이게 될 것이고 단점을 보는 눈을 가진 사람은 습관적으로 단점을 바라보는 것이다. 노란 안경을 끼고 있으면 모든 것이 노랗게 보이듯이 말이다. 나는 자신을 어떻게 보고 있는가? 단점을 볼 것인가? 장점을 볼 것인가? 단점과 장점을 모두 모아 강점으로 활용하자. 그러면 나 자신을 사랑하게 되고 이 자신감이 남들에게 비춰지면 신뢰감을 주는 사람이 될 것이며, 인정받는 든든함 때문에 새로운 것에 도전도 할 수 있는 용기가 생길 것이다. 즉 우리가 보는 모든 것은 착각이다. 긍정적인 착각을 하자.

앞에서 발견한 자신의 단점을 모두 장점으로 변환해 보자.

번호	나의 단점은?		장점으로 변환해 보자
1			
2			
3		⇒	
4			
5			

단점	장점
설치는, 나서기 좋아하는	적극적인, 의욕적인, 활동적인, 주도적인
말이 많은, 수다스러운	말 잘하는, 발표력 있는
이랬다저랬다 하는, 줏대가 없는	협조적인, 남을 돕는, 수용적인
수동적인, 복종적인, 의존적인	규칙을 잘 지키는
자기중심적인, 독선적인, 고집불통인	소신 있는, 자립심이 강한, 주관이 분명한
냉정한, 따지는, 타산적인	합리적인, 논리적인, 객관적인
외모에 신경 쓰는	깔끔한, 패션 감각이 있는
공격적인, 경쟁적인	진취적인, 의욕적인
잘난 체하는	자신 있는, 리더십이 있는
욕심 많은	꿈이 많은, 패기 있는
변덕이 심한, 신경질적인	감정이 풍부한, 민감한
우유부단한	신중한, 조심스러운
말수가 적은	침착한, 차분한
자신감 없는	겸손한

성공한 사람들은 단점을 가지지 않은 사람이 아니라 자신의 단점을 자신의 특징으로 인식하고, 이것을 자원으로 활용하여 강점화 한 사람들임을 명심하자.

"네 마음이 네 약점이 아니라 네 강점 속에 살게 하라."
– 밥 컨클린

● 긍정적인 나의 모습을 디자인하자

성공하는 10대들의 7가지 습관이라는 리더십 프로그램에서는 See-Do-Get(보는 시각-하는 행동-얻는 결과)이라는 변화모델이 있는데 이 모델에 따라 올바르게 습관화하는 훈련을 한다. 대상을 보는 시각에 따라 하는 행동이 달라지고 그에 따라 얻어지는 결과가 달라진다는 것이다. 어떤 아이가 공부는 어른들이 아이들을 괴롭히려고 만든 것이라는 시각(See)을 가지고 있다고 생각해 보자. 이 아이는 공부를 대할 때 혹은 선생님이나 부모님이 공부를 하라고 할 때 적극적이거나 긍정적인 태도를 취하지는 않을 것이다. 그에 대하여 얻는 결과는 좋지 못한 성적, 어른들의 꾸지람 등이 될 것이다.

원하는 결과가 있다면 하는 행동을 달리해야 하며, 보는 시각에 대한 변화가 선행되어야 한다.

하는 일마다 성취도가 높고, 신뢰 있는 아이로 인정받기를 원한다면, 성실하게 맡은 일을 수행하고 약속을 잘 지키는 행동을 해야 할 것이다. 그렇게 하기 위해서는 나는 성실한 아이이며, 약속도 잘 지키고 공부도 잘할 수 있다는 자기 자신을 긍정적으로 보고 기대하는 시각이 선행되어야 한다. 자신에 대한 긍정적 기대를 먼저 가져야 한다. 그러면 기대에 맞는 행동을 하게 되고, 그에 따른 결과가 있게 된다.

인간은 자신이 가진 개념에 따라 행동하는 동물이기 때문이다.

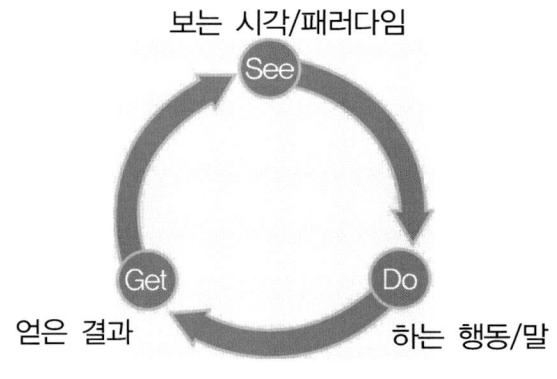

See-Do-Get 변화모델

자신에 대한 긍정적 자아개념을 작성해 보자. 이것을 자기달성적 예언이라 하는데, 인간의 사고는 언어와 관련성이 높아 좋은 언어를 사용하면 좋은 사고를 하게 되고, 좋은 사고를 하게 되면 좋은 언어를 사용하게 된다.

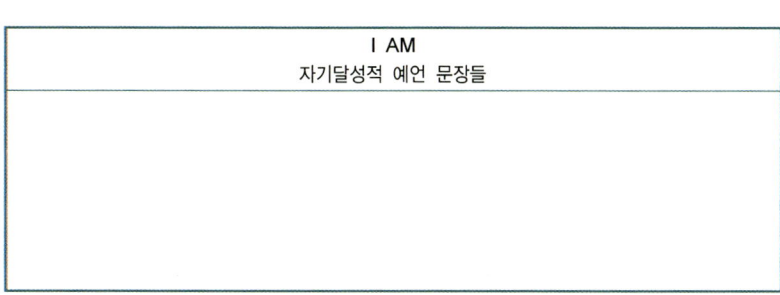

I AM 자기달성적 예언 문장들

자성예언을 적을 때는 자신이 존경하는 사람들이 가지고 있는 장점을 활용하는 것도 좋고, 자신의 강점, 재능, 능력, 중요하게 생각하는 가치를 활용하는 것도 좋다.
자신이 원하는 모습을 담은 자성예언이 완성되면 잘 보이는 곳에 붙여두고 매일 외쳐보자. 나는 이런 사람이라고!!!

좋은 자성예언 문장들
- 나는 의지력이 강하다.
- 나는 계획한 일을 잘 실천한다.
- 나는 부정보다 긍정을 좋아한다.
- 나는 양심과 이성에 따라 행동한다.
- 나는 건강하다.
- 나는 용기와 결단력이 있다.
- 나는 언제 어디서나 필요한 사람이다.
- 나는 무한한 가능성을 지니고 있다.
- 나는 말과 행동이 일치하는 사람이다.
- 나는 모든 일에 최선을 다한다.

➤ 자신감을 키우자

자신감은 한번 생겼다고 항상 유지되는 것이 아니라 화초처럼 늘 돌보아 주어야 할 대상이다. 살다 보면 누구나 자신이 없어지고 의기소침해질 때가 있다. 그때에는 주저하지 말고 자아의식에 도움을 요청하면 된다. 자신감이 시들어 갈 때 이유를 발견하고 '대체의 법칙'으로 맞서 이겨내자.

1) 의미와 목적의식이 부족할 때, 내 인생의 무지개를 상상하자. 지금 닥친 어려움은 무지개를 찾아가는 길에 건너가야 할 징검다리로 여기자. 내 인생의 무지개는 명확한 목표설정에 대한 시각화 자료로 준비해 두자.
2) 미완의 행동, 즉 해야 할 일을 자꾸만 미룰 때, "Do it Now!", "즉시 하자"라고 외치고 바로 실천하자.
3) 실패에 대한 두려움이 들 때 "나는 할 수 있다"를 크게 세 번 외치자. 두려움은 새로운 도전을 하지 못하게 막는 내면의 작은 악마이다.
4) 목표는 높지만 현실적으로 하기 싫을 때, 대가를 지불하라. 목표를 달성하기 위해 지불해야 할 대가를 구체적으로 제시해 보고 기꺼이 지불하리라 다짐해 보자. 부모님이나 친구가 도와주는 것도 좋은 방법이다.
5) 뜻하지 않은 상황으로 인해 분노가 생길 때, "모든 것이 내 책임이다"를 크게 외쳐 보자.

좋지 않은 상황이 생기더라도, 부정적인 마음이 생기더라도, 긍정적인 상황으로 바꾸는 힘, 즉 대체능력이 자신감이라는 화초를 잘 키워내는 방법임을 명심하자.

별을 보는 마음으로

어떤 것에서 곧바로 좋은 점을 찾아낼 수 있다는 것은
그만큼 밝은 마음의 눈을 가지고 있다는 증거입니다.
세상에는 좋은 점만 찾으려는 사람도 있고,
나쁜 점만 찾으려는 사람도 있습니다.
좋은 점이 하나도 없는 사람은 드물 것입니다.
수많은 나쁜 점들 가운데서 우연히 발견한
단 하나의 좋은 점에 정성을 다하는 사람이야말로
진실로 마음의 눈이 밝은 사람입니다.

— 가반 도우즈(문둥이 성자 다미안) 중 —

[참고] 학습동기와 관련한 교육심리 용어
☞ 귀인, 학습된 무력감, 자기효능감, 성취동기, 내적 동기, 평가목표와 학습목표, 수행목표와 숙달목표

3

목표지향적 삶의 태도!
목표설정

● 목적지향성은 인간의 본성

　동물은 움직이는 생명체이며 움직이기 위해서는 방향성이 있어야
한다. 동물이 움직인다는 것은 어디로 가는가 하는 것을 전제로 하고
있다. 움직이기 위한 방향성이 바로 목표이다. 따라서 인간은 원래 목
표지향적인 동물이다. 목표를 갖지 말고 손을 움직여 보라. 발을 움직
여 보라. 어디든 가 보라. 불가능하다. 인간은 목표가 불분명할 때 의
욕이 상실되고 불안해진다. 목표가 명확할수록 힘이 생기고 어떠한
장애물도 이겨내고, 극복하려는 의지와 힘이 생긴다. 인간의 기본적
인 공통점 중 하나는 목적성, 즉 방향성을 갖는다는 것이다.
　이처럼 인간은 목적지향성을 가진 동물이며, 목적지향적 행동을
하기 위해 판단을 해야 한다. 이러한 판단을 위해 진화된 것이 감정

과 느낌이다. 감정과 느낌이 강렬할수록 목표를 이루기 위해 추진하고자 하는 에너지의 성능이 좋아지고, 역경을 극복하는 능력인 역경극복지수가 높아진다.

대다수의 아이들에게 어떤 과목의 공부는 즐거운 활동이 아닐 것이다. 할 수만 있다면 회피하고 더 재미있는 활동을 찾고 싶을 것이다. 이때 하고 싶은 것을 했을 때 자신에게 유익성을 판단하고 유익한 것을 선택하여 자신을 통제하면서 해내도록 하는 유용한 도구가 매력적인 목표설정이 된다.

▶ 목표가 있어야 명중할 수 있지

아이들을 강의장에서 만날 때 활과 화살을 주고 이루어지는 대화이다.

"한번 쏴 봐."

"어디에요?" 아이들은 약속이나 한 듯 말한다.

"활을 쏴서 명중시키는 데 성공한다면 네가 원하는 상을 줄 거야."

"어디에 쏘아야 명중하는 건가요?" 아이들은 더욱 궁금하여 말을 한다.

"그렇구나. 목표가 있어야 명중할 수가 있지!"라고 말을 해 주면 모두들 싱겁다는 듯이 한바탕 웃는다. 세상의 모든 부모와 아이들은 성공적인 삶을 원한다. 그래서 열심히 공부하고 현재의 즐거움을 포기한 채 미래의 유익함을 부지런히 쫓아간다. 아이들은 현재 너무나 많은 것을 포기하면서 성공적인 미래를 그린다. 그리고 어떠한 모습이든 성인은 자신의 모습을 돌아보며 과연 내가 성공한 삶인가라고 회의적인 자문들을 한다. 그래서 이 땅의 많은 성인들은 자신이 성공하지 못한 삶을 살았노라 말을 한다. 어느 날 문득 자신이 성공하지 못했다는 느낌이 들 때 행복함은 없을 것이다. 그 이유에 대하여 물어보면 자신이 하고 있는 일, 즉 직업에 대한 만족도 때문에 행복하지 못하다는 이유가 많다. 그 직업인으로 살게 된 중요한 원인은 결정적 시기에 잘못된 선택을 했기 때문이다.

인생은 어차피 선택의 연속이다. 무엇을 먹을지, 무엇에 시간을 소비할지, 어떠한 직업을 가지게 될지 크고 작은 선택의 결과가 인생의 모습을 만든다. 처음의 선택은 다음 선택에 피드백되어 영향을 미치게 되고 선택의 결과들이 인생이 된다. 무엇을 선택할 것인가?

이루고 싶은 명확한 꿈이 있고 꿈을 이루기 위한 실천 가능한 목표를 가지고 살기 위해서는 두 가지 전제가 필요하다. 첫째, 내 삶의 주인은 나 자신이라는 주인의식이다. 둘째, 내 인생의 책임자도 자신이라는 책임의식이다. 주인의식이 있어야 스스로 명확한 인생목표를 그려낼 것이고, 책임의식이 있을 때 목표를 이루기 위한 경로를 설계하고 순간순간 있을 어려움들에 대처할 수 있을 것이다.

사과를 쪼개보면 사과 하나에 몇 개의 씨앗이 있는지 알 수 있다. 그러나 그 씨앗 하나 속에 몇 개의 사과가 숨어 있는지는 아무도 모른다. 그러나 인간의 뇌는 가소성이 있어, 진정으로 원하는 모습을 상상하고 이루고자 하는 강렬한 의지가 있을 때 무엇이든 이루어낼 수 있다. 따라서 뇌가 가장 왕성하게 자라는 청소년 시기에 분명하게 목표를 설정하고 꿈을 그리는 것이 중요한 이유이다. 지금 하고 있는 생각 자체가 그 사람의 미래이기 때문이다.

4~5명으로 구성된 팀별로 퍼즐 맞추기 게임을 할 때, 대다수의 밑

그림을 갖지 않은 팀과 1개의 밑그림을 가진 팀으로 구성한 후, 7분 정도의 주어진 시간이 지난 후 퍼즐 맞추기 결과를 비교해 보면 밑그림을 가진 팀의 성취도가 훨씬 높다. 밑그림을 가진 팀과 그렇지 않은 팀의 행동과 심리상태를 비교해 보면 성취도뿐만 아니라 과제를 진행하는 동안의 에너지도 많은 차이가 있음을 알 수 있다.

밑그림 있는 팀	밑그림 없는 팀
속도가 더 빠르다.	속도가 더 느리다(정확성 부족).
가장 중요한 부분부터 맞추어 나간다.	그림의 가장자리부터 맞추어 나간다.
한 조각 집었을 때 위치를 정확히 안다.	한 조각 집었을 때 우왕좌왕한다.
시간이 지날수록 목표의식이 더 분명해진다.	시간이 지날수록 포기하게 된다.

인생의 밑그림은 무엇일까? 꿈과 목표가 바로 밑그림이다. 꿈과 목표를 가진 청소년은 어려움을 당할 때 이겨내고자 하는 에너지의 수준이 높다.

관상어 중 코이라는 잉어가 있다. 이 잉어를 작은 어항에 넣어두면 5~8센티미터밖에 자라지 않는다고 한다. 그러나 아주 커다란 수족관이나 연못에 넣어두면 15~25센티미터까지 자란다고 한다. 그리고 강물에 방류하면 90~120센티미터까지도 성장한다고 한다. 꿈은 코이라는 물고기가 처한 환경과도 같다. 더 큰 꿈을 꾸면 더 크게 이룰 수 있다. 꿈의 크기는 제한받지 않기 때문이다. 성공하는 삶은 항상 커다란 꿈과 함께 시작된다. 빈털터리라 해도 주머니가 꿈으로 가득 차 있기만 하다면 우리는 그 누구보다 많은 재산을 가진 셈이다. 꿈이라는 밑천은 바닥을 드러내는 일이 없으며, 계속 도전하도록 열정을 분출하는 무한의 에너지이기 때문이다.

인생은 속도가 아니라 방향이 판가름해 준다. 시속 300km의 속도로 달리는 KTX와 시속 700km의 속도로 나는 비행기가 편리해서 좋지만 자신의 실수로 인해 반대방향 혹은 잘못된 방향으로 향하는 탈 것에 몸을 실었다면 잘못된 곳으로 가는 속도도 그만큼 빨라질 뿐이다. 우선 명확한 방향을 설정하고 속도를 내도 늦지 않다. 인생에서 분명한 방향이 꿈이고 목표설정이다.

➢ 나는 누구이며 어떤 사람이고 싶은가?

모든 인간에게는 공통의 욕구가 있다. 매슬로우는 생리적 욕구, 안전의 욕구, 소속의 욕구, 자존의 욕구, 자아실현의 욕구를 단계별로 제시하고 이들을 결핍욕구와 성장욕구로 크게 분류하였다. 뿐만 아니라 인간이 가지는 공통적이고 단계적인 욕구를 제시한 학자들이 많이 있다. 인간의 성선설과 성악설 혹은 백지설을 이야기하는 사람들도 있다. 프로이드는 인간은 본능(욕구)의 노예이며, 공격성과 성적 본능이 기본 본능이라 하였다.

많은 부모들은 자식이 남들보다 더 많은 것을 갖고 더 명예롭고 더 많은 권력을 가지기를 원한다. 물론 자신들도 그런 사람이기를 원한다. 마치 인생은 경쟁의 장소이며 경쟁에서 이기는 것이 최대의 목적인 듯 보이기도 한다. 그러나 또 다른 면을 보면 인간은 사랑하고 싶은 욕구가 있고 함께 나누기를 원하며 자신이 의미 있는 존재가 되고 싶은, 똑 같은 크기의 이타적인 욕구가 있음을 알 수 있다. 사실 성공했다고 여기던 많은 사람들이 갑자기 회의감을 갖고 자신의 인생을 포기하기도 하는 것을 보더라도 인간은 자신만을 위해서 참된 행복감을 누리지 못하는 존재임을 알 수 있다.

　인간은 관계 속에서 역할을 다할 때 진정한 안정감과 행복을 느끼는 존재이다. 특히 동양적 사고는 누군가의 자녀, 누군가의 제자, 누군가에게 의미 있는 사람이라는 강한 존재감이 있어야 한다. 자신이 누구인지 알기 위해서는 어떤 역할을 하는 사람인가를 먼저 살펴보면 된다.

　자신의 역할을 발견해 보자. 성인들은 7개 정도를 찾을 수 있고 학생들은 4개 이하의 역할을 찾을 수 있다. 그리고 각 역할별로 어떤 원하는 모습을 역할목표로 작성하고, 역할목표를 달성하기 위해 수행해야 할 세부 활동들을 수행목표로 제시할 수 있다.

　예를 들어 자녀로서의 역할을 선택하고 든든하고 자랑스러운 자녀라는 역할목표를 선정하였다면, 어떻게 하면 부모님이 든든하고 자랑스러워하는가에 초점을 맞추어 수행목표를 작성할 수 있다. 수행목표는 S(Specific, 분명하게), M(Measurable, 측정 가능하게), A(Action Oriented, 실행 가능하게), R(Reality, 실현 가능하게), T(Timely, 마감시간을 제시하여) 등을 제시해야 한다.

역할	목표	
1. 학생	역할목표	나는 자기주도적이고 책임감 있는 학생이다.
	수행목표	• 그날 배운 내용을 그날 복습하기 • 하루에 한 시간씩 자기주도학습하기 • 일주일에 한 권씩 독서하기
2. 딸	역할목표	나는 든든하고 자랑스러운 딸이다
	수행목표	• 하루에 한 번씩 감사의 말씀 전하기, • 내 방은 스스로 정리하기
3. 친구	역할목표	나는 의리 있는 친구이다.
	수행목표	• 친구에게 하루에 한 번씩 칭찬하기

● 나의 사명-꿈-비전을 발견해 내기

나치시절에 유대인 의사인 빅터 플랭클린은 감옥에 갇혀 있었다. 거기서 죽는 것이 차라리 나을 것 같은 고통을 경험하면서 겨우 겨우 삶을 이어가는 많은 사람들을 보았다. 그러면서 삶의 그 의미를 발견한 사람은 어디서든 살아갈 힘과 용기를 가지고 있다는 것을 발견했다고 한다.

천생아재필유용(天生我材必有用), 즉 하늘이 나를 내셨으니 반드시 이딘기 쓸모기 있다.

최고의 삶(Best life)이란 최상의 삶(highest life)이 아니라 최적의 삶(optimal life)이다.

"나는 어디에 있어야 가장 빛날까?"를 찾아보자.

나는 어떠한 가치를 가지고 있으며, 나의 존재가 누군가에게 어떠한 의미를 지닌 존재이길 원하는지 찾아보자.

먼저 목적가치와 도구가치를 찾아본다. 가치란 보이지 않지만 인간의 감정과 생각과 행동을 결정짓는 숨은 조정자 역할을 수행하는 것이다. 다이아몬드가 가치 있다고 여기는 사람과 인류에게 봉사하는 삶이 가치 있다고 여기는 사람의 삶의 차이를 보면 알 수 있을 것이다. 목적가치는 그 자체가 목적이 되는 가치이며 도구가치는 목적을 추구하는 데 필요한 도구가 되는 가치이다. 예를 들어 보면 좋은 대학을 간다거나 의사가 되는 것은 도구가치에 해당한다. 의사가 되어 아픈 사람들을 치료해 주는 봉사를 하고 싶다면 그것은 목적가치가 된다. 많은 경우에 도구가치와 목적가치를 구분하지 않고 마치 도구가치를 목적으로 생각하는 것에서부터 인간의 불행은 시작된다. 보이지 않는 것이 보이는 것을 지배하는 것과 같은 이치이다.

① 도구가치를 선택해 보자

자신이 살면서 중요하다고 여기는 도구가치를 1~2개 선택해 보자.
자신이 중요하게 여기는 다른 가치를 써넣어도 좋다.

예를 들어 **정직과 교육**을 선택

② 목적가치를 선택해 보자

선택한 도구가치를 가질 때 이루고 싶은 목적가치를 1~2개 선택해
보자. 자신이 중요하게 여기는 다른 가치를 써넣어도 좋다.

예를 들어 **잠재력 개발과 정의**를 선택

목적가치 (그 자체가 목적이 되는 가치)	도구가치 (목적을 추구하는 데 도구가 되는 가치)
행복, 자유, 평화, 정의, 사랑, 가정, 사랑, 애국, 복지, 지혜, 인간 존엄성, 공익, 풍요, 잠재력 개발, 자아실현, 깨달음	정직, 책임, 성실, 약속 지킴, 절제, 일관성, 예의 바름, 돈, 근면, 절약, 창의성, 출세, 교육, 명예, 권력, 나눔, 우정

③ 내 존재의 의미 범위를 찾아보자

도구가치를 가지고 목적가치를 이룬다면 어떤 사람에게 의미 있기
를 원하는지 선택해 보자. 자신의 의미를 인정해 줄 다른 사람들을
써넣어도 좋다.

예를 들어 **행복하기를 원하는 사람**들을 선택

④ 은유를 선택하자

자신을 상징화한다. 이때에는 자신이 좋아하는 자연물도 좋고 롤
모델로 삼고 싶은 인물도 좋다. 등대 같은 존재이고 싶다면 앞에 더
구체화한 형용사를 써넣는 것도 좋다.

예를 들어 **한결같은 등대**를 선택

내 존재의 의미가 될 사람들	은유
전 인류, 도움이 필요한 사람들, 행복하고 싶은 사람들, 장애인들, 북한사람들, 성공하고 싶은 사람들, 가난한 사람들, 내 가족	우주, 태양, 지구, 별, 달, 등대, 파수꾼, 나무, 숲, 바위, 꽃, 무지개, 바다, 산, 거인 아인슈타인, 나폴레옹, 간디, 이순신, 베토벤

⑤ 이제 한 문장으로 자신의 사명을 써보자

사명	사명
나 _____는! 　　　(누구) (도구가치)　　　　힘으로 (목적가치)　　　　돕는 (은유)　　　　　　이다.	나 ○○○는! 행복을 찾는 사람들에게 정직함과 교육의 힘으로 자신의 잠재력 개발을 돕는 빛을 밝혀주는 등대이다.

　　사명서를 잘 보이는 곳에 붙여두고 매일 자신이 어떠한 사람인지를 자신에게 외쳐보라. 인간은 자신의 뇌에 있는 정보대로 행동하기 때문에 정말 그런 사람으로 성장하게 된다. 자신에 대한 신념을 새로운 정보로 매일 넣어주자.

➤ 꿈을 그리면 꿈은 이루어진다

　　미국에서 성공학을 강연하는 사람들이 모여 성공의 공식에 대해 의견을 모았단다.

그것은 바로 (비전) + (열정) 이었다고 한다. 스스로 동기부여 시킬 만한 비전, 상상만 해도 가슴 뛰는 비전을 갖고 나서 열정적인 실천을 하는 것이다. 명확한 비전이 있으나 열정이 없는 사람은 몽상가, 비전도 없고 열정도 없는 사람은 무기력한 사람, 비전이 없음에도 불구하고 열정적인 사람은 허황된 자이며, 명확한 비전과 실천적 열정을 가진 사람은 성공인이 될 것이 아닌가?

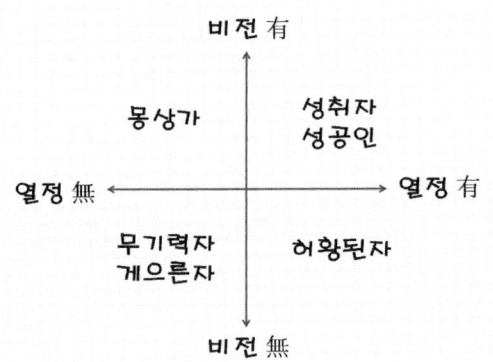

또 성공공식의 3단계로 첫째, 꿈을 갖는다. 둘째, 구체적인 목표를 설정한다. 셋째, 습관적인 노력을 반복한다. 꿈이 있는가? 이를 달성하기 위해 기한과 분량이 명시된 분명한 비전이 있는가? 이 비전을 달성하기 위해 해야 할 구체적인 목표가 있는가? 그다음 습관적인 노력을 반복하는가?

또 어떤 사람은 꿈을 이루기 위하여 꿈을 상상하고(Visual), 꿈을 표현(Verbal)하고, 꿈에 열정(Vital)을 쏟는 단계가 필요하다고 하였다.

꿈을 상상(Visual)하라

꿈을 표현(Verbal)하라

꿈+열정(Vital) 합쳐라

꿈 이루기 3V

이들이 말하는 꿈을 실현하는 단계에 대해 정리를 해 보면 **꿈 →
비전 → 목표/계획 → 열정적 실천**이 된다.

처음에는 누구나 막연한 꿈을 꾼다. 전문가가 되면 좋겠다. 좋은
대학에 들어가겠다. 부자가 되겠다 등이 바로 막연한 꿈이 된다. 이러
한 꿈을 실현하기 위해서는 비전으로 바꾸어야 한다. 비전(vision)은
눈을 감고도 선명하게 그려질 수 있는 시각화가 되어야 한다. 예를
들어 '좋은 대학에 들어가겠다'는 꿈을 '2015년 3월에 나는 한국대학
입학장에 꽃다발을 들고 서 있다'는 것으로 시각화하는 것이다. 꿈에
기한과 분량을 정하는 것이 비전으로 만드는 쉬운 방법이다. 비전을
수시로 떠올리고 시각화하며 신념화하다 보면 스스로 동기부여가 될
수 있을 것이다. 이제 비전을 SMART 공식에 맞추어 글로 표현된 목
표로 설정하면 된다.

어느 날 한 초등학교에서 담임선생님이 반 아이들에게 물었다. "너
희들 커서 어떤 사람이 되고 싶으냐?"

학생들은 제각기 정치가, 부자, 장군, 의사 등 자기가 좋다고 생각
되는 직업을 고루 손꼽았다. 그런데 단 한 명의 학생만이 이렇게 대

답하였다. "저는 사람다운 사람이 되고 싶습니다." 선생님이 다시 물었다. "그게 무슨 뜻이지?" "큰일을 해서 이름을 떨치기 보다는 사람은 사람다운 행동을 하는 본보기가 되어야 한다고 생각합니다. 그렇지 않다면 동물만도 못한 사람이라고 생각합니다." 담임선생님은 이 어른스러운 대답을 듣고 고개를 끄덕이며 말했다. "너는 과연 커서 큰 인물이 되겠구나." 이 아이의 이름은 가필드로 훗날 미국을 이끌어가는 제20대 대통령이 된 인물이다.

미국의 40대 대통령 오바마는 꿈의 사람이었다고 한다.

그는 이 시대가 원하는 지도자, 억눌린 자와 빈곤에 허덕이는 자를 대변하는 지도자가 되는 꿈을 꾸었고 그 꿈을 이루기 위한 큰 힘을 얻었다. 미국의 대통령이 된 것이다.

물론 그의 목표는 미국의 대통령이 아니다. 자신이 원하는 것은 대통령이라는 직책이 아니라 약자와 함께하는 것이 꿈이었고 빈곤에 허덕이는 자들에게 그 빈곤을 벗어날 수 있게 해주는 행동! 바로 이것이 그의 진정한 꿈이라고 한다.

바로 이 꿈은 그가 살아 있는 한 언제나 이루어져 갈 것이다.

세종대왕은 신하들의 많은 반대에도 불구하고, 모든 백성이 모두 쉽게 표현할 수 있는 문자 창제를 원하였다. "우리의 말소리와 바람소리, 학의 울음소리, 닭 우는 소리, 개 짖는 소리일지라도 모두 이 글자를 가지고 적을 수가 있어야 한다"라는 분명하고 명확한 상상이 있어 결국에는 훈민정음을 창제할 수 있었다고 한다.

이순신 장군은 우리 백성들을 지키고자 하는 강한 열망으로 배를 만들기를 원하셨다. "불에 타지 않고, 적선을 일격에 박살내며, 적군이 배 위로 오르지 못하고, 화기까지 탑재할 수 있는 배를 만들고 싶다"라는 의지를 밝히셨다. 많은 장수들은 불가능한 일이라 비웃었지만 나대용이 그의 의지를 실현시켜 거북선을 만들지 않았는가?

생생한(Visual) 상상이 실현의 첫걸음이다. 물론 이들은 모두 의미 있고 가치 있는 상상을 했다.

너무나 유명한 이야기가 되었지만, 1953년 예일대 졸업생들을 대상으로 "꿈이 있느냐?"고 물었다고 한다. 목표는 없지만 하루하루 충실히 산다고 응답한 사람이 27%, 자신의 인생과 무관한 목표를 가지고 있는 사람이 60%, 자신의 생각 속에 목표가 있다는 응답이 10%, 명확한 목표를 종이에 기록하고 되새긴다는 응답이 3%였다고 한다. 20년 후 명확하고 기록된 목표를 가진 3%가 가진 명예와 부와 권력이 나머지 97%가 가진 양보다 많았다고 한다. 믿어지는가? 원하는 것을 생생하게 표현하라.

미국의 탐험가 존 고다드는 15세가 되던 1940년에 노란 색종이 맨 위쪽에 '나의 인생목표'라는 제목을 쓰고 127개의 인생목표를 나열했다고 한다. 그것은 '이집트 나일강 탐험하기', '브리태니커 백과사전 전권 읽기' 등의 꿈의 목록이었다. 이유는 어느 날 할머니가 외숙모에게 "내가 젊었을 때 이것을 했더라면"이라고 푸념하는 것을 듣고 자신은 후회하지 않으리라고 생각하며 꿈을 기록했다고 한다. 1972년 미국 <라이프>지가 존 고다드를 "꿈을 성취한 미국인"으로 대서특필했을 때, 그는 127개 목표 가운데 104개를 달성한 상태였고 결국 1980년에는 우주비행사가 되어 달에 감으로써 108개를 달성하였다고 한다.

우리는 지금 이 시간 어떤 꿈을 꾸고 있는가? 나는 무엇을 하다 죽을 것인가? 나에게 인생목표는 무엇인가? 무덤에 누워 있는 사람과 나는 무엇이 다른가? 꿈과 계획이 필요 없는 유일한 사람은 죽은 사람이다. 멋지고 생생한 꿈을 꾸자.

➤ 자신에게 물어보자. 내 꿈은 뭐지?

많은 경우 꿈을 적어보라고 하면 멋진 직업을 적는다. 그것도 없는 것보다는 낫겠지만, 위에서 말한 대로 직업은 도구이지 목적이 아니다. 자신에게 질문을 해보자. 갖고 싶은 것은? 내가 해보고 싶은 것은? 어떤 모습을 원하는가?

목표 설정의 시작은 '나'를 아는 것이며 진정한 계획이란 '해야 할 일'들을 잘 처리하기 위해서가 아니라 '되고 싶은 나'를 만들어 나가기 위해 세우는 것이다.

내가 좋아하는 것, 잘하는 것	해보고 싶은 것!	되고 싶은 나의 모습
•	•	•
•	•	•
•	•	•
•	•	•
•	•	•
예) 수다 떨기, 발표하기	세계일주	반기문처럼 존경받는 사람

☆ 다음의 표를 참고하여 위의 질문에 답해 보자.

내가 좋아하는 것!	내가 잘하는 것
친구들과 수다 떨기, 쇼핑 컴퓨터 게임, 장기, 시식 코너 노래 부르기, 이야기 들어주기, 애교떨기, 코디, 만화그리기……	조리 있게 말하기 한 가지를 알면 응용을 잘한다. 따지기를 잘한다. 만들기를 잘한다. 길눈이 밝다. 고장 난 물건을 잘 고친다. 노래를 잘한다.
• 무엇을 할 때 즐겁고 행복한가? • 좋아하는 과목은 무엇인가? • 무엇을 할 때 집중이 잘 되는가? • 나도 모르게 다른 사람들에게 말을 많이 하는 분야는? • 시간 가는 줄 모르고 하는 일은? • 시키지 않아도 알아서 하는 일은?	• 지금까지 살아오면서 능숙하게 할 수 있었던 일은? • 가장 자신 있는 과목은? • 사람들이 내게 붙여준 별명이 있다면? • 내가 자주 하는 행동 중에 다른 사람들에게 칭찬을 받는 행동이 있다면? • 친구들은 따분한 활동이나 일이라고 생각하지만, 나는 재미있을 뿐 아니라 멋지게 해낼 수 있는 일은?

　자신이 원하고 잘할 수 있고 되고 싶은 것들을 찾아 본 다음 구체적인 목표를 설정할 수 있다. 많은 경우 목표를 세우지 않는 이유는 목표의 중요성을 모르거나, 방법을 모르거나 거부 혹은 실패에 대한 두려움 때문이다. 성공하는 사람들은 명확한 비전이 있고, 열정적이며 좋은 습관을 가지고 있다는 공통점을 가지고 있다. 반면 실패하는 사람들에게는 어떤 계획도 세우지 않으며, 해보지도 않고 부정적인 생각부터 하며 걱정만 하고 노력하지 않는다는 공통점이 있다. 명확한 목표와 계획을 세우지 않는다는 것은 실패를 계획한 것과 같다. 목표를 설정하고 계획을 세워야 할 이유는 해야 할 것이 분명해지고 지속적인 에너지를 생성할 수 있기 때문이다. 이는 앞서 이야기했듯이 인간이 목적지향적 특성이 있기 때문이다.

　명확한 목표설정 이후에 현실로 이루는 사람은 첫째, 언제까지 어떤 사람이 되어 어떤 일을 하고 있어야 한다는 구체적인 목표가 있는 사람이다. 둘째, 그 목표가 언제쯤 달성될 것인지 그 시기를 알고 있는 사람이다. 셋째, 그 목표 달성을 위해 자신이 지불할 대가를 알고 있는 사람이다. 마지막으로 그 목표를 기록해 둔 사람이다.

이제 자신의 미래를 기록해 보자. 위에서 작성한 사명서는 내 인생의 무지개이다. 무지개를 피우려면 여러 단계의 징검다리를 건너야 한다. 다음 학기의 성적, 대학교, 직장, 결혼, 의미 있는 일들을 각각의 징검다리로 생각해 볼 수 있다. 설령 한 징검다리에서 다음 징검다리로 건너가다가 실패하여 빠져도 상관없다. 옆에 있는 다른 다리를 디딤돌로 삼아 건너가면 되기 때문이다. 자신에게 중요한 징검다리를 설정해 보자.

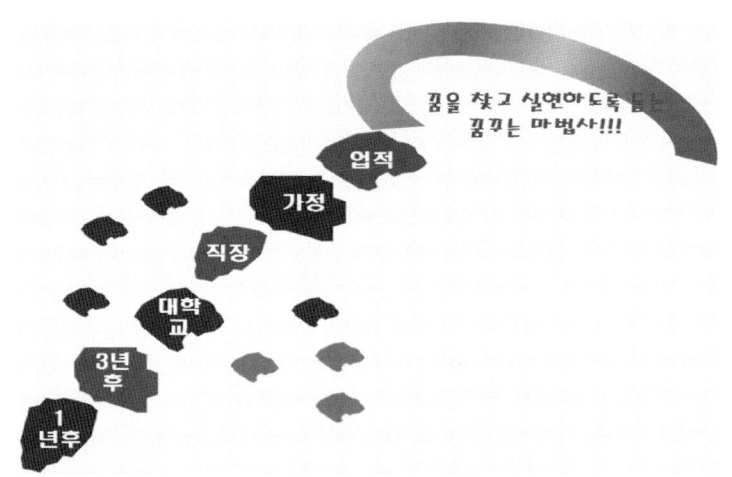

나만의 무지개를 띄우기 위한 징검다리 디자인

지금까지 작성한 가치, 사명, 징검다리 등을 모두 활용하여 인생표를 작성해 보자.

사명					
김꿈쟁이		나의 모습			
	나이	어떤 사람		주변인의 평판	
		가정 혹은 개인	사회적		
50년 후					
30년 후					
20년 후					
15년 후					
10년 후					
5년 후					
3년 후					
6개월 후					

매일 자신의 미래를 그려보라. 지치지 않고 스스로 행동할 만큼 SMART한 목표인가?

우리가 진정 원하는 것은 무엇인가? 행복이다.

행복하기 위해 진정 이루어야 하는 것은 무엇인가? 성공이다.

성공을 위한 핵심 기술이 무엇인가? SMART한 목표를 세우는 것이다.

그러므로 목표를 세우고 화초처럼 늘 가꾸어라.

습관적으로 비전을 그려보자

뿌연 안개와 같은 꿈을 그렸다면 이제 비전을 그려보자. 비전은 꿈을 시각화하고 명확히 한 것이라고 했다. 습관은 세포가 학습한 결과이며, 습관화된다는 것은 자동화되었다는 의미이기 때문에 생각을 하지 않아도 된다. 비전을 습관적으로 그리도록 하자. 처음에는 의식적인 노력을 해야 하므로 노력이 필요하겠지만 어느 순간에는 나도 모르는 사이에 습관이 되어 있을 것이다.

올해 자신의 비전을 3개 작성해 보자.
-
-
-

5년 동안 자신의 비전을 3개 작성해 보자.
-
-
-

평생 동안 자신의 비전을 3개 작성해 보자.
-
-
-

비전은 눈을 감고도 상상했을 때 선명하게 그려질 수 있어야 한다. 그래도 뇌가 스스로 작동한다. 뇌의 3가지 법칙은 긍정과 부정을 구분하지 못하고 인칭을 구분하지 못하며, 과거와 미래를 구분하지 못한다. 즉 비전문을 작성할 때에는 긍정문으로 1인칭으로 현재시제로 작성해야 한다. "2015년 3월 2일 나는 한국대학교 입학식장에 당당하게 서 있다"라는 식으로 말이다.

● 목표를 달성하는 마법의 단계

이제 구체적으로 목표를 달성하는 단계에 대해 생각해 보자.

미국의 성공학자 브라이언 트레이시는 **"성공은 목표다"**라고 하고 목표를 달성하기 위한 구체적인 단계를 제시하였다. 또한 "목표를 세우지 않는 것은 실패를 계획한 것과 같다"라고도 하였다.

▶ 1단계: 강한 바람/간질힘이 있어야 한다

칸트는 "배우고 실천하지 않는 사람은 밭을 갈고 씨를 뿌리지 않는 사람과 같다"라고 하였다. 실천하지 않는 사람, 씨를 뿌리지 않는 사람은 아무것도 거둘 수 없다는 이야기다. 이들은 모두 강한 바람 또는 간절함이 없었기에 스스로 동기부여 되지 않은 사람들이다. 사실, 모든 성공과 실패는 자신의 머릿속에서 이미 결정된 것이나 다름없다. 정말 꼭 이루고 싶은 것인가? 자신에게 물어보아라.

예: 중간고사에서 시험을 잘 보고 싶다.

▶ 2단계: 종이에 적는다

예: 이번 중간고사에서 수학 100점, 국어 100점, 과학 95점을 받겠다.

▶ 3단계: 자신에게 질문한다

왜 중요한지, 무슨 의미가 있는지? 이유가 많을수록 동기가 강하게 생길 것이다.

예: 나 자신과의 약속이다. 부모님을 기쁘게 한다. 과학고등학교에 갈 수 있다.

성실한 사학생의 증명이다.

➤ 4단계: 기한을 정한다

예: 수학 ➜ 교과서, 요점정리, 문제집, 오답 정리를 9월 20일까지 한다.

국어, 과학……

➤ 5단계: 장애물을 인식한다

목표를 달성할 때 장애물은 자신을 가르치러 오는 것임을 인식한다.

예: 친구들이 축구를 하자고 한다. ➜ 토요일에 2시간 하겠다고 약속하겠다.

자꾸 게을러진다. ➜ 시간표를 짜서 하루에 자기주도학습 2시간을 하겠다.

어머니께 매일 확인해 달라고 부탁도 한다.

➤ 6단계: 필요한 지식을 구한다

독서나 주변의 경험자들과 상의하도록 한다.

예: 수학공부를 효과적으로 하는 방법 ➜ 진짜 수학 짱 형에게 물

어봐야지.

➤ 7단계: 계획을 열정적으로 실천한다

결단과 고집스러움으로 실천해야 한다. 물이 100도에 끓지만, 99도에 포기하면 하지 않은 것과 같다는 것을 생각해 보라.
예: 실천! 실천! 실천!

"성공은 목표다." 명심하라.

꿈 (기한+분량) **비전** (SMART) **목표** (동기-행동) **열정적 실천**의 단계를 늘 생각하자.

성격과 학습스타일

● MBTI와 MMTIC로 타고난 성향을 이해하자

타고난 개인의 성향은 **가치관, 기질적 선호도, 재능, 내적 동기** 등으로 구성되어 있다. 가치관은 왜 그러한 행동을 하는지 자신만의 이유를 찾아볼 수 있으며, 기질적 선호도, 즉 성격은 자신이 어떤 역할을 좋아하며 어떻게 행동하는지를 확인할 수 있게 해 준다. 재능을 확인함으로써 자신이 무엇을 잘할 수 있는지를 알게 된다. 또한 학습동기나 직업동기를 확인함으로써 자신이 어떤 상황에서 자신의 역할을 잘 수행할 수 있는지 알아볼 수 있다. 특히 성격은 학습을 하는 방식뿐 아니라 인간상호 작용의 관계에 대한 대략적인 방식을 알 수 있게 해 준다.

이 장에서는 어린이 및 청소년 성격유형검사(MMTIC)를 통해 성격과 학습스타일을 확인해 보자.

MBTI(MMyers-Briggs Type Indicator)에 의하면 인간 성격의 선호에 대한 지표로서 인간이 선천적으로 타고난 마음의 경향이 있다. 인간은 선호하는 방향과 다를 때는 심리적으로 불편하고, 심할 경우 노이로제를 겪게 된다고 주장한다. 크게는 인식과 판단의 경향이 있는데 인간 행동의 다양성은 개인이 '인식(Perceiving)'하고 '판단(Judging)'하는 특징이 다르기 때문이라 한다. 인식은 개인이 사물, 사람, 사건, 아이디어를 깨닫게 되는 모든 방법이며, 판단은 인식한 내용을 바탕으로 결론(의사결정)을 내리는 모든 방식이다. 학습도 결국에는 외부세계에 존재하는 지식을 어떻게 인식하고 어떻게 판단하느냐의 연속되고 누적된 과정이라 할 수 있다.

MMTIC(Murphy-Meisgeier Type Indicator for Children)는 1990년 F. Murphy와 C. Meisgeier 박사에 의해 제작되었으며, 어린이들과 청소년의 심리발달 과정에 있어서 성격 이해, 학습 지도, 대인관계 형성, 진로 지도에 도움을 주고 있고, 청소년 상담 분야에서도 활발히 활용되고 있다.

MMTIC를 해석할 때는 MBTI를 해석할 때와 다른 관점이 필요한데, 발달 단계에 있는 어린이는 기능의 분화가 분명하게 나타나지 않을 수 있기 때문에, MMTIC의 검사 문항에는 일반적인 학교생활을 고려하여 구성되어 있다. 그러므로 검사 결과를 해석할 때 어린이의 결과 유형이 또래 집단의 유형을 반영하여 나타났을 가능성이 높다는 것을 감안해야 한다.

MBTI에서는 4가지 선호지표를 갖는데, 첫째, 에너지의 방향에 따라 외향형-내향형, 둘째, 인식기능에 따라 감각형-직관형, 셋째, 판단기능에 따라 사고형-감정형, 넷째, 생활양식에 따라 판단형-인식형을 구분하고 각 유형을 조합하여 16가지 유형으로 구분한다.

지표	선호경향	주요활동
외향-내향	에너지의 방향은 어느 쪽인가?	주의초점
감각-직관	무엇을 인식하는가?	인식기능
사고-감정	어떻게 결정하는가?	판단기능
판단-인식	채택하는 생활양식은 무엇인가?	생활양식

외향형-내향형과 판단형-인식형은 삶에 대한 태도로 겉으로 드러나는 행동들이다. 감각형-직관형과 사고형-감정형은 심리기능적인 것으로 겉으로 드러나지 않는 내부의 작용이다.

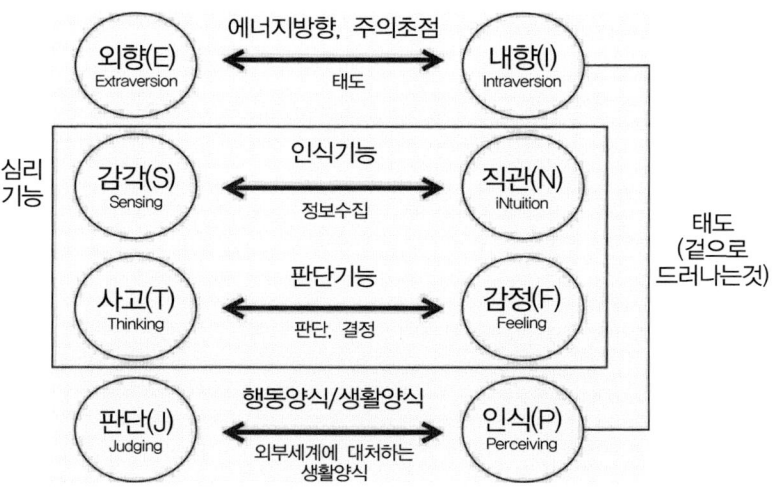

인간의 성격은 에너지의 방향에 따라 외향과 내향으로 구분되고 인식과 판단의 유형으로 구분되는 연속적 행동이다.

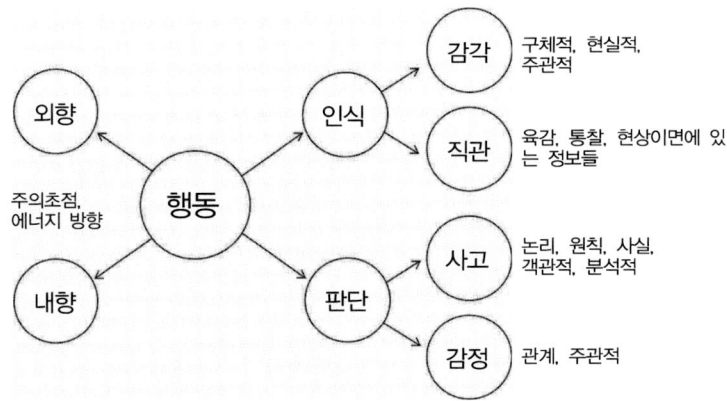

감각 — 구체적, 현실적, 주관적

직관 — 육감, 통찰, 현상이면에 있는 정보들

사고 — 논리, 원칙, 사실, 객관적, 분석적

감정 — 관계, 주관적

MMTIC 4가지 선호지표의 대표적 표현들과 학습스타일은 다음과 같다.

♣ 외향형(Extraversion)

활발하고 적극적이라는 말을 자주 들으며, 슬프거나 기쁜 일이 생기면 즉시 부모에게 표현하는 편이다. 주위에 일어나는 모든 일에 관심을 보이고, 조용히 혼자 있는 시간보다는 친구들과 어울리는 시간이 많다. 처음 보는 친구라도 쉽게 이야기를 건네고 친해지는 편이다.

기분을 잘 드러내고 반응을 즉시 보이며, 숙제를 친구들과 함께하는 것을 좋아한다. 보고 듣고 행동하는 것을 말로 많이 표현한다.

학습스타일
다른 아이들과 함께 그룹 작업하는 것을 선호하고, 자기 의견을 표현할 기회를 통해 많이 배운다. 실제로 나와서 직접 해보는 것을 좋아하고, 실험과 실패가 허용되는 분위기에서 더 잘 배운다.

♣ 내향형(Intraversion)

조용하고 침착하다는 말을 자주 들으며 소수의 친구들과 아주 친하게 진내는 편이다. 친한 친구나 아는 사람들이 없는 장소에 가면 매우 어색해하고 부끄러워한다.

혼자 놀거나 책을 읽는 시간이 많으며, 생각을 많이 한 후에 행동을 한다. 친한 친구들을 좋아하면서도 공부를 집중적으로 할 때는 혼자 하기를 좋아한다.

보고 듣고 아는 것을 먼저 말하기보다는 누가 물어보아야 비로소 말을 하는 편이다.

학습스타일
혼자 생각하고 이해할 시간이 충분히 허용되는 분위기에서 더 많이 배운다.
그룹 작업이나 발표하기 전에 설명을 듣고 관찰을 하고 질문을 주고받는 과정이 있으면 더 잘 배운다. 알고 있어도 금방 대답하지 않는 경향이 있다.

♣ 감각형(Sensing)

숙제를 할 때 꾸준하고 참을성 있게 한다는 얘기를 자주 듣는다. 구체적인 보기를 들어서 상세하고 정확한 설명을 할 때 더 잘 이해한다. 꼼꼼하다는 평을 듣고, 사람들의 외모나 주위 환경의 세부적인 특징들을 잘 기억하는 편이다.

세부적인 내용을 거듭 반복해서 암기하는 형태의 공부를 잘한다.

새로운 방법을 시도하기보다는 남들이 하는 대로 따라 하고, 자신에게 익숙한 놀이나 활동을 더 하려고 하는 편이다.

학습스타일

"보이는 것은 믿을 수 있다"라는 말이 감각형 학생에게 잘 적용된다.

TV, 비디오, 오디오 등을 이용한 학습 스타일이 효과적이다. 단계적인 설명과 개념이 실제로 어떻게 적용되는지를 예로 들어줄 때 이해가 빨라진다.

복습을 통한 학습스타일이 효과적이다.

♣ 직관형(Intuition)

숙제를 하다가도 다른 것에 금방 관심이 옮겨가고, 다시 숙제로 옮겨오는 경향이 있다. 상상 속의 이야기를 즐기며 이야기를 잘 지어낸다. 상상력이 풍부하다는 이야기를 자주 듣고, 상상 속의 친구를 만들어 혼자 있을 때 그 친구와 이야기를 나누기도 한다.

새로운 것을 배우기를 좋아하고 전에 하던 것과는 다른 방법으로 과제나 숙제를 하는 것을 좋아한다. 다른 아이들이 생각지도 않은 엉뚱한 행동이나 생각을 할 때가 종종 있다.

학습스타일

보이는 것에서 시작해서 상상을 불러일으키고 자극시키는 학습 스타일이 효과적이다.

한 문제에 대한 여러 가지 해답의 가능성을 탐색하는 것을 선호한다. 단계적이고 짜인 학습 양식보다 자기 진도에 맞춰 나갈 수 있는 분위기에서 더 잘 배운다.

예습을 통한 학습스타일이 효과적이다.

♣ 사고형(Thinking)

"왜"라는 질문을 자주 하고 게임을 할 때도 경쟁적인 것을 더 좋아한다. 궁금한 것이 있으면 꼭 물어보는 편이고, 게임을 할 때 규칙을 중요시한다. 한번 마음먹은 일은 끝까지 주장하는 편이고, 논리적인 설명으로 부모나 친구를 잘 설득하는 편이다.

야단을 맞거나 벌을 받아도 쉽게 눈물을 보이지 않으며, 대부분의 경우 자기 입장을 조리 있게 설명할 수 있다.

학습스타일

자료를 수집하고 조직하고 평가하는 기회가 허용될 때 더 잘 배운다.

학교에서 수행되는 과제들이 교사에 의해 공정하게 평가되고 인정되는 것을 보고자 한다. 학급 진도가 신속하게 나갈 때 자극을 받아 더 열심히 한다. 원인과 결과를 밝히는 설명 양식을 더 잘 이해한다.

♣ 감정형(Feeling)

다른 사람들의 관심에 민감하고 칭찬이나 인정을 받는 것을 좋아한다. 감정이 풍부하고 인정이 많고 순하며 윗사람의 말을 잘 듣는다는 이야기를 자주 듣는다. 무엇을 설명할 때 간단하게 하기보단 긴 설명을 하는 편이고, 게임을 할 때에도 양보를 잘한다.

학습스타일

칭찬과 인정이 따를 때 더 잘 배운다. 자기에게 던지는 교사의 개인적인 한마디의 말이나 메모가 학습 동기에 대단한 비중을 차지한다. 교사와 학생, 학생과 학생이 서로 잘 지내는 화목한 분위기에서 더 잘 배운다. 지속적인 경쟁 분위기에 쉽게 좌절한다. 학습 주제가 사람들에게 어떻게 도움을 줄 수 있는가 하는 설명에 쉽게 관심을 기울인다.

♣ 판단형(Judging)	♣ 인식형(Perceiving)
시험 보기 전에 미리 공부 계획표를 짜놓고 그 계획을 지키는 편이다. 책임감이 강하며, 예정에 없던 일이 생겨 계획을 갑자기 바꾸면 불편해한다. 자기 방이나 책상을 깨끗이 정돈하는 편이다. 숙제를 다 끝내놓고 노는 경향이 있고, 제때에 숙제를 못 하거나 숙제를 학교에 가져갈 때 대단히 조급히 하고 걱정을 하는 편이다.	시험 보기 전에 계획표를 짜기는 하나, 중간에 변경을 많이 하는 편이다. 숙제를 두고도 재미있게 노는 데 몰입하는 경향이 있으며, 숙제는 미루어 두었다가 한꺼번에 해 버리는 경향이 있다. 학교에 제출할 과제물이 준비되지 않아도 크게 걱정하지 않는 편이며 호기심이 많고 새로운 친구나 생활에 잘 적응한다. 방이나 책상을 대체로 정리하지 않는 편이다.
학습스타일 계획에 따라 진행되는 학습 상황에서 더 잘 배우고, 숙제나 과제를 내줄 때도 교사가 정확하게 설명해 줄 것을 기대한다. 견학이라든가 공작물 준비 등은 미리미리 말해주길 기대하며, 마무리 짓지 않고 다른 과제로 넘어가면 매우 스트레스를 받고 혼란스러워한다. 학습에서 조를 짜고 지시하고 지적하는 활동을 좋아한다.	학습스타일 자유롭고 유연성을 지닌 학습 분위기를 좋아한다. 지속적으로 규칙준수를 강조하고 이론적으로 설명하는 학습에서는 쉽게 흥미를 잃는다. 호기심이 많으므로 행동으로 표현하는 체험학습과 다양한 활동을 겸한 학습스타일이 효과적이다. 학습 계획을 세울 때 타인의 도움이 필요하다. 자기 진도에 맞추어 나갈 수 있는 허용적 분위기에서 더 잘 배운다.

● MBTI 16가지 성격유형

네 가지 선호경향(EI, SN, TF, JP)을 조합하면 16가지의 MBTI 성격 유형이 나온다. 즉 자신의 선호경향들의 조합에 의해 ISTJ, ENFP 등의 네 문자로 표시되는데 이것이 성격유형이다. MBTI는 기본적 선호 경향을 밝히는데 EI, SN, NF, JP라는 네 가지 지표에서 어떤 것을 주로 사용하고 선호하는가를 나타낸다. 오른손잡이, 왼손잡이, 양손 모두를 쓸 수 있으나 자신이 주로 쓰는 손을 사용할 때 더 편하고 능률이 오르는 것과 같이 어떤 사람이든 양쪽 경향을 다 사용할 수 있으나 자기가 좋아하는 기능이나 태도를 먼저, 자주 사용하는 것과 같다.

MBTI 응답을 통해 개인의 선호경향성을 나타내고 채점 후 숫자는 이러한 경향의 빈도를 가리킨다.

16가지 성격유형의 특성

ISTJ 세상의 소금형 한번 시작한 일은 끝까지 해내는 사람	ISFJ 임금 뒤 권력형 성실하고 온화하며 협조를 잘하는 사람	INFJ 예언자형 사람과 관련된 통찰력을 가진 사람	INTJ 과학자형 전체적인 부분을 조합하여 비전을 제시하는 사람
ISTP 백과사전형 논리적이고 상황적응력이 뛰어난 사람	ISFP 성인군자형 따뜻한 감정을 가지고 있는 겸손한 사람	INFP 잔 다르크형 이상적인 세상을 만들어가는 사람	INTP 아이디어 뱅크형 비평적인 관점을 가지고 있는 뛰어난 전략가들
ESTP 수완 좋은 활동가 친구, 운동, 음식, 다양한 활동을 선호하는 사람	ESFP 사교적인 유형 분위기를 고조시키는 우호적인 사람	ENFP 스파크형 열정적으로 새로운 관계를 만들어가는 사람	ENTP 발명가형 풍부한 상상력으로 새로운 것에 도전하는 사람
ESTJ 사업가형 사무적, 실용적, 현실적으로 일을 많이 하는 사람	ESFJ 친선도모형 친절과 현실감을 바탕, 타인에게 봉사하는 사람	ENFJ 언변능숙형 타인의 성장을 도모하고 협동하는 사람	ENTJ 지도자형 비전제시와 사람들을 활력적으로 이끌어가는 사람

▷ ISTJ: 세상의 소금형 – 한번 시작한 일은 끝까지 해내는 사람들
실제 사실에 대해 정확하고 체계적으로 기억하며 일 처리에 있어서도 신중하며 책임감이 강하다. 집중력이 강하고 현실감각이 뛰어나다. 위기상황에서도 침착하고 충동적으로 일 처리 하지 않는다. 보수적인 경향이 있으며, 문제를 해결하는데 과거의 경험을 잘 적용하고,

반복적인 일상적인 일에 대한 인내력이 강하다. 때로 세부 사항에 집착하고 고집부리는 경향이 있으나, 업무 수행이나 세상일에 대처할 때 행동이 매우 확고하고 분별력이 있다.

자신과 타인의 감정과 기분을 배려하며, 전체적이고 타협적인 방안을 고려하는 노력이 때로 필요하다. 정확성과 조직력을 발휘하는 분야의 일을 선호한다. 한번 시작한 일은 끝까지 해내는 믿을만하고 절약하는 사람들이다.

▷ ISTP: 백과사전형 – 논리적이고 뛰어난 상황 적응력을 가지고 있는 사람들

조용하고 인생을 논리적으로 분석하며 객관적으로 관찰한다. 사실적인 정보를 조직하는 것을 좋아한다. 일과 관계되지 않은 이상 어떤 상황이나 인간관계에 직접 뛰어들지 않는다. 자신을 필요 이상 개방하지 않고 가까운 친구들 외에는 많이 사귀려고 하지 않는다. 친한 친구를 제외하면 수줍어하고, 느낌이나 감정, 타인에 대한 마음을 표현하기 어려워한다.

이들은 어떤 상황에서 얼마나 많은 노력이 필요한지 정확하게 판단하여 조바심내거나 노력을 낭비하지 않고 상황이 요구하는 것을 정확하게 해낼 수 있다. 일상에서 적응력이 뛰어나고 손재주가 많아 도구나 기계를 잘 다룬다. 아니면 비조직화된 사실을 조직하는 재능이 많아 법률, 경제, 마케팅, 통계 분야에 관심이 많다.

▷ ESTP: 수완 좋은 활동가형 - 친구, 운동, 음식 등 다양한 활동
　　을 선호하는 사람들

　관대하고 느긋하다. 사람이나 사건에 대해 별로 선입관을 갖지 않
고 개방적이며 있는 그대로 바라보고 받아들인다. 갈등이나 긴장 상
황을 잘 무마시키며 현재에 초점을 맞추어 발생하는 문제를 잘 해결
한다.

　적응력이 뛰어나고 긴 설명을 싫어하며 친구 사귀기, 운동, 음식,
다양한 활동 등을 좋아한다. 순발력이 뛰어나며 많은 사실들을 쉽게
기억하고, 예술적인 멋과 판단력이 있으며 연장, 재료를 다루는 데 능
숙하다. 주관적 가치보다는 논리적, 분석적으로 일 처리 한다. 직접적
인 경험을 통해 배우기를 선호하며 추상적인 아이디어나 개념에 대
해 흥미가 없다.

▷ ESTJ: 사업가형 - 사무적, 실용적, 현실적으로 일을 많이 하는
　　사람들

　실질적이고 현실감각이 뛰어나며 일을 조직하고 계획하여 추진시
키는 능력이 있다. 불분명하고 실용성이 없는 분야에 큰 흥미가 없으
나, 필요하다면 이를 응용하는 힘이 있다. 분명한 규칙을 중요하게 여
기며 그에 따라 행동한다. 규칙을 준수하며 일을 추진하고 완수해간
다. 계획이나 결정시 확고한 사실에 바탕을 두고 체계적, 논리적으로
이끌어 나간다.

　지나치게 일 중심으로 나가거나, 성급하게 결정하는 경향이 있고,
자신과 타인의 정서적 측면을 고려할 필요가 있다. 또한 새로운 시도,
추상적인 것에 대한 이해 노력과 타인의 장점과 아이디어를 인정해

주는 노력이 필요하다.

▷ ISFJ: 임금 뒤의 권력형 - 성실하고 온화하며 협조를 잘하는 사람들

책임감이 강하고 온정적이며 헌신적이고 침착하며 인내력이 강하다. 다른 사람의 사정을 고려하며 자신과 타인의 감정에 민감하다. 일 처리에 있어서 현실감각을 갖고 실제적이고 조직적으로 처리한다. 경험을 통해 자신이 생각한 것이 틀렸다고 인정하기 전까지 어떤 난관이 있어도 꾸준히 밀고 나가는 유형이다.

때로 의존적이고 주체성과 독단성, 장기적인 안목이 필요하다. 타인의 관심과 관찰력이 필요한 의료, 교사, 서비스직에 적합하고 위기 상황에 대처할 때에도 차분하고 안정적이다.

▷ ISFP: 성인군자형 - 따뜻한 감성을 가지고 있는 겸손한 사람들

말없이 다정하고 따뜻한 사람들로, 상대방을 잘 알게 될 때까지 이 따뜻함을 잘 드러내지 않으며, 말보다 행동으로 그것을 드러낸다. 동정적이며 자기 능력에 대해 모든 성격 유형 중 가장 겸손하고 적응력과 관용성이 많다. 자신의 의견이나 가치를 타인에게 강요하지 않고 갈등과 충돌을 피하고 인화를 중시한다.

모든 것을 정신적 이상과 개인적 가치관에 따라 판단하고, 생활과 관련된 부분은 아주 개인적으로 접근한다. 자신의 가치관에 확신이 있지만 관심을 갖고 있는 다른 사람의 의견에 영향을 받는다. 이들의 내적인 충실성이 위협당하면 양보하지 않고, 다른 사람에게 감동을 주려고 하거나 지배하려고 하지 않는다.

▷ **ESFP: 사교적인 유형 – 분위기를 고조시키는 우호적인 사람들**

친절하고 수용적이며 현실적이고 실제적이다. 어떤 상황에도 잘 적응하고 타협적이다. 선입견이 별로 없고 개방적이고 관용적이며 사람들을 잘 받아들인다. 주위에서 진행되는 다른 사람들의 일이나 활동에 관심이 많고 알고 싶어 하며 기꺼이 그 일에 함께 참여하고자 한다. 새로운 사건, 물건에도 관심이 많고 실생활을 통해 배우기를 선호한다.

물질적인 소유 및 운동을 비롯한 실생활을 즐긴다. 상식과 실제적인 능력을 필요로 하는 분야의 일을 선호한다. 때로 조금 수다스럽고 깊이나 마무리를 등한시하는 경향이 있으나 분위기를 고조시키는 우호적인 사람들이다.

▷ **ESFJ: 친선도모형 – 친절과 현실감을 바탕으로 타인에게 봉사하는 사람들**

동정심과 동료애가 많으며, 친절하고 재치가 있다. 참을성이 많고 양심적이며, 정리정돈을 잘한다. 다른 사람에게 관심을 쏟고 인화를 도모하는 일을 중요하게 여기며, 다른 사람을 잘 돕는다. 타인의 지지를 받으면 일에 열중하고, 무관심한 태도에 민감하다.

어떤 상황에 대해 속단하는 경향이 있을 수 있고, 이렇게 되어야 한다, 저렇게 되어야 한다는 마음의 규율이 많다. 일과 관련된 문제에 냉철한 입장을 취하는 것을 어려워하고, 다른 사람들도 자기와 같을 것이라고 기대하는 경향이 있다.

▷ INFJ: 예언자형 - 사람과 관련된 것에 통찰력이 뛰어난 사람들

강한 직관력의 소유자로 창의력과 통찰력이 뛰어나다. 어떤 일의 의미가 중요하고, 대인관계를 형성할 때는 진실한 관계를 맺고자 한다. 뛰어난 영감을 가지고 있으며 타인에게 말없이 영향을 미친다. 독창적 독립적이며, 확고한 신념과 뚜렷한 원리원칙을 생활 속에 가지고 있다. 남에게 강요하기보다 자신의 행동과 권유를 통해 사람들의 마음을 움직이고 따르게 만든다.

한 곳에 몰두하는 경향으로 목적달성에 필요한 주변적인 조건들을 경시하기 쉽고, 자기 안의 갈등이 많고 복잡하다. 이들은 풍부한 내적인 생활을 소유하고 있으며 내면의 반응을 좀처럼 남과 공유하기 어려워한다. 현실을 있는 그대로 수용하고 현재를 즐기고자 하는 노력이 필요하다.

▷ INFP: 잔 다르크 형 - 이상적인 세상을 만들어 가는 사람들

마음이 따뜻하나 상대방을 잘 알게 될 때까지 그 마음을 잘 표현하지 않는다. 조용하고 자신과 관련된 사람이나 일에 대해 책임감이 강하고 성실하다. 또한 자신이 지향하는 이상에 대해서는 정열적인 신념을 지니고 있다.

남을 지배하거나 좋은 인상을 주고자 하는 경향이 거의 없다. 어떤 일에 관심을 가질 때 완벽주의로 나가는 경향이 있고, 노동의 대가를 넘어서 자신이 하는 일에 의미를 찾고자 하고 많은 사람들을 만족시키려는 경향이 있다.

▷ **ENFP: 스파크형 - 열정적으로 새로운 관계를 만드는 사람들**

열성적이고 창의적이며 풍부한 상상력과 영감으로 새로운 프로젝트를 잘 시작한다. 일에 대한 순간적인 에너지 발휘와 즉흥적이고 재빠르게 해 나간다. 관심이 있는 일이면 무엇이든 해내는 열성파이다. 뛰어난 통찰력으로 사람 안에 있는 성장 가능성을 들여다볼 줄 안다. 자신의 열정으로 다른 사람들도 흥미를 느끼도록 하며 다른 사람을 잘 돕는다.

반복되는 일상적인 일을 참지 못하고 한 가지 일을 끝내기도 전에 몇 가지 다른 일을 벌이는 경향을 가지고 있다. 타인의 태도에 민감하며, 판단하기보다는 이해하려는 태도를 갖고 있어, 사람을 다루는 솜씨가 뛰어나다.

▷ **ENFJ: 언변능숙형 - 타인의 성장을 도모하고 협동하는 사람들**

민첩하고 동정심이 많고 사교적이며 인화를 중요시하며 참을성이 많다. 다른 사람들의 생각이나 의견에 진지한 관심을 가지고 공동의 善(선)을 위해 타인의 견해에 대체로 동의한다. 현재보다는 미래의 가능성을 추구하며 계획을 제시하고 집단을 이끌어가는 능력이 있다.

때론 타인의 장점이나 자신의 신념을 지나치게 이상화하고 맹목적인 충성을 보이는 경향이 있으며, 타인도 자기와 같을 것이라고 생각하는 경향이 있다.

▷ **INTJ: 과학자형 - 전체적으로 조합하여 비전을 제시하는 사람들**

행동과 사고에 있어 독창적이다. 내적인 신념과 비전은 산이라도 움직일 만큼 강하다. 성격 유형 중에서 가장 독립적이고 단호하며, 때로는 어떤 문제에 대해 고집이 세다. 자신이 가진 영감과 목적을 실현시키려는 의지와 결단력, 인내심을 가지고 있다. 자신과 다른 사람의 능력을 중요하게 여기며, 목적 달성을 위해 모든 시간과 노력을 바친다.

분석력 때문에 일과 사람을 있는 그대로 수용하고 음미하는 것이 어렵다. 타인의 감정을 고려하며 그 사람의 관점에 귀 기울이는 노력이 필요하다.

▷ INTP: 아이디어뱅크형 – 비평적인 관점을 가지고 있는 뛰어난 전략가들

과묵하나 관심 분야에 대해서는 말을 잘하며, 이해가 빠르고 높은 직관력으로 통찰하는 재능과 지적 호기심이 많다. 개인적인 인간관계나 친목회, 잡담 등에 별로 관심이 없으며 매우 분석적이고 논리적이며 객관적 비평을 잘한다.

지나치게 비판 분석적인 태도가 대인관계에 적용되지 않도록 타인의 노력을 인정하는 태도와 개인적 관점을 고려해야 한다.

▷ ENTP: 발명가형 – 풍부한 상상력을 가지고 새로운 것에 도전하는 사람들

독창적이며 창의력이 풍부하고 넓은 안목을 갖고 있으며 다방면에 재능이 많다. 풍부한 상상력과 새로운 일을 시도하는 솔선력이 강하며 논리적이다. 새로운 문제나 복잡한 것을 해결하는 능력이 있으며 사람들의 동향에 대해 기민하고 박식하다.

일상적이고 세부적인 것을 경시하고 태만하기 쉽다. 새로운 도전과 관심이 없으면 흥미가 없고, 반대의 경우에는 대단한 수행력을 가진다. 때로는 경쟁적이고 현실보다는 이론에 더 밝은 편이다.

> ▷ ENTJ: 지도자형 - 비전을 가지고 사람들을 활력적으로 이끌어 가는 사람들

활동적이고 솔직하며, 결정력과 통솔력이 있고, 장기적 계획과 거시적 안목을 선호한다. 지식에 대한 욕구와 관심이 많으며, 새로운 아이디어에 관심이 높다. 일 처리에 있어 사전준비를 철저히 하며 논리분석적으로 계획하고 조직하여 체계적으로 추진해 나가는 형이다.

타인의 의견에 귀를 기울일 필요가 있으며, 자신과 타인의 감정에 충실할 필요도 있다. 느낌과 감정을 인정하고 표현하여 누적된 감정이 크게 폭발하지 않도록 한다. 또한 성급한 판단이나 결론을 피해야 한다.

● 인간성격의 4가지 기질

기질(temperament)은 개인의 가시적인 여러 행동 속에 내재하는 패턴의 일관성을 의미한다. 즉 기질은 행동 하나하나마다 서명을 하거나 지문을 찍어 놓은 것 같이 그 사람의 흔적임을 알게 하는 일관적인 패턴이다. 또한 기질이란 각 유형이 선천적으로 가진 여러 개별 특성들이 종합된 결과로서 사람의 특성 차이를 이해하는 데 유용한 도구이다.

MBTI의 16가지 유형은 4개의 기질로 분류할 수 있는데 현실주의 타입의 SJ, 이상주의 타입의 NF, 예술가 타입의 SP, 전략가 타입의 NT이다.

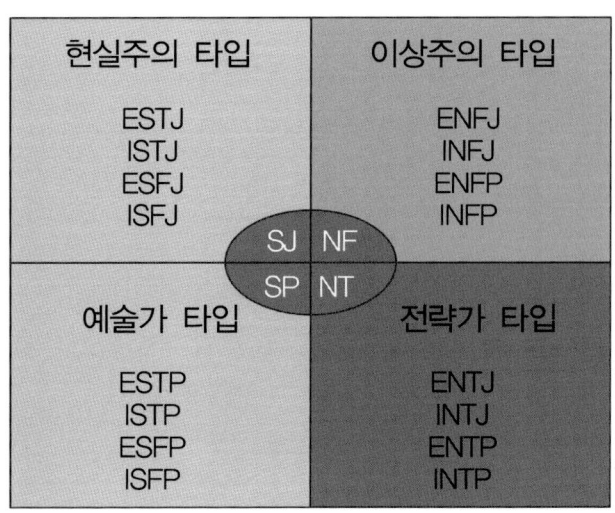

SJ	SP
· 보호자적 기질	· 장인(예술가) 기질
· 안정지향, 소속감 중요	· 자유스러움, 충동적, 자발적
· 책임감, 성실성, 의무	· 흥취와 자극, 행동적, 용감함
· 전통주의자	· 현재에 몰입, 실천, 협상가
· 위계질서 존중	· 도구사용 숙련, 절충과 적응
· 경험과 체득	· 강한 인상 주려는 욕구
· 책임완수의 욕구	· 활동지향적, 자유로움 선호
· 안정과 소속감 추구	· 대담함/자발성
· 별명은 '모범생', '착한 아이'	· 즉흥적/충동적
· 보호자 역할 선호	· 모험심과 호기심
· 책임감 발휘 욕구	· 신체적 참여와 체험 선호
· 높은 준비성	· 놀이와 즐거움 추구
· 계획에 따라 학습	· 별명은 '장난꾸러기'
· 학교 규칙 준수	· 감각적/미식가
· 교사의 지시에 큰 비중	· 튼튼한 옷/장난감 선호
· 정리정돈 선호(옷장, 장난감)	· 변화/흥분/자극 선호
· 타인의 반응 중요시	· 과잉행동 경향
· 복습, 예습	
· '깔끔히 정리'하는 경향	
· 계산, 낭독/반복 학습을 잘 견딤	

NF	NT
· 이상가적 기질	· 합리적 기질
· 성장지향	· 지식지향, 추구
· 의미와 심사숙고	· 자질향상
· 타인을 가르치기	· 초자연적인 힘
· 더 나은 세상 만들기	· 비전, 지식이 중요
· 적합성이 중요	· 이론적, 논리적
· 잠재력 개발	· 자신감 실현의 욕구
· 실존적 자아실현의 욕구	· 진지한 표정
· 의사소통에 능한 현상	· '왜'라는 질문
· 생생한 이미지/상상력	· 독립적
· 동화, 꿈, 그림자 친구	· 강한 지적 호기심
시답형태 장난감 선호	· 체벌에 대한 강한 반응
· 정체감 갈등/자아인정 욕구	· 시험, 발견, 탐색 선호
· 정서적 민감성	· 다양하고 복잡한 장난감 선호
· 거부에 대한 과민 경향	· 다량의 독서(공상과학, 탐정)
· 별명은 '꿈쟁이', '이야기쟁이'	· 서툰 정서 표현
· 동정심	· 비사교적
· 다량의 독서(소설, 시)	· 비판적
· 개별적 관계 중요시	· 논리적 원인 탐색
· 포괄적/인상주의적 인식 경향	· 수학, 과학, 공식 선호
· 소집단 학습 선호	

아동 및 청소년기의 4가지 기질적 성향('나의 모습 나의 얼굴', 1993, 한국심리검사연구소)

기질별로 학습에 대한 태도나 학습스타일은 다음과 같다.

▷ **SJ: 모범적인 현실주의 타입**

규칙을 준수하고 과제, 준비물을 잘 준비하는 모범생이며, 교사의 보조역할도 잘 수행할 수 있는 학급의 보배라 할 수 있다. 교사에 의해 계획적으로 잘 짜인 수업과 주입식 수업을 선호한다. 교과서, 참고서, 문제집을 선호하며, 단답형, 선택형의 시험을 선호하는 특징이 있다.

소속감과 의무감, 책임의식, 질서의식 등을 강하게 가진다. 가장 보수적인 전통주의자이다. 그래서 이들은 조직이나 단체에 소속되어 활동하기를 좋아한다. 소속된 단체 내에서도 다른 사람들에게 의존하지 않고 독립적으로 단호하게 행동한다. 다른 사람들의 보살핌을 받기보다는 다른 사람들에게 보호자적인 역할을 하려고 한다.

이들은 강한 위계적 질서의식을 가지고 있어서 그러한 질서 속에서 생활하는 것을 불편해하지 않고, 그 속에서 자신에게 주어진 역할을 다하는 충성심을 가졌다. 그래서 그렇지 못한 사람들(예를 들면 장인적 기질의 사람들)을 곱게 보지 않는다. 이들은 조직의 질서를 유지하기 위해서 자신에게 힘겨운 임무가 주어져도 거절하지 못하고 어떻게든 해낸다. 일자리도 쉽게 옮기지 않는다.

항상 준비하고 깨어 있어야 한다는 생각을 가진 이들은 최선을 다하는 것을 미덕으로 삼는다. 이솝 우화의 "개미와 배짱이"에서 개미와 같은 생활철학을 가졌다. 늘 다른 사람에게 베풀고 봉사하는 입장에 서는 이들은 모임에 가더라도 주최측을 도와주고 마무리를 하려고 한다. 일상생활에서도 소비보다는 저축을 미덕으로 안다.

전통을 고수하는 이들은 정해진 관례를 지키기를 좋아하고 파격적인 행동을 하지 않는다. 그래서 변화를 하더라도 혁신보다는 점진적인 개선을 선호한다.

이들이 지닌 약점은 단기 지향적이라는 점과 추상적인 것을 수용하지 않는다는 점이다. 모호성을 수용하지 못하고 흑백이론으로 일관할 수 있다. 변화에 수용적이지 못하다.

▷ SP: 자유로운 예술가 타입

예술가 타입은 장난꾸러기이며 학급의 양념 역할을 하는 행동파이다. 장시간 집중하기보다는 스스로 계획하되 적정한 시간 동안 학습하는 패턴이 좋다. 다양한 자료, 교구 활용을 요구하며, 체험위주의 학습을 선호하며 교사중심, 주입식, 설명식 수업을 선호하지 않는 경향이 있다. 자연스럽고 허용적인 분위기나 공간에서의 학습을 선호한다.

구속받지 않는 자유를 갈망한다. 제한이나 의무가 주어지는 것을 원치 않는다. 위계질서에 묶이지 않고 현실을 즐기려고 한다. 느끼는 대로 행동하기를 좋아한다. 창공을 나는 자유로운 새이고 싶어 한다.

이들은 충동적이다. 자유롭고자 하는 충동, 어디론가 떠나고 싶은 충동, 마음껏 자신을 발산하고 싶은 충동 등 이들의 충동은 현실적인 제약이나 의무 등을 뛰어넘게 된다. 기질적으로 이들은 미리미리 준비하고 대비하는 것을 중요하게 여기지 않는다. 기다리는 것을 싫어하는 이들에게 장기적인 목표나 계획은 큰 의미가 없다. 연습을 중요하게 생각하지 않고 즉흥적으로 하고 싶어 한다. 미래에 대해서는 낙관적이고 중요한 일이 앞에 있어도 '천하태평'인 경우가 많다. 실수를 두려워하지 않고 실패가 있어도 좌절하는 법이 없다. 쉽게 행동하는 대신 실패를 딛고 쉽게 일어선다.

이들은 자극적이고, 화려하며, 쾌활하고, 장난기가 넘친다. 이솝 우화의 '개미와 배짱이'에서 배짱이와 같은 생활철학을 가졌다. 또 변화 지향적이다. 과거와 미래보다는 현재가 중요하다고 여기지만 지루한 일상의 반복을 참지 못한다.

도구나, 기구, 악기를 다루는 데 재주를 보이는 이들은 복잡한 장비를 운전하거나 손재주가 요구되는 예술활동에 관심을 보인다. 특히 자신의 끼를 발산하기 위해서는 이에 따르는 고통도 참고, 위기상황에서는 예상치 않은 책임감을 발휘하는 양면성도 가진다.

적극적이고 민첩하기 때문에 기회를 잡을 가능성도 있지만 약점도 있다. 행동을 예측하기가 어렵고 경솔하게 행동하고서 후회할 수 있다. 이론과 추상적인 것을 기피하고 열정이 쉽게 식는다. 언행의 일치를 이루기가 어렵다.

▷ NF: 봉사와 사랑의 이상주의 타입

이들은 꿈꾸는 공상가이며 학급의 따뜻한 햇살과 같은 존재이다. 사람 혹은 자신과 관계 짓는 의미를 연결하는 학습을 선호한다. 통찰, 예리함, 창의성, 기발함을 언어표현에서 발휘하며, 개인적으로 격려해 주고, 친숙한 급우와의 소그룹 작업을 선호한다. 사실지향보다는 관계지향적인 성향이다.

생의 의미를 중요하게 여기는 이들은 내면과 겉모습이 일체된 일관성 있는 자아를 추구한다. 목적의식이 있는 참된 삶을 통해서 자아를 찾고자 하는 이들의 구도적 자아탐색은 평생의 과제이다. 자기성찰이 깊은 만큼 죄의식도 많고 망설임도 많다. 그러나 이러한 갈등상황에서 이들은 내적 조화를 찾기 때문에 일탈은 잘 일어나지 않는다.

자아실현 욕구가 강한 이들은 자신만의 독특함과 주체성을 찾고자 한다. 그래서 세상에서 독특한 존재로 기억되기를 바라고 주목받는 삶을 살고 싶어 한다. 또한 자신의 입장이나 주장에 지지를 얻어내기 위한 노력은 창조적이다. 그래서 창조적인 자기표현적 일에서는 가장 열정적이다. 그러나 상업적인 돈벌이에는 가치를 두지 않는다.

이 기질의 사람들은 소수에 불과하지만 이들이 사회에 미치는 영향력은 대단하다. 이들 중에는 문인이나 연기자처럼 감정이입이 필요한 일에서 두각을 나타낸다. 따뜻한 인간애를 가진 이들은 긍정적인 방향으로 사람들에게 영향력을 미치는 동기부여가로서의 역할에 만족한다. 이들은 또한 의미가 있는 봉사활동에도 열중한다.

'관계지향적'인 이 기질의 사람들은 필요하면 대인관계를 잘 만들기도 하지만 마음만 먹으면 쉽게 돌아설 수도 있다. 다른 기질과는 다른 독특함을 가진 이들은 자신들끼리는 서로 잘 이해하지만 다른 유형과는 이해의 벽이 높다.

이들의 약점은 자신의 개인적인 생각이나 가치에 따라 결정을 내리기 쉽다는 점이다. 다른 사람의 문제나 슬픔에 너무 깊이 공감히어 자신도 가슴 아파하고 다른 사람들에게 싫은 소리를 하지 못한다.

▷ NT: 절대진리 추구의 전략가 타입

이들은 꼬마 과학자이며 학급의 지성인이다. 한 가지 테마를 깊이 있게 관찰 연구하는 것을 선호하며 지적 호기심과 독립심이 매우 강하다. 과학영역의 탐구학습을 선호하고 교사의 일방적 설명을 싫어하는 경향이 있다.

힘의 원천으로서 '지식'이나 '지성'을 확보하려는 이들은 지적 호기심이 강한 소수의 사람들이다. 많은 것을 알고 있는 반면에 기존의 지식이나 이론을 그대로 받아들이기보다는 의문표를 던져보는 비판의식도 가졌다. 그래서 기존의 질서나 제도를 바꾸려고 한다. 참신하고 새로운 아이디어를 좋아한다.

타인의 생각이나 이론에 대해서만 비판적인 것이 아니라 자신의 생각에 대해서도 비판적이다. 다른 사람의 부정적인 조언에도 '그럴 수 있다' 하는 반응을 보인다. 그래서 다른 사람의 조언이나 아이디어를 잘 받아들이는 개방적인 사고를 가졌다.

'과업지향적'인 이들은 업무에 빠져서 자신이나 가족을 돌보지 않을 가능성이 많다. 자신이 하는 일은 자신이 직접 통제권을 행사해야 하고 결과는 완벽해야 한다고 생각한다. 그래서 남에게 잘 맡기지 못한다. 완벽성은 자신뿐 아니라 다른 사람들에게도 기대한다. 이러한 양적, 질적인 목표과다 책정 성향은 많은 성과를 얻게도 하지만 자신과 주변 사람들을 위기의식 속에 묶어두고 많은 스트레스를 부여하게 된다. 건강에 유의해야 한다.

일벌레인 이들은 놀이를 모른다. 놀이에 참여하더라도 의무감에서 참여하며 일로 여긴다. 정서적인 면에서는 둔감한 이들에게 한가롭게 시간을 보내라고 하는 것은 형벌이 된다. 항상 관심의 초점은 성과와 합리성, 미래에 있다.

이 기질의 약점은 의심이 많고 체제에 순응적이지 못하다는 점이다. 감성에 무디기 때문에 인화나 조화에는 관심이 희박하다. 거만하다거나 지나치게 경쟁적이라고 평가받을 수 있다.

성격은 개인의 유전적인 요인과 현재까지 일생을 살아오면서 겪었던 감정, 생각, 행동의 역사적 결과물이다. 똑같은 환경에 노출되었을 때 각기 다른 반응을 보이는 것은 형성되어 있는 성격에 따라 많은 차이를 보이게 된다. 공부를 하는 방식이나 대인관계를 하는 방식, 스트레스의 원인이나 대처방법까지도 성격을 반영한다. 학습자의 성격은 교수자 혹은 부모의 성격과 만나면서 다양한 역동을 보이기 때문에 학습지도뿐 아니라 원만한 대인관계를 위하여도 성격에 대한 이해와 성격에 맞는 대처를 하는 것이 중요하다.

Part **03**

인지적 전략

5

효과적 읽기

● 글을 읽고 이해하는 과정

언어가 담고 있는 내용을 정보라는 말로 표현할 수 있으며, **언어는 정보를 전달하는 수단**이다. 다시 말하면 대화 능력, 언어 능력은 정보 처리 능력이라 할 수 있다. 언어는 외부와의 소통을 위한 수단으로 입력을 할 때에는 듣기, 읽기과정을 통하며, 출력을 할 때에는 말하기와 쓰기의 과정을 통하여 할 수 있다.

즉 두뇌가 정보를 처리한다는 것은 듣기, 읽기의 입력과정, 내적 사고를 통한 처리과정, 말하기, 쓰기의 출력과정(정보표현)의 3단계를 의미한다.

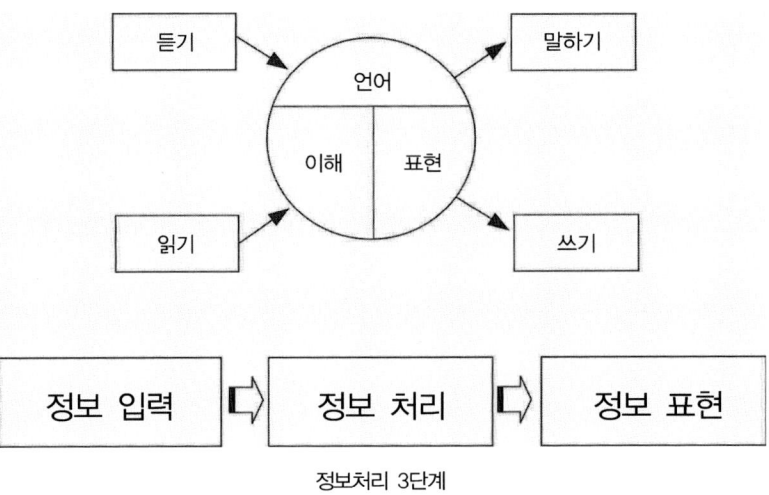

정보처리 3단계

정보처리의 중요한 법칙은 GIGO(Garbage in Garbage out), GIGO (Good in Good out)이다. 쓰레기가 들어가면 쓰레기가 나오고, 좋은 것이 들어가면 좋은 것이 나온다는 의미이다. 입력이 올바르지 못하면 처리 과정이나 표현에 대한 신뢰도는 보장할 수 없다. 학습은 감각기관을 통해 1차 입력이 되는데 이때 시각, 청각 정보가 90% 이상을 차지한다. 시각은 글 읽기이며, 청각은 교사의 설명자료가 주된 정보원이라 할 수 있다. 시각적 감각기관을 통해 올바른 정보를 입력하는 것이 우수한 학습자가 되는 첫걸음이라 할 수 있다.

▶ 글 읽기의 이해

글은 글쓴이가 자신의 가치관 속에서 세계(대상)를 인식하고 그 인식한 바를 언어로 표현한 것이다. 글이란 말의 덩어리이며 글쓴이가 어떤 사물에 관해 알아내고 생각한 결과이며, 글쓴이와 글 읽는 이 사이의 의사소통의 매개물이다. 글을 읽는다는 것은 문자 언어에 의한 의사소통의 과정이라 할 수 있다. 글 읽기를 통해 글쓴이의 세계에 대해 인식하고, 자신의 세계를 확충해 나가는 상호작용이라고 할 수 있다.

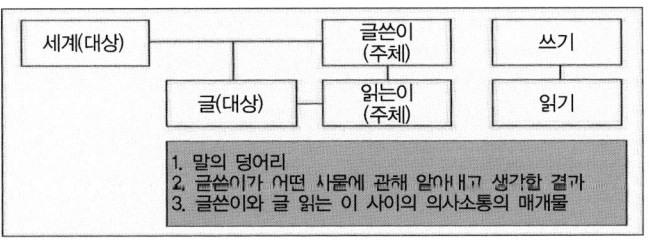

글 읽기의 영역은 글을 이해하는 영역, 즉 독해의 영역과 글을 통해 글쓴이와 읽는 이가 만나는 활동의 영역, 즉 의미 재확대, 창조적 과정으로 이루어져 있다.

글 읽기, 즉 독해를 할 때에는 감각적 능력, 주의집중 능력, 정보처리용량, 지각, 기억의 능력들이 중요한 요인이 된다.

- 감각적 능력: 언어를 이해하려면 먼저 감각 기관, 주로 시각을 통해 언어 기호를 받아들인다.
- 주의 집중 능력: 과제를 수행하는 데 기울이는 인지적 노력의 질 뿐 아니라 양과 관련되므로 중요한 요인이 된다.
- 정보처리용량: 같은 내용의 정보를 입력하였다 하더라도 내적인 사고과정을 통하여 처리할 수 있는 정보의 양이 개인에 따라 다르다.
- 지각: 문자 형태의 정보를 의미 있는 단위로 바꾸는 과정이 필요

하다. 이것은 기존에 습득된 지식의 내용과도 밀접한 관련이 있다.

• 기억: 의미 있는 정보를 저장하고 난 후에 이루어지는 독해에서 독자의 내용 이해에 영향을 주게 된다. 글을 읽을 때에는 자신의 두뇌에 기억된 내용을 끊임없이 불러와 비교하고 판단하면서 독해하기 때문이다.

글을 읽을 때에는 다음의 네 가지를 고려하여 읽어야 글쓴이의 의도를 좀 더 정확하게 파악할 수 있다.

첫째, 글쓴이의 세계(소재)를 글 읽는 이가 어떤 상황과 관점으로 이해할 것인가?

이것은 글이 태어난 조건으로 사회나 역사 과목의 글 읽기는 특히 시대적 사회적 문화를 반영하므로 중요하다. 일제 강점기에 탄생한 "님의 침묵"에서 "님"과 민주주의 시대에 탄생한 "님"은 뿌리부터 차이가 난다. 사회 과목에서 "우리 동네의 관공서"가 대도시와 시골 학생에게 엄청난 차이가 있음을 생각해 보면 된다.

둘째, 글이 어떤 식으로 쓰이며, 단락과 같은 글의 작은 부분들은 어떻게 구성되어 전체를 이루는가? 이것은 글의 형식을 의미한다.

셋째, 소재는 무엇이며 그것에 관한 혹은 그것을 통해 제시되는 주제는 무엇인가? 이것은 글의 내용에 해당한다.

넷째, 이 글을 왜 읽는가? 이것은 글을 읽는 목적에 해당한다.

글은 목적에 따라 정보를 전달하기 위한 글, 설득하기 위한 글, 친교 및 정서를 표현하기 위한 글로 분류할 수 있다. 정보를 전달하기 위한 글의 종류에는 설명문, 보고문, 전기문, 기사문 등이 있다. 설득하기 위한 글의 종류에는 논설문, 광고문, 신문 사설, 연설문, 담화문 등이 있다. 친교 및 정서를 표현하기 위한 글의 종류에는 시, 소설, 일기, 편지, 수필, 독후감 등이 있다.

교과서는 다양한 글쓰기의 한 분야이며 교과서 독해는 비교적 단순한 읽기 전략을 사용하면 된다. 사실적 독해와 감상적 독해를 하는 것을 권한다.

1) 사실적 독해

글쓴이가 의도한 대로 독자가 이해하는 것이 중요하다. 수학, 과학, 사회 등의 교과목은 모두 사실적 독해를 해야 한다. 국어 과목은 문학과 비문학 분야로 구분되는데 비문학 분야는 사실적 독해를 해야 한다. 사실적 독해를 통해 글쓴이가 하고자 한 내용을 정확하게 이해한 다음에 자신의 견해를 밝히고 비판하거나 재해석하는 과정이 필요하다.

정보 전달을 목적으로 쓰인 글은 주로 사실적 이해를 해야 한다. 설득하는 글은 **사실적 이해 ➡ 글의 추리, 추론적 이해 ➡ 글의 비판적 이해 ➡ 창조적 이해**의 과정을 거쳐야 한다.

인간은 누구나 자신만의 세계를 바라보고 인식하는 관점을 가지고 있는데 이를 패러다임, 세계관, 고정관념 등으로 말할 수 있다. 그리고 누구나 자신이 살아온 경험과 지식들이 모여 관점을 만들게 된다.

예를 들어, 태국에서는 길에서 구걸하는 사람에게 동냥을 했는데 감사의 인사를 하지 않는다고 한다. 내게 도움을 주면 상대가 복을 받는다고 생각하며 내가 오히려 당신이 복 받을 수 있는 계기를 마련해 주었으니 당신이 오히려 고마워해야 한다는 관점에서라고 한다. 이렇듯 모든 사람은 각자의 관념과 지식의 차이 때문에 어떤 사건을 보는 눈이 다르다.

많은 경우에 세계관이 다른 사람을 만나면 기분이 몹시 나빠지거나 갈등이 생기는 경우가 있다. 어느 학부모를 대상으로 하는 강의장에서 아이를 엄하게 키우는 것과 자유롭게 키우는 것 중 어느 것이 좋으냐는 질문을 해 본 적이 있다. 강의장에 모인 학부모들의 의견이 나누어지게 되었고, 두 의견을 들어보았다. 아이를 엄하게 키워야 한다는 의견을 가진 부모님은 "매 끝에 효자가 난다", "인간은 원래 그냥 두면 게을러지고 이기적이 된다"는 무의식중 세계관을 가지게 되었다고 한다. 자유로운 양육은 아이에게 자율성, 자신감에 도움이 된다는 의견을 가진 학부모님도 자신의 삶의 경험에 기초한 세계관이 있었던 것이다.

이렇듯 세계관의 특징은 관념과 지식에 의해 형성되어 고착화되고 이후에 들어오는 정보를 고착화하는 데 영향을 미친다. 세계관에 있어 폐쇄성을 가진 사람은 남을 받아들이지 못하게 되며, 자신이 옳다고 생각하기 때문에 고집스러워진다. 마치 노란 안경을 낀 사람이 빨간 안경 낀 사람을 도저히 이해 못 하여 거짓말로 이해하는 것과 같다. 융·복합의 시대에서 유능한 인재가 되기 위해서는 다양한 관점에서 의견을 모으고 받아들일 수 있어야 하는데, 그러기 위해서는 자신의 세계관을 전환할 수 있는 유연한 두뇌의 힘이 있어야 한다.

세계관이 자신의 지식과 경험에 의해 형성되기 때문에 바른 세계관으로 전환하는 내적 사고 체계가 있어야 한다. 이것은 중·고등학교 시절에 교과서 학습의 과정을 통해 이루어질 수 있다. 많은 학생들이 국어과목을 어려워하는 이유는 자신의 가치관에 빗대어 문제를 풀기 때문이다. 주어진 지문에서 객관적인 정보를 찾아내는 능력을 요구함에도 불구하고 "춘향전에서 변사또는 나쁘다"는 선입견 때문에 변사또의 "적극적"인 성격을 묻는 질문에 올바로 답할 수 없다. 중·고등학교 6년간이 교과서 읽기는 자신이 관점에 따라 해석하는 능력 이전에 지문에서 묻는 의도를 이해하는 과정이 선행되어야 한다. 즉 올바른 교과서 읽기를 하는 것은 성인이 된 이후의 의사소통능력에도 영향을 미친다.

교과서 읽기는 두 단계를 거쳐야 한다.

① 객관화(요약) 단계

이 단계에서는 글쓴이나 문제에서 요구하는 것이 무엇인지 객관적으로 파악하는 단계이며, 이 단계를 통해 남의 지식을 많이 얻게 된다.

예를 들어, "선생님이 설명한 세계관에 대하여 객관화를 해 보세요"라는 수업의 상황 혹은 일상생활에서 듣기 결과를 요약하는 방법도 권장할 만하다.

② 주관화 단계

이 단계는 자신의 생각을 확인하고 표현하는 단계이다. 새로운 지식을 무작정 받아들이기만 한다면 지적인 노예가 될 수 있다. 다른 사람의 말을 많이 하다 보면, 내 생각이 없어진다. 따라서 남이 얘기한 것에 대한 나의 생각을 적고, 말해 보는 과정을 거쳐야 한다.

예를 들어, "세계관에 대한 나의 생각을 말해 보세요."

"아이의 잘못에 대해 부모가 매를 들어도 되는지 안 되는지?"

일상에서 자신의 의견을 정리하고 표현하는 습관을 들여보자.

③ 질문학습단계

이 단계는 글 읽기를 하고 난 후 질문학습법을 하면서 사고의 경험을 하는 단계이다.

이 단계에서 상상을 통하여 간접경험을 하는 방법을 익히다 보면 깊은 사고력이 생길 것이다.

예를 들어, "부모가 아이에게 매를 들었을 때, 장점(Plus), 단점(Minus), Interesting(유익한 점)을 생각해 보세요."

(* PMI 기법은 창의적 사고의 훈련방법 중 하나이다.)

2) 감상적 독해

글쓴이가 의도한 내용에 대한 객관적인 이해보다 독자의 주관적 해석이 중요하다. 국어 과목 중 문학 분야가 이에 해당한다. 감상적 독해의 구체적인 내용은 과목별 학습법의 의도과목에서 다루기로 하자.

친교 및 정서표현의 글은 **사실적 이해 → 공감적 이해**의 과정을 거쳐야 한다.

소설이나 위인전과 같은 읽기는 스토리를 갖고 있지만 교과서 읽기에서는 스토리보다는 사실적인 정보를 습득하는 것이 중요하다. 글의 최소 구성요소는 낱말이며 낱말이 모여 문장을 이루고 문장들이 모여 문단을 이루며 여러 개의 문단을 논리나 흐름에 따라 재배열하면 작품이 되거나 교과서의 단원이 된다.

학습의 과정은 이렇게 언어가 낱말에서 단원으로 확장된 것을 이해하고 요약하는 과정이 중요함에도 불구하고, 요즈음은 참고서나 교사들의 요약에 지나치게 의존하기 때문에 효과적인 읽기전략을 갖추지 못한 채 학년이 올라가는 학습결손이 누적되고 있다. 그리고 장문의 글이나 책을 스스로 학습해야 하는 고등학교 고학년이나 대학에 진학하였을 때 돌이킬 수 없는 심각한 글 읽기가 드러나게 된다. 요즈음 대학생에게 가장 심각한 문제가 읽기의 부족이라는 교수님들의 우려가 많은 깃도 이린 이유에서이다. 초등학교 때부터 언어의 구성에 따른 올바른 읽기 전략이 필요하다.

글을 읽고 이해하는 과정은 **낱말 ➜ 문장 ➜ 문단**의 단계로 확장해야 한다.

(1) 낱말 읽기의 과정

낱말만으로는 글쓴이의 생각과 의도를 담을 수 없다는 측면에서 글의 의미 단위로 묶을 때 낱말은 제외되어 왔다. 그러나 낱말이 모여 문장을 이루고, 낱말의 뜻과 뜻이 모여 의미를 이룬다는 점에서 낱말 읽기가 글 읽기의 과정에서 기초능력을 형성하며 중요하다.

① 문장을 보면서 적당한 낱말(어절) 단위로 끊어 읽는다. 이것은 기호의 시각적 인식 단계이다.

② 낱말의 의미를 되살려낸다. 시선을 이동하면서 문자를 낱말(어절)로 묶어 나가면서 머릿속에 낱말의 의미를 기억해 내는 단계이다.

③ 문맥을 따져 뜻을 짐작한다.

④ 모르는 낱말에 의문을 품고 일단 유보시킨다.

이것은 개념학습과도 밀접한 관련이 있다. 인간은 두뇌 속에 저장된 개념에 따라 행동하는 존재이므로 오개념에 의해 학습이 진행된다면, 지식의 구조가 복잡해질수록 문제의 난이도가 높아질수록 걷잡을 수 없는 오류의 세계로 빠져들어 갈 것이다. 예를 들어 초등학교 3학년 수학에서 점이라는 개념이 등장하고 점의 개념을 확장하여 선의 개념이 나오며, 선의 개념은 선분과 직선으로, 각의 개념으로, 삼각형의 개념으로 계속 확장됨을 생각해 보면 알 수 있다.

(2) 문단 읽기의 과정

문단은 하나의 중심 생각을 가진다. 일반적으로 문단은 하나의 소주제문과 소주제문을 뒷받침해 주는 문장들로 이루어져 있다. 이것은 문단이 하나의 중심 생각을 갖고 있고, 그 중심 생각을 효율적으로 표현하기 위해서 여러 개의 문장들을 동원하고 있다는 것을 나타낸다.

따라서 문단 읽기에서 중요한 것은 그 중심 생각을 찾아내는 것이다. 그러기 위해서는 우선 지시어, 연결어를 이해하는 과정, 상상 추론하기, 중심 생각(문장) 찾기 등의 과정이 필요하다.

① 지시어 이해하기

지시어는 일반적으로 앞 문장과 반복되는 낱말을 생략하기 위해서 쓰이는 경우가 많다. 또한 강조의 기능도 갖고 있는데, 읽기 교육에서 지시어 이해하기는 앞 문장의 반복 낱말을 생략하기 위한 기능보다는 강조의 기능을 파악하는 데 더 중점을 둘 필요가 있다.

예) 서울은 아름다운 곳입니다. 그곳은 한강이 있고 남산이 있으며……

→ 그곳: 서울을 지시하는 말

② 연결어 이해하기

연결어란 낱말과 낱말, 구와 구, 절과 절, 문장과 문장을 연결해 주는 낱말을 뜻한다. 또한 연결어는 앞뒤 말(낱말, 구, 절, 문장)을 일정한 관계 속에서 연결해 주는 역할을 한다. 따라서 연결어의 의미를 파악하는 일은 글의 내용을 정확하게 이해하는 데 반드시 필요하다.

③ 중심 생각 찾기

문단은 하나의 소주제문과 하나 이상의 뒷받침 문장들로 이루어져 있다. 중심 생각을 효과적으로 표현하기 위해서는 여러 문장들로 뒷받침을 해야 한다. 중심 생각을 찾아내기 위해 중요한 요소는 어미, 조사, 부사, 관용어 등과 같은 꾸미는 말이 된다. 예를 들면 아까부터, 은근히, 까지, 보다는 등이 있다.

④ 내용문단 정리하기

문단의 종류는 내용문단과 형식문단으로 나뉘는데, 형식 문단이란 표면상의 드러난 문단이다. 형식문단은 첫 칸을 비우는 단위이며, 내용문단은 형식 문단에 구애받지 않고 관련 있는 내용의 문단들을 묶은 단위이다. 따라서 내용문단은 하나의 형식문단으로 구성될 수도 있고, 여러 개의 형식문단이 모여 하나의 내용문단이 될 수도 있다. 이러한 내용 문단 찾기는 글 전체의 주제(중심 생각) 찾기의 밑바탕이 되고 주제와 일관되는 내용으로 정리하게 된다.

결국, 글 읽기의 과정은 글을 읽으면서 읽는 이가 자신의 경험을 일깨우고, 자신의 경험과 글의 세계 사이에서 끊임없이 수정 반복하고, 그런 과정에서 새로운 사실을 깨닫고, 스스로를 반성하고, 글쓴이의 생각과 혹은 그것을 사회에 빗대어 비판하고, 글을 평가하는 과정들을 겪게 된다는 것이다.

● 낱말 분류 및 한 문장 요약하기의 실제

▶ 낱말 분류하기

낱말 분류하기는 낱말들 간의 위계를 구분하여 정리하는 활동으로 유목화 능력과 추상적 개념 형성 능력이 요구된다.

기초학습능력 향상을 위한 단계에서 꼭 필요한 활동이다. 학년별 교과서에 있는 낱말을 선택하면 된다.

○ 단어 분류하기 예시 1

다음 단어들을 차분히 읽어 보세요.

수학, 영어, 과학,
교과목, 사회, 국어,
피아노, 국사, 체육

여러 단어를 포함하는 단어가 있습니다. 그 단어에 O를 **하세요.**
(교과목)

전혀 관계가 없는 단어가 있습니다. 그 단어에 ×표 **하세요.**
(피아노)

포함하는 단어와 포함되는 단어를 보기 쉽게 정리해 주세요.

교과목: 수학, 영어, 과학, 사회, 국어, 국사, 체육

○ 단어 분류하기 예시 2

다음 단어들을 차분히 읽어 보세요.

학교, 교실, 과일, 수박, 포도,
운동장, 토마토, 강당, 급식실, 복숭아

여러 단어를 포함하는 두 개의 단어가 있습니다. 그 단어에 다른 색깔로 O를 하세요.

(학교), 교실, (과일,) 수박, 포도,
운동장, 토마토, 강당, 급식실, 복숭아

각각의 동그라미에 포함되는 단어를 찾아 그 단어와 같은 색깔로 밑줄을 그으세요.

학교, 교실, 과일, 수박, 포도,
운동장, 토마토, (강당) 급식실, 복숭아

포함하는 단어와 포함되는 단어를 보기 쉽게 정리해 주세요.

학교: 교실, 운동장, 강당, 급식실
과일: 수박, 포도, 토마토, 복숭아

○ 단어 분류하기 예시 3

다음 단어들을 차분히 읽어 보세요.

모카, 커피, 아메리카노, 카푸치노
오렌지, 주스, 포도, 음료, 키위

모든 단어를 포함하는 하나의 단어가 있습니다. 그 단어에 네모 표시를 하세요.

모카, 커피, 아메리카노, 카푸치노
오렌지, 주스, 포도, 음료, 키위

네모 단어에 속하면서, 여러 단어를 포함하는 두 개의 단어가 있습니다.
그 단어 각각에 다른 색깔로 동그라미를 하세요.

모카, 커피, 아메리카노, 카푸치노
오렌지, 쥬스, 포도, 음료, 키위

각각의 동그라미에 포함되는 단어를 찾아, 그 단어와 같은 색깔로 밑줄 그으세요.

모카, 커피, 아메리카노, 카푸치노
오렌지, 쥬스, 포도, 음료, 키위

▶ 문장 분류하기

주어진 문장을 읽을 때, 어떤 구조로 구성되어 있는지 먼저 파악해야 한다. 다시 말해 문장을 정의(설명), 분류(예시), 순서(인과), 비교 등으로 구분하여 분석하는 활동이다. 이 활동은 개념 파악 및 이해 능력을 필요로 하며 요약 및 노트 정리에도 활용할 수 있다.

각 문장들을 잘 들여다보면 문장마다 서로 다른 구조를 가지고 있다. 정의/설명, 분류/예시, 순서/인과, 비교의 4가지가 대표적인 문장 구조이다.

(1) 문장 분류하기 1: 정의/설명
○ 어떤 것의 특징, 상태, 모양 등을 규정하거나 설명함.

예) 사람은 생각하는 동물이다.
☞ 사람: 생각하는 동물

예) 사람을 남자와 여자로 구분하는 데 사용하는 기준을 성이라 한다.
☞ 성: 남자와 여자로 구분하는 용어

(2) 문장 분류하기 2: 분류/예시

○ 어떤 것의 종류를 구분하거나 예를 제시함.

예) 동물은 척추동물과 무척추동물로 구분된다.

☞ 동물 − 척추동물

　　　　− 무척추동물

예) 토끼, 돼지, 소, 말, 개는 포유류에 속하고, 개구리, 도롱뇽, 두꺼비는 양서류에 속한다.

☞ 동물 − 포유류: 토끼, 돼지, 소, 말, 개

　　　　− 양서류: 개구리, 도롱뇽, 두꺼비

(3) 문장 분류하기 3: 순서/인과

○ 어떤 것이 순서대로 진행되거나 원인의 결과로 연결됨.

예) 지진으로 인해 화산이 폭발하였다.

☞ 지진 → 화산 폭발

예) 하루 15분 운동하면 수명이 3년 길어진다.

☞ 수명 −−→ 늘어남
　　　운동

(4) 문장 분류하기 4: 비교

○ 특정 기준에 의해 특성, 상태, 모양 등이 비교됨.

예) 뜨거운 공기는 차가운 공기에 비해 밀도가 낮다.

☞ 밀도: 뜨거운 공기 < 차가운 공기

예) 태양의 부피는 지구의 약 130만 배에 달한다. 하지만 화성은 지구의 1/2 크기이다.

☞ 크기: 태양(지구의 130만 배) > 지구 > 화성(지구의 1/2)

● 효과적 읽기 전략

지식기반 사회에서는 지적인 힘이 가장 중요하다. 지적인 힘, 즉 知力을 가지기 위해 모국어와 외국어를 포함한 언어능력과 지식활용능력이 동시에 향상되어야 한다. 산업사회에서는 아는 것이 힘이었다 할 수 있으나, 지식의 폭발적 증가로 단순히 아는 것이 힘이 되지 않을 수 있다. 인텔의 대표 무어(Moore)의 법칙에 의하면 메모리의 용량이 1.5년마다 2배씩 증가한다. 메모리의 용도가 지식을 저장하기 위한 용도이니 지식 총량의 증가로도 생각할 수 있다. 2020년에는 73일마다 지식이 2배로 증가한다는 미래예측 결과도 있다. 따라서 입력되는 지식을 판별하고 활용하며 재창조하는 능력이 중요하다고 할 수 있다.

효과적인 글 읽기의 훈련 방법으로 속독법이 이루어지고 있으며 묵독을 권하는 이도 있다.

글을 읽는 데 문제가 있는 이유를 생각해 보면 많은 독서를 하고 빨리 읽는 데 국어 점수 향상이 안 된다든지 조금만 복잡한 내용에 대해서도 잘 이해하지 못하는 아이들이 많이 있다. 아무리 빨리 읽어도 이해가 안 되면 무슨 의미가 있을까? 이러한 글 읽기는 정보의 홍수라고 생각할 수 있다. 글 읽기는 아이의 두뇌가 처리할 수 있는 양과 수준에 맞게 이루어져야 한다. 우리나라는 수학능력시험을 치르는 나라이다. 수학능력은 말 그대로 대학에 와서 학습할 능력이 있는지를 의미한다. 수학능력시험의 국어 과목을 정해진 시간 안에 풀어내는 것이 국가가 요구하는 언어 능력이다. 많은 학생들이 시간 내에 문제를 읽기조차 포기한다. 따라서 속독이 아니라 속해가 필요하다. 그렇다면 빨리 읽으면 이해가 안 되는 걸까? 그렇지 않다. 빨리 읽을 때 더 이해가 잘된다.

다음의 문장을 정해진 방법대로 읽어보자.
나는 어저께 친구와 함께 즐겁게 놀고 밥 먹고 공부했다.
한 글자씩 또박또박: 나 는 어 저 께 친 구 와 함 께 즐 겁 게 놀 고 밥 먹 고 공 부 했 다.
한 단어 단위로: 나는 어저께 친구와 함께 즐겁게 놀고 밥 먹고 공부했다.
의미 단위로: 나는 어저께 / 친구와 함께 / 즐겁게 놀고 밥 먹고 / 공부했다.

많은 경우에 한 글자씩 읽는 것에 비해 한 단어 단위로 읽는 것, 의미 단위로 읽을수록 시간도 빨라지고 의미의 이해정도도 높아질 것이다.

따라서 될 수 있는 한 빨리 읽는 훈련을 해야 한다.

속해 독서 방법은 신속성과 정확성의 두 마리 토끼를 잡는 방법이다. 즉 정보 입력의 양을 늘리고, 동시에 정보의 질을 높이는 독서 방법이다.

올바른 방법을 통해 글 읽는 능력을 키워야 한다. 평균 한국인 성인은 1분에 500자 정도 읽는다. 권장되는 정상 한국인은 1,200자 정도 읽어야 한다. 사신의 글 읽기 속도를 시험해 보리.

이 장에서는 교과서 속해에 대한 개념, 시각 능력을 향상하기 위한 안구훈련, 의미 단위 읽기, 요약하기, 분석적 읽기 방법에 대해 살펴볼 것이다.

> ▶ 교과서 속해

다음 글을 평소에 글을 읽듯이 읽으면서 시간을 재어보자.

한국 사람이 글을 빨리 못 읽는 이유

학자들의 이론적 견해에 따르면, 한국어의 경우 일반적으로 한 번 시선을 던져 파악할 수 있는 글자 수는 4~5글자라고 한다. 그리고 우리의 두뇌가 그 글자의 내용을 파악하고 이해하는 데 평균적으로 0.2~0.25초 정도가 걸린다고 한다. 이를 산술적으로 계산해 보면 정상적인 한국인이 한국어를 읽는 속도는 분당 960~1,500자 정도라는 말이 된다.

그런데 대다수의 한국인은 이러한 정상적인 정보처리를 하고 있지 못하다. 실제로 실험해 보면 한국 사람이 글을 읽는 평균 속도는 1분에 400~600자 정도이다.

시간이 얼마나 걸렸는가? 위의 글은 305자이므로 20초 이하의 시

간이 걸리는 것이 정상적인 속도이다. 속해를 하지 못하는 이유로 첫째, 많은 경우에 속으로 소리를 내어 읽으며, 이때 1분에 500자 정도 읽는다. 그리고 눈의 움직임이 글을 읽는 속도를 못 따라간다. 이 경우 안구훈련을 통해 눈의 움직임을 빠르게 할 수 있다. 글을 이해하는 기본적인 원리를 파악하고 훈련하면 1분에 1,200자 정도 읽을 수 있다. 수능 국어 시험에서 신속성과 정확성을 유지하려면 평소 속해 훈련을 해 두어야 한다.

속해를 하려면 바른 자세를 유지하는 것과 묵독하기를 먼저 해야 한다.

바른 자세로 읽기는

○ 바른 자세로 책상에 앉아
○ 허리를 곧게 펴고
○ 책과 눈과의 거리를 30cm 정도 유지하며
○ 고개를 돌리지 말고 눈만 좌우로 이동시키며 책을 읽는 습관을 말한다.

묵독하기는 낭독하기의 반대로 겉으로 소리를 내지는 않지만 속으로 소리 내어 읽는 낭독 습관을 버리라는 것이다. 초등학교 저학년 학생들 중 1분에 1,500~2,000자 정도가 높은 속도를 유지할 수 있는데 정확한 독서를 위해 낭독 훈련으로 600자 정도로 떨어진다. 숙련된 아나운서가 1분에 600~700자 정도의 읽기를 할 수 있다. 묵독하기는 속으로도 소리를 내지 말고 의미 단위 읽기를 말한다. 훈련방법으로는 혀를 윗니 뒤에 붙이거나, 두 이로 가볍게 물고 읽는 방법이 있다.

사소해 보이는 읽기 훈련이 정보처리능력을 결정짓는다는 것을 잊지 않아야 한다.

속해 독서법에서 다음의 사항을 주의하면 좋다.
- 반드시 눈으로만 읽어야 한다.
- 고개를 돌리면 읽어서는 안 된다.
- 의미 단위는 한 번에 읽어야 한다.
- 한 번만 읽고 정리하는 습관을 들인다.
- 정리가 끝난 후 반드시 점검을 한다.

➤ 안구훈련

사선을 친 의미 단위를 입체적인 이미지로 받아들이기 위해서는 안구의 움직임이 달라져야 한다. 안구훈련표는 가상의 책이다. 1분에 몇 회를 반복하는가를 표에 쓰고, 하루에 3회 반복하면 된다. 1분에 10회 이상 읽을 수 있게 되면, 독서 속도는 분당 1,200자 정도 된다. 의미 단위 읽기와 안구훈련은 병행되어야 한다.

안구훈련의 방법은 ○를 가상의 글자로 생각하고 한 글자씩 눈을 맞춘다는 생각으로 읽어나가면 된다. 이렇게 하면 책을 대충 훑어보는 습관을 방지할 수 있다.

5분 안구훈련법		
1차　번 /　분	2차　번 /　분	3차　번 /　분
○ ○ ○ ○ ○ ○ ○ ○	○ ○ ○ ○ ○ ○ ○ ○	○ ○ ○ ○ ○ ○ ○ ○
○ ○ ○ ○ ○ ○ ○ ○	○ ○ ○ ○ ○ ○ ○ ○	○ ○ ○ ○ ○ ○ ○ ○
○ ○ ○ ○ ○ ○ ○ ○	○ ○ ○ ○ ○ ○ ○ ○	○ ○ ○ ○ ○ ○ ○ ○
○ ○ ○ ○ ○ ○ ○ ○	○ ○ ○ ○ ○ ○ ○ ○	○ ○ ○ ○ ○ ○ ○ ○
○ ○ ○ ○ ○ ○ ○ ○	○ ○ ○ ○ ○ ○ ○ ○	○ ○ ○ ○ ○ ○ ○ ○
○ ○ ○ ○ ○ ○ ○ ○	○ ○ ○ ○ ○ ○ ○ ○	○ ○ ○ ○ ○ ○ ○ ○
○ ○ ○ ○ ○ ○ ○ ○	○ ○ ○ ○ ○ ○ ○ ○	○ ○ ○ ○ ○ ○ ○ ○
○ ○ ○ ○ ○ ○ ○ ○	○ ○ ○ ○ ○ ○ ○ ○	○ ○ ○ ○ ○ ○ ○ ○
○ ○ ○ ○ ○ ○ ○ ○	○ ○ ○ ○ ○ ○ ○ ○	○ ○ ○ ○ ○ ○ ○ ○
○ ○ ○ ○ ○ ○ ○ ○	○ ○ ○ ○ ○ ○ ○ ○	○ ○ ○ ○ ○ ○ ○ ○
○ ○ ○ ○ ○ ○ ○ ○	○ ○ ○ ○ ○ ○ ○ ○	○ ○ ○ ○ ○ ○ ○ ○

➤ 의미 단위로 읽기(사선 치면서 읽기)

의미(Sense group)단위 읽기는 천천히 책을 읽으면서 정확하게 파악하기 위한 방법으로 정독하면서도 책 읽는 속도를 향상시킬 수 있는 방법이다. 사람이 한 번 시선을 주어 한 번에 볼 수 있는 단어 수를 2~3단어에서 4~5단어로 확장시켜 가며 읽는 연습이 필요하다. 의미 단위 읽기는 인간이 생각하는 단위와 글을 읽는 단위를 일치시키는 활동이다.

정보는 덩어리(chunk)로 들어오기 때문에 묶음으로 읽어주어야 더 잘 입력된다.

다음의 글을 정확하게 읽기 위해 한 글자씩 읽어보라.

r　e　s　p　o　n　s　a　b　i　l　i　t　y

알 이 에스 피이 오 엔 에스 에이 비 아이 엘 아이 티 와이

다음과 같이 읽어보라.

res pons ability

리스 폰스 어빌리티

또 다음과 같이 읽어보라.

responsibility

리스폰스어빌리티

몇 번째 방법이 더 잘 인식되는가? 한글에 대해서도 마찬가지이다. 복잡한 것 같지만 덩어리가 훨씬 이해가 빠르며, 자신이 이해할 수 있는 의미 단위(sense group)로 나누어 읽는 것이 속도와 이해도를 모두 높아지게 한다.

의미 단위 읽기의 핵심은 이해도 증가이며 보너스로 속도도 빨라져 속해가 가능해진다. 하루에 2문장 정도씩 3개월간 훈련하면 끊어가는 폭이 넓어지고 결국 한 번에 생각하는 이해의 폭이 넓어지게 된다.

다음의 글을 평상시 글을 읽듯이 읽으면서, 시간을 재어보자.

이렇게 상상으로 읽으면 엄청나게 빨리 읽을 수 있습니다. 상상이라는 것은 생각입니다. 안구운동에 비해서 월등히 빨리 볼 수 있는데, 보통 사람들은 상상을 해도 상상의 힘으로 못 읽고 안구운동 하는 정도로만 읽습니다. 상상력이 부족한 사람이어서 처음부터 그림도 안 그려지는 경우라 할지라도 그려졌다 생각하고 계속 훈련하면 어느 정도는 상상력을 키울 수 있습니다.

☆ 시간이 얼마나 걸렸는가?

☆ 읽은 내용을 요약해 보자.

같은 내용의 글을 / 한 부분을 한 단위로 끊어서 읽어보자.

> 이렇게 상상으로 읽으면 / 엄청나게 빨리 / 읽을 수 있습니다. / 상상이라는 것은 / 생각입니다. / 안구운동에 비해서 / 월등히 빨리 / 볼 수 있는데, / 보통 사람들은 / 상상을 해도 / 상상의 힘으로 / 못 읽고 / 안구운동 하는 정도로만 / 읽습니다. / 상상력이 부족한 사람이어서 / 처음부터 / 그림도 안 그려지는 / 경우라 할지라도 / 그려졌다 생각하고 / 계속 훈련하면 / 어느 정도는 / 상상력을 / 키울 수 있습니다.

☆ 시간이 얼마나 걸렸는가?

☆ 읽은 내용을 요약해 보자.

처음에는 시간이 단축되지도 않고 읽은 내용에 대한 정확한 요약도 어려울 수 있겠으나, 장기적으로 볼 때 효과적 읽기능력 향상에 크게 도움이 되며, 결국에는 두뇌의 정보처리능력도 향상될 것이다. 명심하라. 연습을 통해 한눈에 들어오는 범위가 10~15단어까지 가능하다는 것을……

🎤 혼자 연습하기

하루에 2~3개의 문장을 다음과 같이 읽기 연습을 하다보면 어느 순간 습관화될 것이다.

※ 다음 글을 사선(/)을 치면서 읽고, 요약해 보자.

거의 모든 발명들이 실패에서 이루어졌다고 하면 믿을까? 하지만 사실입니다. 처음부터 성공하는 사람들은 극히 드물 뿐 아니라 거의 천재에 가까운 사람들만 그렇게 될 뿐입니다. 대부분의 발명가들은 실패와 실패의 연속 속에서도 좌절하지 않고 원인을 찾고자 노력함으로써, 황금 같은 발명을 만들어 내었습니다.

지금은 전 세계적으로 유명해진 포스트잇이라는 상품이 있습니다. 그러나 이 유명한 상품도 사실은 실패에서 생긴 발명품입니다. 종합문구회사인 3M에서는 접착용 풀도 함께 만들어내고 있었는데, 사원의 실수로 풀의 원료를 잘못 섞어 버렸습니다.

그래서 접착력이 없어지는 바람에 붙여놓으면 떨어져 버렸습니다. 풀이란 것은 한 번 붙여 **놓으**면 떨어지지 않아야 상품의 가치가 있는 것인데 자꾸 떨어지니 그 많은 풀을 다 버려야 할 판이었습니다. 그때 한 젊은 사원이 아이디어를 내었습니다. 교회에서 성경책을 읽다가 그 부분에 표시를 해놓아야 하는 불편함을 느끼고서, 혹시 임시로 붙여 놓았다가 흔적 없이 떼어버리려는 사람이 있을지도 모르니, 메모지에 지금의 실패한 풀을 붙여 그 사람들에게 나누어 주면 어떻겠냐는 것이었습니다. 이렇게 해서 포스트잇은 전 세계에 알려졌고 세계적인 기업이 되었습니다. 이제는 전자 포스트잇까지 개발하여 마이크로소프트사와 특허전쟁을 치르고 있습니다.

✏️ 핵심어는 무엇인가요?

✏️ 글의 줄거리를 정리해 보세요.

🔍 1분당 읽은 글자 수를 측정해 보자.

본문 글자 수	656자
읽은 시간	분 초
1분당 읽은 글자 수	자
요약정리 시간	분 초

▶ 객관화하기(요약하기)

교과서 속해의 첫 단계인 객관화하기 연습을 해 보자.

(1) 객관화(요약) 연습방법 1 - 잘 된 요약문 고르기

짧은 문단을 읽고 요약된 문장을 고르는 시험은 국어에서 흔히 나오는 문제유형이다. 이 문제를 습관적으로 틀리는 경우, 집중적으로 훈련하여야 한다.

※ 다음 글을 읽고 가장 잘 된 요약문을 고르시오.

인간을 냉동시켰다가 먼 훗날 다시 눈을 뜨게 만든다거나, 매우 오랫동안 우주여행을 할 때는 승무원을 순번으로 냉동시켰다가 시간이 되면 다시 살려 교대시킨다는 이야기가 있습니다.
그런데 1962년 알프스 산속에서 마틴 웨르즈라는 사람은 눈사태를 만나 실종되었습니다. 그 후 그는 해빙될 때 발견되었는데, 그때까지도 멀쩡하게 살아 있었다고 합니다. 그게 가능한 일일까? 사실 이 문제는 가능하지 않다고 하는 것이 정답입니다. 눈사태에 파묻혀 수개월 후 발견된 사람이 어찌 살아 있을 수 있단 말입니까? 그러나 그는 분명 죽지 않았습니다. 의사협회에서는 그의 체내에서 혈액을 꺼내 따뜻하게 가열한 뒤 다시 체내에 주입한 결과 그의 모든 기능은 정상으로 되돌아온 것입니다. 그러나 의식마저 돌아온 것은 아니었습니다.

① 인간을 냉동시켰다가 다시 살려내는 이야기가 있는데, 눈사태를 만나 실종되었다가 해빙되어 발견된 마틴 웨르즈라는 사람의 혈액을 가열하여 체내에 주입한 결과 모든 기능은 정상으로 되돌아왔으나 의식은 돌아오지 못했다.

② 1962년 알프스 산속에서 마틴 웨르즈라는 사람은 눈사태를 만나 실종되었다가 발견되었는데, 그는 분명 죽지 않았습니다.

③ 의사협회에서는 마틴 웨르즈의 체내에서 혈액을 꺼내 따뜻하게 가열한 뒤 다시 체내에 주입한 결과 그의 모든 기능이 정상적으로 돌아온 것을 확인했다.

④ 매우 오랫동안 우주여행을 할 때는 승무원을 순번으로 냉동시켰다가 시간이 되면 다시 살려 교대시킨다는 이야기가 있다.

⑤ 마틴 웨르즈는 1962년 알프스 산속에서 눈 산태로 실종되었다가 해빙될 때까지 멀쩡하게 살아 있었다고 한다.

(2) 객관화(요약) 연습방법 2 – 질문에 따른 요약문 완성하기

한 문단의 글을 읽고 질문에 따라 객관적 정보를 찾는 방식이다. 숨은 글을 찾듯이 사실적 정보를 발견해야 한다. 이 형태의 글 읽기를 하면 시각적 집중력과 사고력을 동시에 향상시킬 수 있다.

※ 다음 글을 읽고 물음에 답하시오.

거미줄은 아주 가늘면서도 강하며 그 외에도 많은 특징을 가지고 있다. 배의 끝에서 나오는 실젖에서 나오는 거미줄로 그물을 만들 뿐만 아니라 먹이를 싸고 알을

보호하며, 어린 거미들을 위한 보육 그물 역할을 한다. 그리고 비행을 하거나 이동할 때, 또는 아래로 떨어질 때 '안전줄'로 이용된다. 거미줄은 강철보다 강하고 나일론보다 질긴데, 거미줄이 끊어지기까지 견딜 수 있는 무게는 약 80킬로그램으로 한 사람이 올라타도 견딜 수 있을 정도다. 또한 거미는 신기하게도 그물 안에서 어떤 줄이 끈끈한 줄인지를 본능적으로 알고 있어 자신이 쳐 놓은 거미줄에는 절대로 걸리지 않는다.

① 거미줄이 하는 역할은?

(   )

② ①번 물음에 대답을 참고하여 요약문을 완성하시오.

요약문: 거미줄은 아주 (   ), 그물을 만들고, 먹이를 싸고 알을 보호하며, 보육 그물 역할을 하며, 안전줄 역할을 한다.

(3) 객관화(요약) 연습방법 3 - 요약 지도로 요약문 작성하기

이 방법은 문자 중심의 좌뇌와 이미지 중심의 우뇌를 동시에 사용하여 두뇌의 균형 있는 발달은 물론 집중력 향상에도 도움이 되는 방법이다.

※ 다음 글을 읽고 요약지도를 이용해 내용을 요약해 보세요.

물만 먹어도 살이 찐다고 하는가 하면 아무리 먹어도 그만인 사람도 있다. 애써 몸무게를 줄여도 다시 늘어나는 요요(yoyo)현상 때문에 고민하는 사람이 있다.
요요현상이란 무엇인가?
요요는 장난감의 하나로 감긴 실을 잡아당기면 나무타래가 올라오고 가만히 두면 내려가는 것인데 그것에 빗댄 말이 요요현상이다.
내려간다는 것은 체중이 준다는 말이고 조금만 손끝에 힘을 가해도(조금만 먹어 버리면) 다시 올라오니 체중이 증가하게 된다는 것이다. 바로 나무타래가 움직이듯 사람의 체중이 쉽게 움직이니 좋은 비유라 하겠다.

① 주어진 자료를 읽고 중요한 개념이나 그것을 뒷받침하는 내용에 줄을 그으시오.

② 1의 내용을 가장 효과적으로 나타낼 수 있는 지도를 집단별로 그려 봅시다.

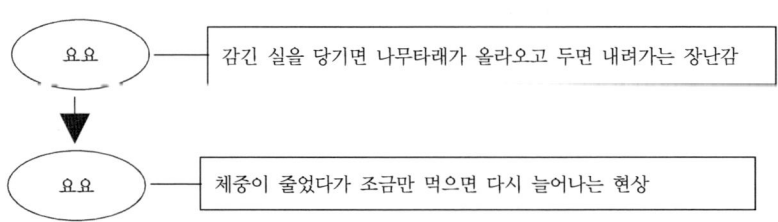

③ 완성된 요약 지도를 비교·토의하여 요약문을 작성해 봅시다.

문장으로 요약하기

▶ 분석적 읽기

정보처리에서 **신속성**과 **정확성**은 수레의 두 바퀴와 같이 병행되어야 할 요소이다.

(1) 정확한 이해를 위한 조건

정확한 이해를 위한 조건은 중요한 것과 덜 중요한 내용을 판단하기, 글쓴이의 입장에 서서 보기, 선입견과 편견에서 벗어나기가 있다.

① 중요한 내용과 덜 중요한 내용 판단하기

어떤 글이나 말을 잘 이해했다는 것은 글자와 소리를 넘어 글쓴이의 말과 글을 잘 이해한 것을 의미한다. 말과 글의 구성의 공통적인 원리는 핵심적인 말과 핵심적인 말을 설명하는 말로 구성되는데, 핵심적인 내용은 양이 매우 적으며, 설명하는 말은 양이 많다. 따라서 핵심적인 말을 찾는 것이 중요하다.

② 글쓴이의 입장에 서서 보기

글쓴이가 글을 쓸 때에는 표현하고자 하는 대상과 그에 따른 의도를 가지고 있다. 교과서는 정보전달이 주목적이기 때문에 전달하고자 하는 원래 의도를 정확히 이해하려는 노력이 필요하다. 문학적 글은 글을 작성하게 된 배경과 사회 환경이 있고 글쓴이가 표현하고자 하는 자신의 내적 감정과 생각을 자원으로 활용하게 된다. 그리고 읽는 이는 자신의 경험과 감정 및 생각의 틀에 비추어 내용을 해석하게 된다. 이러한 과정에서 글쓴이와 읽는 이 사이에 소통의 오류가 생기게 된다. 따라서 읽는 이는 최대한 글쓴이의 환경과 의도를 객관적으로 파악하려는 노력을 해야 한다.

읽는 이는 글쓴이의 입장에서 글쓴이의 의도를 객관적으로 파악한 다음 자신의 느낌과 생각을 정리하는 것이 좋다. 이러한 과정에서 정보의 객관적 입력과 사고과정 및 표현의 3단계 과정이 조화롭게 이루어질 수 있다.

③ 선입견과 편견에서 벗어나기

정보의 입력은 단순한 '앎'을 충족시키기 위한 것이 아니다. 단순한 '앎'은 보편화, 일반화, 논리화를 거쳐 '지식'이 된다. 정보 입력은 감동을 받기 위한 것이 아니라 체계적인 지식을 얻기 위한 목적인데, 읽는 이의 선입견과 편견은 지식화 과정에 색안경을 씌우는 것에 해당한다.

진리란 보편성이 있어야 하며 지식을 탐닉하는 것은 이 지식을 통해 궁극적으로 진리를 찾기 위한 과정이어야 한다. 따라서 어떤 시각으로 바라보아도 동일하게 받아들여질 수 있는 지식이 되어야 한다. 학습자는 객관적인 글 분석을 통해 선입견과 편견에서 벗어날 수 있다. 객관적인 글 분석은 글 읽는 사람의 주관적인 판단이 전적으로 배제된 상태에서의 글 읽기를 의미하며 글에 쓰인 내용만을 객관적으로 정리함으로써 글쓴이의 핵심에 접근하는 글 읽기 법을 의미한다.

(2) 분석적 글 읽기 방법

① 밑줄 치기

글을 읽을 때 글쓴이가 중요하게 생각하는 부분을 찾아 밑줄 치기를 한다. 즉 주어진 정보에서 중요한 것과 중요하지 않을 것을 판단하는 것이다. 많은 학습자들이 글자만 읽고 의미를 파악하지 않으며 읽었다고 착각한다. 어느 부분 읽은 다음 말로 표현할 수 있을 때 정말로 읽은 것이 된다. 언어문제는 지문을 읽거나 듣고 여러 개의 문제에 답하는 형태들이 많다.

국어에서 독해문제의 일반적인 문제들은 다음과 같다.

- 주제가 무엇인가?
- 제목이 무엇인가?
- 밑줄 친 부분은 무엇을 가리키는가?
- 빠진 부분에 들어갈 적절한 말은 무엇인가?

보통 여러 줄의 지문을 한꺼번에 읽고 난 후 문제를 보고 다시 지문을 읽다 보면 신속성과 정확성이 떨어지게 된다. 명심해야 할 것은 수능 국어를 정해진 시간 내에 읽고 풀 수 있을 정도의 독해 능력이 있어야 한다는 것이다. 주로 다뤄지는 문제의 유형을 미리 파악하고 글을 읽으면서 정확하게 밑줄을 쳤다면 한 번에 해결할 수 있는 문제들이다.

중요한 문장과 중요하지 않은 문장의 구분은 문장들 사이의 관계 속에서 가려진다. 즉, 핵심문장인지, 부수문장(핵심문장 설명)인지를 구분하면 된다.

② 네모 치기(개념학습)

문장은 의미를 전달하는 완전한 언어형식이자, 단어들의 결합이다. 단어를 이해하지 못하면 문장의 의미 파악이 어렵게 된다. 글을 읽다 보면 자신이 아는지 모르는지도 모른 채 공부를 마치는 경우가 많다. 이러한 문제를 해결하기 위해 개념학습을 해야 하는데 글을 읽다가 잘 모르는 단어는 □를 치고 뜻을 짐작해 보거나 사전찾기를 통해 그 뜻을 정확히 이해해야 한다.

어휘력은 사고력을 키우는 데 중요한 능력이며 인간은 자신이 아는 단어 수에 비례한 사고력을 가진다. 보통 사람들은 평생 7,000여 종류의 단어를 사용하며 전문 작가들은 15,000~25,000개의 단어를 사용한다고 한다.

③ 동그라미 치기

밑줄을 칠 수 있는 문장은 아니지만 중요한 개념어(구)에 ○를 친다. 핵심내용을 파악하는 데 보조적인 방법이지만 글의 전체 내용이나 흐름을 파악하는 데 도움이 된다. 예를 들어 국어에서 시간, 장소, 감정 표현 등이 이에 해당한다.

④ 5가지 질문으로 분서하기

모든 학문의 기초가 되는 이해력을 측정하는 문항들의 일반적인 유형이 있다. 이 유형은 글을 읽는 사람의 입장에서 보면 인식의 유형이 되고, 글을 쓰는 사람의 입장에서 보면 표현의 유형이 된다. 질문은 문제 해결의 지름길, 질문에 적절한 답을 찾아가는 과정이 문제 해결의 과정이다.

주어진 글을 읽고 정확하게 이해했는지를 파악하기 위한 질문과 표현은 다음과 같다.

구분	질문	학교 시험에서 사용한 표현
Q1	핵심은 모두 몇 개인가?	이 글은 몇 문단인가?
Q2	각 핵심을 요약하면?	문단의 중심내용은 무엇인가?
Q3	그 중 가장 중요한 핵심은 어떤 것인가?	이 글의 형식은 무엇인가?
Q4	이 정보가 전달하고자 하는 중심 생각은 무엇인가?	이 글의 주제는 무엇인가?
Q5	이 정보의 제목은 무엇인가?	이 글의 제목은 무엇인가?

Q 1. 이 글은 몇 문단인가?

문단 혹은 단락은 의미를 전달하는 하나의 덩어리이며 형식 문단과 내용 문단으로 구분할 수 있다. 형식 문단은 글에서 들여쓰기 단위로 구분된 덩어리이며, 내용 문단은 한 가지 중심내용으로 묶일 수 있는 문단을 의미한다. 하나의 문단은 여러 개의 문장으로 구성되며, 중요한 문장과 중요하지 않은 문장인지를 문장들 간의 상관관계를 통하여 파악할 수 있다.

하나의 문단에는 하나의 핵심 문장(내용)이 있게 되므로, 몇 개의 핵심문장(내용)이 있느냐에 따라 문단의 수가 결정된다. 이상적인 문단 구성은 형식 문단과 내용 문단이 같은 형식이다. 그러나 보통은 여러 개의 형식 문단들이 모여서 하나의 내용 문단을 이룬다. 여러 개의 형식 문단들이 모여서 이루어진 내용 문단에서 중심 문단을 찾는 것도 문단들의 상호 관련성을 통해서 이루어진다. 중심 문단을 설명하거나 예를 드는 문단을 종속 문단이라 한다.

Q 2. 문단의 중심내용은 무엇인가?

문단의 중심내용은 주제, 즉 소주제이며, 일반적으로 이러한 주제는 한 문장으로 표현된다. 글쓴이가 전달하고자 하는 핵심 내용이 글의 표면에 드러나는 글에서는 중심문장이 글의 표면에 드러나지만, 문학적인 글에서는 이 중심 내용이 표면으로 드러나지 않고 숨겨져 있어 재구성해야 찾을 수 있다. 이때 문단의 중심이 되는 내용을 전달하는 문장에 밑줄을 치는 읽기 방법이 좋다.

Q 3. 이 글의 형식은 무엇인가?

글의 형식이란 글의 주제가 어디에 있는가를 말하는 것으로 종류에는 두괄식(처음에 위치), 중괄식(가운데 위치), 병렬식(같은 중요도를 가진 내용이 여러 곳에 나열), 양괄식(처음과 마지막), 무괄식(표면적으로 전혀 드러나지 않음)이 있다. 글의 형식은 **각각의 문단에서 밑줄 친 중심 문장 중에서 가장 핵심적인 내용이 어디에 있는지를 결정**하는 것이 된다.

Q 4. 이 글의 주제는 무엇인가?

주제는 글쓴이가 전달하고자 하는 내용으로, 글 전체의 중심 생각으로, 글쓴이가 글을 쓸 때는 가장 먼저 주제를 정하게 되고, 주제가 정해지면 주제를 중심으로 이야기를 어떻게 전개해 나갈 것인지를 구상하게 된다. 따라서 주제에 따라 글의 전개 방향이 결정된다. 여러 개로 나열된 소주제들 중에서 가장 핵심적인 소주제가 글 전체를 주관하는 주제가 된다.

Q 5. 이 글의 제목은 무엇인가?

제목은 글의 내용 전체를 대변하는 것이며 글의 얼굴에 해당한다. 보통 정보 전달을 위주로 하는 글은 글의 주제가 제목에 분명하게 나타나도록 제목을 붙인다. 반면 표현을 위주로 하는 것, 즉 의도를 가진 글은 주제를 암시하는 어구나 글감을 제목으로 삼기도 한다. 제목을 붙일 때는 주제문을 압축하거나 요약하면 된다.

해보기 1: 다음 글에서 중요하다고 생각되는 곳에 밑줄을 치면서 읽어 보자.

모든 동물은 자라고 번식하는 데 먹이가 필요합니다. 그래서 동물들 사이에는 먹고 먹히는 관계가 형성됩니다. 우리는 이러한 관계를 먹이 사슬이라고 부릅니다.

그러면 동물들 사이에는 어떻게 먹이 관계를 이룰까요? 거기에는 일정한 법칙이 있습니다. 식물은 초식 동물에게 먹힙니다. 그리고 초식동물은 육식동물에게 먹힙니다. 육식 동물이 죽으면 썩어 식물이 자라는 데 필요한 거름이 됩니다. 예를 들면, 파리는 개구리의 먹이, 개구리는 뱀의 먹이, 뱀은 매의 먹이, 매가 죽으면 파리의 먹이가 됩니다.

이렇게 생태계와 모든 생물들은 서로 먹고 먹히는 먹이사슬 관계를 맺고 있습니다.

이 글을 분석해 보자.

1. 이 글은 몇 문단인가?

2. 각 문단의 중심내용은 무엇인가?

3. 이 글의 형식은 무엇인가?

4. 주제는 무엇인가?

5. 제목은?

1분당 읽은 글자 수를 측정해 보자.

본문 글자 수	318자
읽은 시간	분 초
1분당 읽은 글자 수	자
요약정리 시간	분 초

해보기 2: 다음 글에서 중요하다고 생각되는 곳에 밑줄을 치면서 읽어 보자.

> 물고기는 말을 할 줄 모른다. 그러나 모습을 달리한다든지 색깔을 바꾸어 보임으로써 자신의 뜻을 전달한다.
> 보통 때는 가지런히 눕혀 두었던 가시를 세워서 화가 난 것을 알리는 가시복, 호랑나비 무늬의 가슴지느러미를 부채로 펴듯 활짝 펴서 깜짝 놀라게 하는 성대, 입을 크게 벌리면서 분홍빛의 몸 색깔을 순식간에 노랗게 바꾸어 버리는 홍대치, 이러한 몸짓들은 무엇을 뜻하는 것일까? 싸우게 되면 적어도 둘 중 하나는 다치기 마련이다. 따라서 가장 바람직한 것은 싸움을 미리 막는 일이다. 싸우기에 앞서 자신의 투지를 분명히 보여 줌으로써, 서로 물고 뜯고 하는 것을 예방해 보자는 물고기들의 지혜가 엿보이는 장면이다.

이 글을 분석해 보자.

1. 이 글은 몇 문단인가?

2. 각 문단의 중심내용은 무엇인가?

3. 이 글의 형식은 무엇인가?

4. 주제는 무엇인가?

5. 제목은?

 1분당 읽은 글자 수를 측정해 보자.

본문 글자 수	344자
읽은 시간	분 초
1분당 읽은 글자 수	자
요약정리 시간	분 초

🎙 혼자 하기 1.

다음 글을 사선(/)을 치면서 읽고, 분석해 보자.

한국 전기 통신 공사에서 제공하는 전화 특수 서비스에 관해 그 기능을 제대로 알고 있으면 일상생활을 편리하게 할 수 있다. 각 국번 – 0000으로 신청하면 되고, 한 종목 사용 시에 월 1,000원, 두 가지 이상을 사용할 경우에는 한 종목당 추가 요금 월 500원을 내면 된다. 한국 전기 통신 공사가 제공하는 서비스를 이용하여 첨단 정보 사회를 살아가도록 하자.

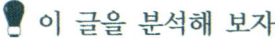 이 글을 분석해 보자.

1. 이 글은 몇 문단인가?

2. 각 문단의 중심내용은 무엇인가?

3. 이 글의 형식은 무엇인가?

4. 주제는 무엇인가?

5. 제목은?

6. 이 글을 끝까지 읽었는데도 뜻을 모르는 낱말이 있으면 사전을 찾아 그 낱말의 뜻을 적어보세요.

7. 6번의 낱말 중에서 한두 개를 가지고 짧은 글을 지어 보세요.

🔍 1분당 읽은 글자 수를 측정해 보자.

본문 글자 수	205자
읽은 시간	분 초
1분당 읽은 글자 수	자
요약정리 시간	분 초

해보기 1: 다음 글을 사선을 치며 읽고 분석해 보세요.

미국에서 동물이 방사능에 어느 정도까지 견딜 수 있는가 하는 실험을 했다. 일정한 구간을 정해 각종 동물을 살게 한 뒤 방사능을 쪼여 보는 것이다. 아주 약한 방사능에서 시작하여 점점 그 강도를 높여 가는, 어떻게 보면 아주 잔인한 실험이었다. 이윽고 덩치가 큰 포유동물부터 서서히 죽어가기 시작했다. 실험대상에 포함시키지 않았지만 인간도 제일 먼저 죽는 집단에 속할 것이 분명했다. 결국 모든 동물이 전멸하고 마지막 남은 것은 곤충이었다. 이윽고 그 곤충들도 차례로 죽어가기 시작했다. 맨 마지막까지 살아 움직이는 최후의 승리자가 판명되었다. 모든 동물들이 멸종한 지구를 바퀴벌레가 지배한다는 얘기다. 소름 끼치는 실험의 결과이다. 그러나 세계는 여전히 핵전쟁을 위한 준비태세에 만전을 기하고 있으니 정말 이해하기 어려운 일이다.

요약해 보기

 이 글을 분석해 보자.

---

1. 중심 문장의 위치는 어디에 있는가?
① 맨 앞   ② 맨 뒤   ③ 중간   ④ 앞과 뒤   ⑤ 드러나 있지 않음

2. 중심 문장이 드러나 있다면, 중심 문장과 뒷받침 문장은 어떤 관계인가?
① 중심 문장은 진술이고, 뒷받침 문장은 예이다.
② 중심 문장은 진술이고, 뒷받침 문장은 이유이다.
③ 중심 문장은 진술이고, 뒷받침 문장은 상세화이다.

🔍 1분당 읽은 글자 수를 측정해 보자.

본문 글자 수	408자
읽은 시간	분 초
1분당 읽은 글자 수	자
요약정리 시간	분 초

CHAPTER

6

통합정리
(=노트필기)의 기술

● 통합정리(=노트필기) 기술의 중요성

 노트필기는 학습에 있어서 필수적인 과정으로, 기록만으로도 가치가 있고 필기를 하는 과정에서 공부가 된다.

 시간대별 학습의 과정에 대한 통합정리가 노트필기이다. 학습의 과정은 예습, 수업 중, 복습으로 구분할 수 있으며 학습자에 따라 예습을 하지 않을 수도 있겠으나, 수업 중에 집중과 복습은 모든 학습자의 필수적인 과정이라 할 수 있다. 학습 **내용을 요약하고 정리하는 '정리의 기술'이 필수이며, 배운 것이 아니라 통합정리 한 것만이 나의 지식이라 할 수 있다.** 또한 메모와 기록은 기억을 강화하거나 기억의 단서를 제공하는 중요한 수단이다.

예습, 수업 중, 복습의 과정별 학습자료와 중점내용은 다음과 같다.

학습의 과정	예습	수업 중	복습
학습자료 중점내용	교과서 제목과 개요	교과서-선생님 설명 집중 핵심내용 정리 및 메모	교과서-참고서 단권화 문제풀이

'정리의 기술'은 복습을 할 때 진정한 위력을 발휘한다. 예습을 통해 학습내용을 파악하고, 수업을 통해 1차적으로 숙지를 한 내용은 복습과 요약, 통합정리 과정을 통해 완성된다. 복습을 하면서 중요한 원칙은 바로 혼자만 아는 것이 아니라 다른 사람을 가르치기 위해 정리를 하는 마음으로 하는 것이다.

▶ 수업 전의 메모와 필기

자기주도학습의 핵심은 핵심내용을 스스로 찾고 탐구하여 의문점을 찾아내는 것이다.

예습은 새로운 정보와 처음 만나는 시간이므로 자신의 지식에 대한 이해 정도에 대해 최초로 인식의 과정을 가진다. 따라서 예습시간의 메모와 필기는 자신이 아는 개념과 모르는 개념을 구분하고 모르는 개념에 대하여 사전을 통해 확인을 하는 것도 좋은 방법이다.

▶ 수업 중의 필기 요령

수업 중에는 읽기 자료와 듣기 자료가 홍수처럼 쏟아지는 시간으로 잠시 정신을 차리지 않으면 들었는지 보았는지조차 기억할 수 없게 된다. 따라서 수업 중의 필기 자체가 학습의 과정이며 기억을 강화시키게 된다. 교사의 설명을 들으면서 동시에 떠오르는 생각이나 아이디어를 빠른 시간 내에 기록해야 하기 때문에 자신만의 필기요령과 순발력이 필요하다. 아무리 감동적인 내용이나 기발한 아이디어라도 기록해 놓지 않으면 쉽게 사라진다.

▶ 수업 후의 노트필기

수업 후에는 복습의 과정이 이루어진다. 習은 羽+白의 결합으로 새가 날 때 날갯짓을 겨드랑이가 하얘지도록 한다는 상형문자이다. 學의 시간에서는 집중력과 중요한 것과 덜 중요한 것을 구분해내는 순발력 있는 의사결정력이 필요한 데 비해 習의 시간에는 꼼꼼함과 종합적인 사고력뿐 아니라 자기 통제력이 필요한 시간이다.

① 수업 후 노트필기는 24시간 이내에 재정리한다.

② 자신만의 노트를 만들어야 한다. 노트에 정리되는 지식만이 자신의 머릿속의 지식임을 명심해야 한다.

③ 필기의 목적은 기억강화이다. 예쁘게 하기보다는 기억에 도움이 되기 위한 전략을 구사해야 한다.

④ 노트는 자신만의 도구이며, 이후에 참고서와 문제집, 선생님이 나누어 주신 참고자료 등도 모두 함께 통합정리를 하는 기초자료이다.

⑤ 장, 절, 항 등은 코넬 노트법을 활용하고, 과목 전체는 마인드맵
이나 로직트리를 활용하는 방식도 좋다.

노트필기는 문자만 나열하기보다는 지식을 구조화하여 기억을 쉽
게 해야 하므로 자신만의 기호를 사용하는 것이 좋다.

→ 그 결과	※ 가장 중요한 것	cf. 비교
> < ~보다 많은, 적은	= 똑같다	≒ 비슷하다
↑ 증가	↓ 감소	esp 특히
△ 변화	∴ 그러므로	∵ 왜냐하면

▶ 학습의 과정을 통한 통합정리를 위한 유의사항

① 시험문제 10개 중에 8개는 수업 내용에서 나온다

수업시간에 교과서나 칠판 판서 내용의 시각자료와 선생님이 설명
하시는 청각자료가 주된 학습자료이다. 시각주의와 청각주의를 사고
력과 동시에 활성화하고 연결하여 핵심내용을 파악하고 짧게 정리하
는 메모기술이 이 시간에는 매우 중요하다. 자칫하면 집중력을 놓치
고 몸과 마음이 따로 있기가 쉬운 수업시간에 자신의 집중력 상태를
확인하고 되찾아 오는데도 메모 습관은 위력을 발휘한다. 명심하자!
시험문제의 대부분이 수업시간에 나온다. 수업시간에 제시되는 시각
자료와 청각자료를 모두 자신의 것으로 만들자.

② 중요한 내용을 간단하게 요약해 적자

위의 내용과 중복된 듯하기도 한데, 노트 필기를 할 때는 선생님의

말씀을 모두 적을 시간이 없다. 중요한 것만 적어야 하고 완전한 긴 문장보다는 간단하고 짧은 문장으로 적는다. 이렇게 간단한 메모 행동은 시각적 주의 – 정교화 – 장기기억의 단계를 거치면서 자연스럽게 학습이 공고화된다.

③ 중요한 내용에는 표시를 해두거나 색칠을 하자

중요한 내용에 표시를 한다든지 색칠을 해놓으면 눈에 띄기도 쉽고 기억도 더 잘 된다.

④ 수업 중에 모르는 내용이 있으면 선생님께 질문하자

친구들이 선생님에게 하는 질문도 열심히 듣고 노트에 기록해 둔다.

⑤ 수업이 끝난 후에 빠진 부분이 있는지 등을 한 번 더 점검하자

빠진 부분이 있으면 친구들에게 물어서 보충하고, 좀 더 알고 싶은 것이 있다면 집에 오자마자 참고서나 인터넷을 통해 보충해 적는다.

⑥ 선생님이 칠판에 적은 내용은 노트에 적자

선생님이 수업시간에 칠판에 적는 내용은 중요한 것이므로 반드시 노트에 적어야 한다.

⑦ 선생님의 설명 중에서 주의 깊게 들어야 할 단어들을 알자

"예를 들면, 그 원인은, 가장 중요한 것은, 요약하면, ~은 기억하라, ~은 시험에 자주 나온다" 등은 노트에 반드시 적어야 한다. 그리고 칠판에 별표 등 중요한 표시를 한 경우나 특별한 색깔로 강조한 것도 노트에 꼭 적는다.

⑧ 자신에게 맞는 노트 구성 방법을 개발하자

기존의 노트를 자기 성격에 맞게 바꾸어 사용하면 된다. 각 교과의 특성과 교과 선생님 수업 방식에 알맞은 노트 방식을 찾는다. 판서가 체계적일 때(사회과)는 개요 형태의 노트, 판서가 비체계적일 때는 상징 기호, 그림 등으로 구조화한다.

⑨ 노트에 여백을 충분히 남기고 색깔을 이용하자

나중에 내용을 추가할 것을 고려해야 하기 때문에 여백을 충분히 남긴다. 소단원 또는 하나의 학습 요소가 끝나면 새로운 페이지로 시작한다. 이때 색깔을 이용하면 효과적인데, 강조 표시, 요점 정리, 상·하위 개념 구분에 활용한다.

⑩ 공간과 모양을 이용하여 시각화하고 상징을 이용하여 내용을 압축하자

주요 내용은 왼쪽에, 설명 내용은 오른쪽에 배치한다. 상징을 이용하여 내용을 간결하게 압축한다.

핵심: ☆, ◎, ◑   중요한 점: ※

연결: →   대립: ↔   동일: =

등으로 하고 그래프를 이용하여 최대한 도표화 하거나 약자를 사용할 수도 있다.

⑪ 필기할 내용을 판단하자

지난 시간에 배운 내용, 이 시간에 배울 내용을 한 번 훑어보고 수업을 받는다. 무엇을 이야기하고 있는지 파악하는 데 도움이 된다. 주요 개념이나 사실에 필기 초점을 맞춘다. 선생님이 든 예도 함께 적는 것이 이해하는 데 도움이 된다. '시험에 나올 만한 것이 무엇인가'를 반문해 본다. 생소한 내용은 알기 쉽도록 표시해 둔다.

⑫ 교과 선생님 특유의 수업 스타일과 강조하는 말에 주목하자

- 목소리가 변한다.
- 갑자기 눈빛이 빛난다.
- 칠판에 적는다.
- 공식이나 도표를 제시한다.
- 설명을 멈추고 필기할 시간을 준다.
- 같은 내용을 반복해서 설명한다.
- 강조를 위해 천천히 끊어서 말한다.

"노트에 적어요. 밑줄을 그어요. 발표하세요. 중요합니다. 시험에 나옵니다. 이것만은 꼭 알아야 합니다. 이런 유형이 시험 문제로 많이 출제됩니다. 나라면 이렇게 출제하겠습니다. 대학수학능력시험에 자주 출제되는 유형입니다."

⑬ 듣고 노트하는 방법을 알자

위에서 설명한 것처럼 수업시간에 자료는 교과서의 읽기 자료와 선생님의 설명에 해당하는 듣기 자료가 대부분이다. 그런데 교과서는 이후에도 반복적으로 볼 수 있지만 선생님의 설명은 유일한 기회이다. 들으면서 중요한 내용을 파악하는 훈련을 하자. 즉, 시각-청각-사고력을 연결하는 것이 핵심이다. 듣기를 잘하기 위하여 수업을 듣기 전에 예습을 하면 좋다. 인간의 두뇌가 인지하는 것은 생소한 정보보다 자신의 두뇌에 저장된 정보와 연결될 때 훨씬 더 효과적이기 때문에 간단한 예습을 통하여 자신이 알고 있는 내용과 알지 못하는 내용을 구분하는 정도의 예습이 좋다. 예습을 하다가 잘 모르는 내용이 있다면 질문을 하여 꼭 알아 둔다. 또한 칠판에 적은 내용을 한 번쯤 생각해 보고 완전히 이해한 후에 노트에 적는다.

이때 노트의 좌우에 충분한 여백을 둔다.

다음과 같은 말에 주의를 기울인다.

– 중요한 것은, 특별히, 시험에 나올 수 있다, 잊지 말아라, 같은 내용을 반복하여 설명
  선생님께서 이와 같은 말씀을 하시면 내용을 꼼꼼하게 표시해 둔다.

---

⑭ 보고 노트하는 방법을 알자

교과서나 선생님의 **판서는 시각자료이다. 시각자료**는 먼저 읽어라. 이때 단순히 글자만 읽지 말고 내용에 담긴 의미에 주의하면서 읽어야 한다. 다음으로 노트에 정리할 내용들을 대충 훑어보고, 내용을 읽으면서 주제를 찾고 마지막으로 주제와 관련된 세부 사항들을 찾는다. 또한 참고서와 문제지의 중요 내용, 프린트물도 교과서에 붙인다.

필기는 학습자가 자신의 지식을 구조화하는 통합정리의 자료임을 명심하라!!!

자신이 정리한 것만 자신이 학습한 내용이며, 말이나 글로 표현할 수 있는 지식만 자신의 것이다.

노트필기 방법 실제

코넬 노트 작성법(The Cornell Method)

대표적인 노트 조직화 방법으로 미국의 코넬 대학에서 고안한 '코넬 노트'가 있다. 이것은 코넬 대학에서 대학생들의 학습능력 향상을 위하여 제안한 필기법이기 때문에 반드시 따라할 필요는 없고 자신에게 맞는 방식으로 응용하는 것이 좋다.

다음 예시처럼 노트를 세 등분하여 적는다.

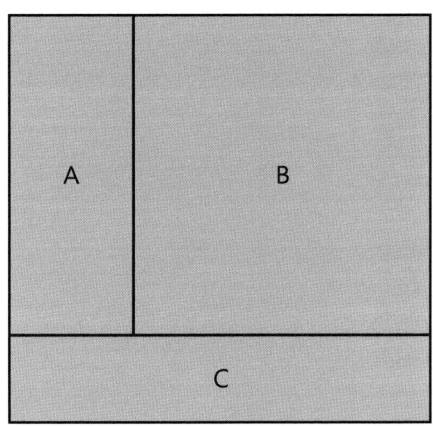

① **공간 A**: 수업이 끝난 후 수업 내용을 암송, 복습, 숙고하기 위한 Key-Word, 즉 단서를 정리하는 지면이다.

② **공간 B:** 노트필기를 할 곳. 수업 시간에 교사가 제시하는 내용을 상세히 적는 지면이다.

③ **공간 C:** 페이지의 내용을 한두 문장으로 요약 정리하는 지면이다. 부연 설명, 질문할 내용, 추가 사항 등을 적어 두어도 좋다.

아래에 제시되는 제주도에 관한 교과서의 내용이다. 다음의 예시문을 가지고 코넬 노트의 방식을 각 단계별로 알아보자.

관광산업이 발달한 제주도

　제주도를 예부터 **삼다도**라고 했다. 돌, 바람, 여자가 많은 섬을 뜻한다. 우리는 그냥 이 말을 흘려들을 수가 있는데 이 말에는 여러 가지 제주도의 특징이 담겨 있다. 그럼 제주도의 특징에 대해서 한번 알아볼까?

　'**돌이 많다**'라는 것은 화산의 분출물이니까 바로 화산 활동에 의해서 이루어진 화산섬이라는 것을 알 수 있다. 또한 '**바람이 많다**'고 했는데 제주도는 겨울에는 북서기단, 여름에는 남동 남서 태풍의 영향에 의해서 바람이 많다. 세 번째 '**여자가 많다**'는 이 말은 예로부터 제주도민은 주로 어업에 종사를 했는데 어업에는 주로 남자들이 종사를 해서, 바다로 나간 남자들이 바다에서 많이 죽어서 여자가 많이 남게 되었다는 이야기이다. 하지만 이것은 현대에 와서는 좀 달라졌다. 왜냐하면 어업도 어업이지만 지금은 제주도가 국내의 수많은 관광객들이 몰려드는 세계적인 관광지라서 관광산업이 크게 발달했기 때문이다.

1단계: B란에 수업 내용을 받아 적는다.

핵심단어(=단서) 적는 칸	수업 내용 정리 칸
	Ⅰ. 관광산업이 발달한 제주도
	1. 제주도의 특징(삼다도)
	(1) 돌이 많다: 화산의 활동에 의해서 이루어진 화산섬
	(2) 바람이 많다: 겨울—북서기단 / 여름—남동 남서 열풍의 태풍
	(3) 여자가 많다: 주로 어업에 종사를 했는데 어업에는 주로 남자들이 종사 ➔ 바다로 나간 남자들이 많이 죽어서

2단계: 핵심단어를 A란에 적는다.

핵심단어(=단서) 적는 칸	수업 내용 정리 칸
제주도 특징(삼다도) 돌, 바람, 여자	Ⅰ. 관광산업이 발달한 제주도 1. 제주도의 특징(삼다도) (1) 돌이 많다: 화산의 활동에 의해서 이루어진 화산섬 (2) 바람이 많다: 겨울–북서기단 / 여름–남동 남서 열풍의 태풍 (3) 여자가 많다: 주로 어업에 종사를 했는데 어업에는 주로 남자들이 종 　　사 ➜ 바다로 나간 남자들이 많이 죽어서

3단계: C란에 부연 설명, 질문할 내용, 추가 사항 등을 적는다.

핵심단어(=단서) 적는 칸	수업 내용 정리 칸
제주도 특징(삼다도) 돌, 바람, 여자	Ⅰ. 관광산업이 발달한 제주도 1. 제주도의 특징(삼다도) (1) 돌이 많다: 화산의 활동에 의해서 이루어진 화산섬 (2) 바람이 많다: 겨울–북서기단 / 여름–남동 남서 열풍의 태풍 (3) 여자가 많다: 주로 어업에 종사를 했는데 어업에는 주로 남자들이 　　종사 ➜ 바다로 나간 남자들이 많이 죽어서
지금도 여자가 더 많을까?	

➤ 마인드맵(생각그물, 생각의 지도) 작성법

마인드맵(Mind map)은 1970년대 초 영국의 교육학자 토니 부잔(Tony Busan)이 개발한 학습과 기억의 새로운 방법이다. 두뇌의 기능을 효과적으로 활용할 수 있도록 만들어진 기억력을 높이는 학습방법이다. 또한 이미지와 핵심어, 그리고 색과 부호를 사용한다. 좌·우뇌의 기능을 유기적으로 연결하는 '사고력, 창의력 중심의 두뇌계발 프로그램'이라 할 수 있다.

또한 생각의 지도라는 의미대로 자신의 생각을 지도 그리듯 이미지화해 사고력, 창의력, 기억력을 높인다는 두뇌개발 기법이다.

마인드맵(mind map)의 역할은 정보의 효과적인 정리, 사고의 효율성 향상, 효과적인 쓰기를 위한 개요, 독서 학습에 유용성을 들 수 있다.

다음은 마인드맵의 개념에 대하여 마인드맵으로 표현한 예이다. 이 마인드맵의 내용을 글로 표현하고 요약한다고 가정해 보라. 어느 경우가 더 장기기억에 도움이 될 것인가?

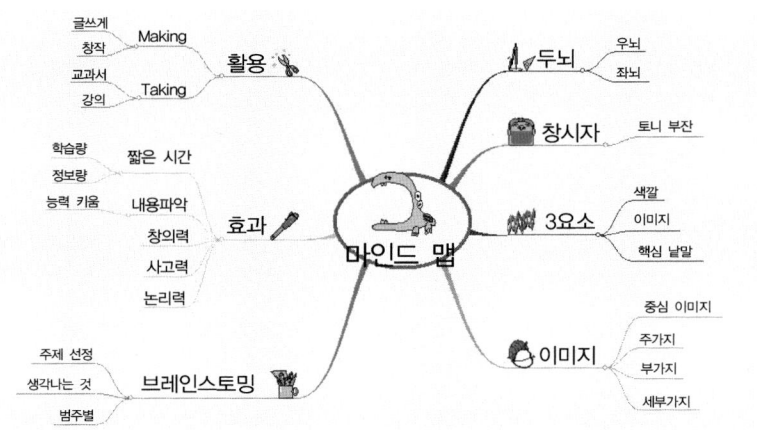

➤ 한 문단의 마인드맵 예시

> 나이를 먹어도 기억력은 향상된다.
> 런던대학의 인지신경학 학자인 엘레노어 맥과이어 박사는 2000년 <미국 과학아카데미 개요>에 발표한 연구에서 '신경세포는 어른이 되어서도 증가한다.'는 사실을 밝혀냈다.
> 기억심리학의 연구 결과에 의하면 기억의 쇠퇴는 이미 20대부터 일어나는 현상이며 신체적·환경적 이유로 인해 정보처리 인지능력이 쇠퇴하여 생기는 문제이다. 오히려 서른이 지나면 그동안 학습한 사물의 연관성을 찾아내는 능력이 탁월해져 기억을 더욱 단단히 할 수 있다.

➤ 수학에서의 마인드맵 예시

수학학습에 적용한 마인드맵 학습의 장점은 다음과 같다.

· 중심단어, 개념, 사실들과의 관계를 이해
· 중요 개념들 사이의 연결망을 형성
· 기억을 오래하게 해주고 응용력을 키워줍니다.

수학 교육과정은 크게 구분하면 대수학과 기하학으로 구분되며 대수학은 수식을 기반한 논리이며, 기하학은 도형을 기반으로 하고 있으며 주로 우뇌를 활용한다고 알려져 있다.

따라서 대수학적 내용이라 하더라도 마인드맵으로 표현하는 습관을 들이다 보면 우뇌를 함께 활용하므로 두뇌계발에도 도움이 된다. 다음 그림은 초등학생이 사각형의 특징을 다음의 마인드맵으로 표현한 예이다.

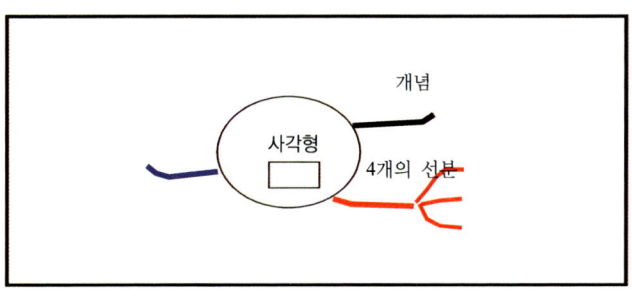

마인드맵 만들기는 **1단계 중심 이미지 그리기 ➔ 2단계 주 가지 그리기 ➔ 3단계 부 가지 그리기**의 과정으로 진행된다.

1단계: 중심 이미지

① 주제를 중앙에 함축적으로 나타낸다.

가능한 한 그림(만화, 일러스트, 사진, 인쇄물, 상징 기호 등)으로 표현한다.

② 크기는 용지의 크기에 맞추어 정한다. 너무 크면 내용들을 나타낼 수 있는 공간이 부족하며, 너무 작으면 기억하는 데 어려움이 있다.

③ 주제를 강조하기 위해서 3~4색 정도로 채색한다.

④ 테두리를 만들지 않도록 한다.

2단계: 주 가지

① 가능한 한 핵심 단어(명사, 동사, 형용사, 부사 등)만 쓰도록 한다. 중심 이미지가 그림이므로 주 가지에서 그림이 다시 나오면 생각의 혼돈을 일으킨다.

② 중심 이미지 쪽 가지는 굵고, 그 반대쪽 가지는 가늘어지게 곡선으로 그린다.

③ 핵심 단어의 길이와 가지의 길이를 같게 만들고, 글씨체는 굵게 한다.

3단계: 부 가지

① 핵심 단어, 그림, 상징 기호, 약화 등 모두 허용된다. 양쪽 두뇌의 기능을 사용함으로써 효과가 높아진다.

② 주 가지에 따라 차례를 지키면서 작성할 필요는 없다. 생각이 떠오르는 부 가지부터 먼저 작성한다.

③ 단어와 가지의 길이가 동일하게 만들고, 선과 단어는 주 가지와 구별하기 위해 주 가지보다 작고 가늘게 나타낸다.

④ 생각이 계속 이어지는 한, 부 가지를 계속 그어 나간다.

유의사항

① 가지별로 다른 색상을 사용한다.

② 가지가 많으면 숫자를 사용하여 구별한다.

③ 생각이 단절되면, 먼저 빈 가지를 그어놓고 중심 이미지로 돌아가서 생각을 연결하도록 한다.

④ 다른 가지에서 나온 핵심 단어가 관련이 있으면 화살표를 사용하여 그 부분과 연결한다.

⑤ 문장 자체로 남겨두고 싶으면 상자 안에 넣어서 표현한다.

⑥ 같은 가지에서 핵심 단어를 반복하여 사용하지 않도록 한다.

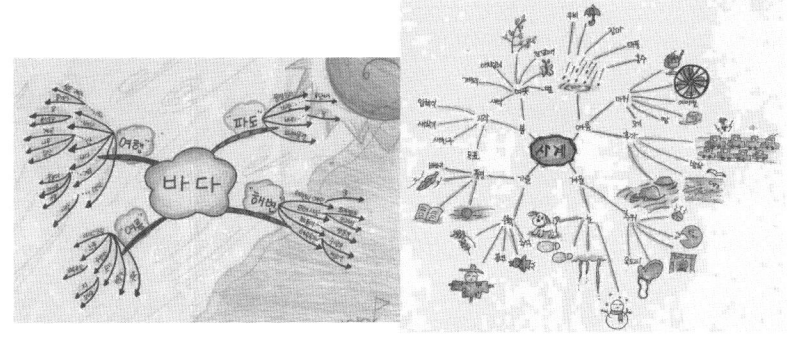

○ 실습: 직업에 대하여 알아보자~
– 내가 선택한 직업은?
– 나에게 있어 직업의 의미는?

– 직업의 의미에 대하여 각자 생각을 나눠보자~

– 포스트잇에 직업의 의미를 적는다.

– 각 의미별로 포스트잇을 붙인다.

– 직업의 의미: 자아실현, 생계수단, 사회봉사, 사회생활

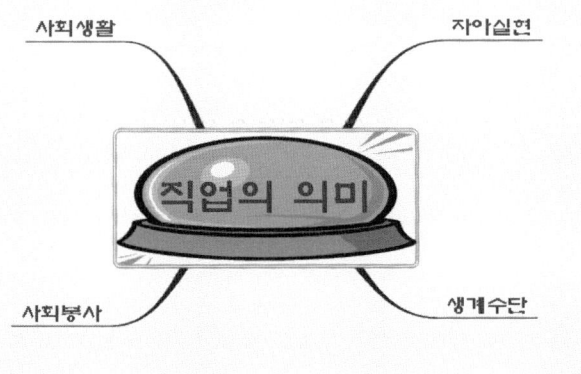

직업의 의미/종류에 대하여 마인드맵 작성

➤ 구조과목 요약노트 작성법

사회나 국사와 같은 구조과목은 내용을 요약하는 자체가 곧 학습
과 암기의 과정이 된다. 구조과목은 방대한 지식을 구조화하여 목차
로 제시하고, 세부 목차를 한 개의 핵심개념으로 하여 내용을 풀어서
제시하는 방식으로 교과서가 집필된다. 따라서 세부 목차별로 내용을
요약하는 동안 핵심내용이 파악된다. 시중에 많이 나와 있는 참고서
의 내용을 보면 핵심내용에 대한 요약이 모두 되어 있어 이것을 참고
로 하여 공부한다면 단순암기가 될 수도 있다.

예를 들어 교과서의 내용이 다음과 같이 제시되어 있다.

---

2. 백제의 성장 과정은?

백제의 건국

백제는 북쪽에서 내려온 유이민들이 한강 유역의 위례성에 자리를 잡으면서 마한의 한 나라인 백제국으로부터 시작되었다(기원전 18).

한강 유역은 일찍부터 철기문화와 농경문화가 크게 발달한데다 바다를 통해 중국의 선진 문화를 받아들이기 좋은 곳이기 때문에 나라가 빨리 발전하였다.

백제의 건국 설화를 보면, 백제 건국을 주도한 세력이 고구려계의 유이민이었음을 알 수 있다. 백제 왕실이 부여씨를 칭한 것이나, 서울 석촌동의 돌무지무덤이 압록강 유역의 고구려 무덤과 관련이 있는 것이 이러한 사실을 뒷받침해 준다.

백제의 성장

백제는 성장 과정에서 중국 군현의 압력을 받아 어려움을 겪었다. 백제가 중국 세력의 간섭과 침략을 물리치면서 나라의 기틀을 마련한 것은 3세기 중엽 고이왕 때였다. 고이왕은 밖으로 마한의 중심 세력인 목지국을 병합하고, 한반도의 중간지역을 확보하였다. 그리고 안으로는 새로운 관제를 마련하고 관리의 복색과 중요한 법령을 제정하는 등 국가 조직을 정비하여 중앙집권국가의 모습을 보였다.

백제가 전성기를 맞게 된 것은 4세기 후반 근초고왕 때였다. 이때, 안으로 왕위의 부자 상속이 이루어졌으며, 밖으로는 북으로 황해도 일대를 장악하고, 남으로는 마한 전 지역을 확보하였다. 이렇게 영토가 크게 확대되자 백제의 국제적 지위도 한층 높아졌다.

백제는 중국의 동진, 가야, 왜와 외교 관계를 맺고 고구려를 견제하였다. 이를 기반으로 백제는 황해를 건너 중국의 요서·산동 지방과 일본의 규슈 지방에 진출하여 활동 무대를 국외로 넓혔다.

이 무렵, 백제는 동진에서 불교를 받아들여 왕실의 권위를 높이고 사상을 통일하고자 하였으며, 강력한 왕권을 바탕으로 중앙집권국가로 발전하게 되었다.

위의 내용을 읽고 핵심내용을 파악하면서 다음과 같이 밑줄을 치고 번호를 매길 수 있다. 큰 제목 밑에 첫 번째 소제목은 '백제의 건국'이다. 그렇다면 다음에 이어지는 글의 중심 내용은 백제의 건국 과정이 될 것이다. 첫 번째 문단의 중심 단어는 주어진 유이민과 한강 유역이다.

뒤이어 중심 단어를 보충하기 위해 한강 유역의 특징과 백제 건국의 주도세력이 고구려계의 유이민임을 증명하는 사실을 열거하고 있다. 중심 단어에 밑줄을 긋고 보충 내용에는 번호를 매긴다.

'백제의 성장' 부분에서는 백제가 발전하는 과정을 서술하고 있다. 각 시대별 중요 인물과 특징이 중심 내용이 되므로 인물에 밑줄을, 그 인물이 행한 업적이나 특징은 각각 번호를 써서 정리한다.

나중에 밑줄 친 중심 단어와 번호를 매긴 보충설명만 훑어봐도 본문의 내용을 쉽게 파악할 수 있다.

---

2. 백제의 성장 과정은?

백제의 건국

백제는 북쪽에서 내려온 유이민들이 한강 유역의 위례성에 자리를 잡으면서 마한의 한 나라인 백제국으로부터 시작되었다(기원전 18).

한강 유역은 일찍부터 ① 철기문화와 농경문화가 크게 발달한데다 ② 바다를 통해 중국의 선진 문화를 받아들이기 좋은 곳이기 때문에 나라가 빨리 발전하였다.

백제의 건국 설화를 보면, 백제 건국을 주도한 세력이 고구려계의 유이민이었음을 알 수 있다. ① 백제 왕실이 부여씨를 칭한 것이나, ② 서울 석촌동의 돌무지무덤이 압록강 유역의 고구려 무덤과 관련이 있는 것이 이러한 사실을 뒷받침해 준다.

백제의 성장

백제는 성장 과정에서 중국 군현의 압력을 받아 어려움을 겪었다. 백제가 중국 세력의 간섭과 침략을 물리치면서 나라의 기틀을 마련한 것은 3세기 중엽 고이왕 때였다. 고이왕은 밖으로 ① 마한의 중심 세력인 목지국을 병합하고, ② 한반도의 중보지역을 확보하였다. 그리고 안으로는 ③ 새로운 관제를 마련하고 ④ 관리의 복색과 ⑤ 중요한 법령을 제정하는 등 국가 조직을 정비하여 중앙집권국가의 모습을 보였다.

백제가 전성기를 맞게 된 것은 4세기 후반 근초고왕 때였다. 이때 안으로 ① 왕위의 부자 상속이 이루어졌으며, 밖으로는 ② 북으로 황해도 일대를 장악하고, ③ 남으로는 마한 전 지역을 확보하였다. 이렇게 영토가 크게 확대되자 백제의 국제적 지위도 한층 높아졌다.

백제는 ④ 중국의 동진, 가야, 왜와 외교 관계를 맺고 고구려를 견제하였다. 이를 기반으로 백제는 ⑤ 황해를 건너 중국의 요서·산둥 지방과 일본의 규슈 지방에 진출하여 활동무대를 국외로 넓혔다.

이 무렵, 백제는 ⑥ 동진에서 불교를 받아들여 왕실의 권위를 높이고 사상을 통일하고자 하였으며, ⑦ 강력한 왕권을 바탕으로 중앙집권국가로 발전하게 되었다.

핵심 내용이 파악된 것을 활용하여 다음과 같이 노트에 필기를 할 수 있다. 참고서에는 이미 다음과 같이 요약정리가 되어 있다.

---

2. 백제의 성장 과정은?

백제의 건국
1) 북쪽에서 내려온 유이민들 → 한강 유역의 위례성에 자리를 잡으면서 마한의 한 나라인 백제국으로부터 시작(기원전 18).
2) 한강 유역
① 철기문화와 농경문화가 크게 발달
② 바다를 통해 중국의 선진 문화를 받아들이기 좋은 곳
3) 백제의 건국 설화: 백제 건국을 주도한 세력이 고구려계의 유이민
① 백제 왕실이 부여씨를 칭함
② 서울 석촌동의 돌무지무덤이 압록강 유역의 고구려 무덤과 관련

백제의 성장
1) 중국 군현의 압력을 받아 어려움을 겪음
2) 나라의 기틀을 마련한 것은 3세기 중엽 고이왕
① 마한의 중심 세력인 목지국을 병합
② 한반도의 중보지역을 확보
③ 새로운 관제 마련
④ 관리의 복색 제정
⑤ 중요한 법령 제정
3) 백제가 전성기를 맞게 된 것은 4세기 후반 근초고왕
① 왕위의 부자 상속
② 북으로 황해도 일대를 장악
③ 남으로는 마한 전 지역 확보
④ 중국의 동진, 가야, 왜와 외교 관계를 맺고 고구려를 견제
⑤ 황해를 건너 중국의 요서·산둥 지방과 일본의 규수 지방에 진출
⑥ 동진에서 불교를 받아들여 왕실의 권위를 높이고 사상을 통일
⑦ 강력한 왕권을 바탕으로 중앙집권국가로 발전

> ## 오답 노트 작성법

오답 노트 작성은 매우 중요하다. 학습은 자신이 알지 못했던 것을 알게 되는 과정이다. 그런데 틀린 문제는 반복하여 틀리고 맞는 문제

는 계속하여 정답에 답하게 된다. 아는 문제는 반복하여 풀고 모르는 문제는 계속 모른 채 넘어간다면 진정한 의미의 학습은 이루어지지 않는다. 이러한 문제를 해결하기 위해 오답노트를 작성하여 자신이 아는 것과 모르는 것을 확인하고 모르는 문제를 해결하고 넘어가야 한다. 오답이 왜 오답인지를 공부하고, 틀리는 문제를 정확하게 풀어봐야 그 문제를 자기 것으로 만들 수 있다. 오답 노트를 만드는 과정에서 모르는 기본 내용이 발견되면 기본이 되는 교재에서 그 내용을 한 번 더 숙지하고 정리해 두어야 한다.

오답 노트 작성법: 오답 노트는 공책 한 쪽에 한 문제를 작성하는 것을 기본으로 한다.

( )학기 (중간, 기말)고사				🗓 Study Date	
시험 점수	점	다음 시험 예상 점수	점	/	/
✏ 문제쓰기				🔍 틀린 이유 ☐ ⓐ 문제 이해 부족 ☐ ⓑ 개념 이해 부족 ☐ ⓒ 집중력 부족 ☐ ⓓ 기타	
✏ 풀이쓰기				💡 관련 개념	

① 문제: 틀린 문제나 잘 모르는 문제를 복사해서 붙인다. 수학 문제인 경우 손으로 직접 써도 좋다.

② 풀이 과정: 틀린 문제나 잘 모르는 문제를 다시 풀어보는 란이다. 처음 문제를 풀 때의 풀이와 반드시 비교해본다.
잘 모르는 부분에 해당하는 것을 교과서나 참고서에서 찾아 옮기고 학습한다. 이때 단순히 옮기는 작업을 해서는 안 되고 사고의 과정을 거치도록 해야 한다.

③ 내가 이 문제를 틀린 이유: 해당 번호에 ∨ 표시를 한다. 같은 실수를 반복하는 것을 막아준다.

④ 이 문제에서 꼭 알아두어야 하는 사항: 핵심 개념이나 공식 등을 꼭 알고 있어야 하는 것을 적는다.

CHAPTER

7

—

집중력

학습의 과정은 책에 있는 구조화된 지식을 읽거나 설명을 듣고 이해한 후, 장기기억에 저장하고 있다가 필요시에 출력하는 과정으로 생각할 수 있다. 학습을 단순히 교재의 내용에 대한 인지의 개념을 넘어 관계를 맺고 있는 사회에 대한 인지의 과정으로 확대하여 생각해 볼 수 있다. 학습의 과정을 통하지 않았지만 학습자의 두뇌 속에 저장되어 있는 수많은 개념과 기억의 덩어리들을 생각해 보라. 어떠한 과정으로 자신의 뇌 속에 입력이 되어 기억되고 표현되는가? 무의식적인 과정을 통해서 이루어졌겠지만 학습이 발생하는 과정과 정확히 일치한다. 다만 무의식적으로 이루어지는 과정에 비해 학습의 과정을 거치면서 이루어지는 인지에는 의도적인 집중력과 노력을 들이는 자기 통제력이 필요하다.

인간의 두뇌가 외부의 정보를 인지 혹은 학습하는 과정은 다음의 그림과 같다.

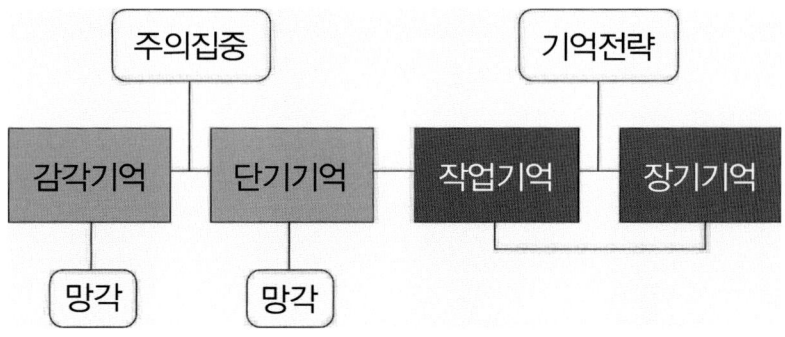

오감 특히 시각, 청각의 감각기관에 등록이 되고 이것이 단기기억이나 작업기억으로 넘어가 의미 있는 정보로 인식이 된 후 적절한 기억전략을 통해 장기기억으로 저장된다. 물론 이후에 필요할 때 이 정보는 필요한 방식으로 인출될 수 있어야 한다.

● 집중력 바로 알기

➤ 집중력도 능력이다

초등학교 아이를 둔 학부모를 대상으로 조사한 결과, 70~80퍼센트의 엄마들이 자신의 아이가 산만하다고 응답했다. "우리 아이는 정말 한시도 가만히 있는 적이 없어요." "우리 아이는 한 가지를 진득이 하지를 못해요." "우리 아이는 무엇이든 금방 싫증을 내요."

많은 엄마가 아이에 대해 이렇게 걱정한다. 그도 그럴 것이 주의집중은 학교생활, 특히 공부를 해 나가기 위해 반드시 필요한 하나의 능력이기 때문이다.

우리는 다섯 가지 감각(눈, 코, 입, 귀, 피부)을 통해 수많은 정보를 받아들인다. 그러나 이 모든 정보를 다 기억할 수는 없어서 그중 필요한 것만 골라서 받아들이게 된다. 이렇게 필요한 것만 골라서 받아들일 수 있는 능력이 주의집중력이다. 또한 오랫동안 지속적으로 집중할 수 있는 능력도 주의집중력이다.

수업 중에 옆자리 친구가 속삭이는 소리와 바깥에서 들리는 소음을 무시하고, 선생님 목소리에만 주의를 기울일 수 있다면 능력 있는 아이다. 텔레비전 소리가 아무리 커도 이에 아랑곳하지 않고 책을 읽는 아이, 많은 숙제를 오랜 시간 하는 아이도 집중능력을 갖춘 아이인 것이다.

➤ 컴퓨터 게임도 집중인가?

"우리 아이는 컴퓨터 게임을 할 때는 누가 뭐라고 해도 몰라요. 그런 걸 보면 집중력이 없는 것도 아닌데."

천만의 말씀이다. 어떤 것에라도 집중할 수 있는 능력이 주의집중력이라고 한다면 이 말이 틀린 것은 아니다. 그러나 주의집중력은 하고 싶은 것만 오래도록 하는 것이 아니다. 컴퓨터 게임은 재미있기 때문에 오래하고, 오락 프로그램도 재미있기 때문에 오래 본다. 학교 숙제나 공부도 이렇게 오랫동안 하면 얼마나 좋겠는가. 그러나 주의집중력은 하기 싫은 것, 재미없는 것도 오래도록 집중할 수 있는 능력을 말한다. 책상에 오래 앉아는 있는데 막상 보면 하나도 해 놓은 것이 없을 때에도 주의집중력이 없다고 보아야 한다. 이 경우는 단지 엉덩이의 힘이 강한 것에 지나지 않는다.

주의집중이나 산만함을 대부분 눈에 보이는 행동 특성으로 생각하는데, 꼭 아이가 나타내는 행동만으로 파악해서는 안 된다. 겉으로 보기에는 조용하고 산만하지 않은 것 같지만 머릿속으로 딴생각을 자주하는 아이도 산만한 아이에 속한다. 산만함은 떠들고 많이 움직이면서 행동으로 나타나는 경우가 있는가 하면, 조용히 있으면서도 집중력이 없어서 효과적으로 공부를 못 하는 경우도 있다.

🔸 수업시간의 주의집중은 바로 여러분의 성적

해마다 대학입시에서 1등 한 학생들을 인터뷰한 기사를 보면 한결같이 학교 수업에 충실했다고 대답한다. 그냥 해 본 소리일까? 아니다. 주변에서 스스로 공부 잘하는 아이들을 살펴보면 알 수 있다.

여러분은 하루 중 가장 많은 시간을 학교에서 보낸다. 그래서 여러분이 어떤 자세로 수업에 임하는가가 공부의 성패를 좌우한다. 또 학교 수업에서의 태도는 학교 밖으로까지 연장된다. 수업시간에 장난치고, 수업 내용에 귀 기울이지 않는 아이는 학원에서나 집에서도 마찬가지이다. 수업 시간에는 시선을 선생님에게 고정하고 선생님 말씀을 주의집중해서 잘 들어야 한다. 듣지 않고 보지 않고 어떻게 기억을 할 수 있을까? 집중하지 못하는 아이는 수업을 들어도 건성으로 듣기 때문에 무엇을 배웠는지 모른다. 아무리 5시간을 앉아 있어도 저장(집중)을 하지 않으면 아무런 소용이 없다.

➤ 집중력의 정의

이명경(2010)은 집중력을 한 가지 과제에 몰두하는 힘, 선택적 반응 능력, 자기 통제력으로 정의하였다.

한 가지 과제에 몰두하는 힘은 주어진 한 가지 과제를 완수하기 위해 과제에 몰두하는 힘이다. **선택적 반응 능력은** 현재의 과제를 수행하는 불필요한 방해자극을 무시하고 필요한 자극에만 선택적으로 반응하고 집중하는 힘이다. **자기통제력은** 미래의 더 큰 보상을 위해 즉각적인 욕구 충족을 미루고 만족을 지연시키는 일이다.

선택적 반응 능력은 인지심리학적 용어로 시각, 청각, 미각, 후각, 촉각의 5가지 감각 기관이 주의를 기울이는 부분만 정보처리가 가능한데 집중력이 낮은 사람은 중요하지 않은 곳에도 주의를 기울이므로 주의가 분산된다고 한다. 따라서 학습의 과정에서는 자기 통제력이 더 중요한 의미를 갖는다.

● 자기통제력(Self-Control Ability)

스탠포드 대학의 미쉘 월터(Micheal Walter) 교수는 1968~1982년간 14년 동안 4세 유아를 대상으로 종단연구를 수행하였다. 마시멜로 실험으로 한 개의 마시멜로를 준 후, 곧바로 먹지 않고 선생님이 나갔다 돌아올 때까지 기다리면 하나를 더 먹을 수 있다고 설명하고 선생님이 나갔다가 들어와 확인한 결과, 선생님을 기다리지 않고 마시멜로를 먹은 아이들에 비해 선생님이 돌아오실 때까지 참고 기다린 아이들이 18세가 되었을 때, 우리나라 수학능력과 유사한 SAT 점수에서 210점의 차이와 인간관계능력, 예상치 못한 상황에서의 대처 능력 등이 월등히 높게 나타났다고 한다. 이 연구에서 얻을 수 있는 시사점은 **만족지연능력**이 높은 사람이 성공한다는 것이다. 감성지수(EQ, Emotional Quotient)가 지능지수(IQ, Intelligence Quotient)보다 더 중요하며 인지능력보다 정서관리 능력이 중요하다는 것이다.

집중력은 학업 및 업무의 효율을 결정하고 사회성 발달에 영향을 미치며, 현재의 적응 지표인 동시에 미래의 성공 지표라는 점에서 매우 중요하다.

현재의 적응 지표라는 것은 집중력이 낮은 사람의 공통적인 특징은 정서력과 관련되는데 이는 우울, 불안 등 심리적인 상태와 관련된다. 우울한 정도, 불안, 스트레스는 산만의 상태와 관련되며 집중력이 좋다는 것은 심리적으로 안정되어 있다는 의미이다. 따라서 집중을 잘 못 하는 아이의 근심거리를 찾아서 해결해 주는 것이 가장 중요하며 아이들의 산만, 충동성, 무기력은 적응의 문제로 해석할 수 있다. **미래의 성공 지표**라는 것은 현재 적응력에 따른 성취와 미래의 밑거름이 되는 힘이 될 것이기 때문이다.

▶ 집중력의 구분

게임 집중력과 공부 집중력은 같은 것일까?

어떤 상황에서 무의식적으로 인간의 시각과 청각이 집중되는가? 그리고 무의식적인 기억이 발생하는 상황은 무엇인가? 학습의 과정은 무의식적인 주의집중과 무의식적인 기억이 발생하는 상황인가?

집중력은 수동적 집중력과 능동적 집중력으로 구분할 수 있다(이명경, 2010). **수동적 집중력**은 본능적인 집중이며 살아남기 위한 본능, 주의를 기울이고 자신을 보호하기 위한 집중을 의미한다. 이러한 집중력은 세상이 새로운 시기인 4세 이전이 가장 강력하다가 5세 이후 되면 새로움이 떨어져 지루해지고 수동적 집중력은 떨어진다. 초등 학교교육과정에서는 반복적인 학습의 연속이므로 신선하지 않아 수동적 집중이 어렵게 된다. 반면 게임, TV는 새로운 자극을 지속적으로 유지하므로 수동적 집중력이 유지 가능하며 많이 노출될수록 공부에 집중하기 어렵게 된다. **적극적 집중력은 능동적 집중력이라고도 하며** 욕구조절의 능력을 의미한다. 또한 집중해야 할 것을 선택하는 의사결정능력과 자기통제력이 된다.

즉, 무의식적으로 집중을 하게 되는 상황은 새로운 것, 위험한 것, 자극적인 것이다. 학교에서 이루어지는 학습의 과정에서 새롭고 위험하거나 자극적인 것이 있는가? 이것은 교사들의 교수학습방법에 대한 다양한 접근의 요구이기도 하다.

수동적 집중력	적극적 집중력
본능에 의한 집중력	**의지**에 의한 집중력
새로운 것, 강한 것, 자극적인 것을 접할 때 자연스럽게 나타남	익숙한 것, 단조로운 것, 어려운 것을 할 때 끌어내야 함
게임, TV는 새롭고 강한 자극을 지속적으로 공급	공부는 스스로 새로움과 즐거움을 만들어 내야 함

집중력의 3요소를 김동일(2011)은 정보처리능력, 주의력, 자기통제력을 제시하였다.

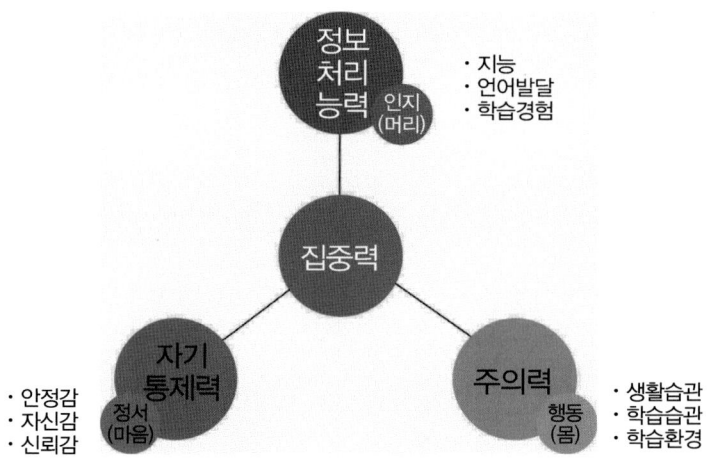

정보처리능력은 지능, 언어발달, 학습경험이 영향을 미친다. 자기
통제력은 인정받고 싶은 교사, 파워를 가진 부모님으로부터 안정감
있는 미래를 경험할 때 안정감을 얻고 통제력이 생기고 안정적인 미
래나 말에 신뢰를 못 느낄 때 통제력을 발휘하지 못하게 된다. 주의
력은 생활습관, 학습습관의 결과이다. 따라서 인지, 정서, 행동은 하
나를 변화시키면 상호 연관되어 변화되는 상호 연결되어 있는 시스
템이다.

▶ 집중력 진단

1) 공부 집중력 점검

(1) 공부 집중력 점검(중·고등학생용/한국교육개발원)

이것은 학습자가 얼마나 효과적으로 공부에 집중하고 있는지를 확
인하는 검사이다.

내용	전혀 그렇지 않다	그렇지 않다	약간 그렇다	많이 그렇다
1. 책상에 앉자마자 공부를 시작한다.	1	2	3	4
2. 텔레비전을 보다 보면 공부 시간이 뒤로 미뤄진다.	4	3	2	1
3. 공부에 필요한 것들은 앉은 자리에서 쉽게 구할 수 있도록 잘 배치되어 있다.	1	2	3	4
4. 공부하고 싶은 마음이 생길 때까지 공부하지 않는다.	4	3	2	1
5. 공부할 때 쉽게 피곤하고 졸리다.	4	3	2	1
6. 공부에 방해가 된다면 듣고 있는 음악을 끈다.	1	2	3	4
7. 공부하다가 쉽게 주의가 산만해진다.	4	3	2	1
8 공부하는 시간에 비해 공부하는 양이 저다.	4	3	2	1
9. 공부할 때 조용히 해 달라고 식구들에게 말한다.	1	2	3	4
10. 공부할 때 집중을 더 잘하기 위해 쓰기도 하고 읽기도 한다.	1	2	3	4
11. 공부할 시간을 정해 놓으면 끝까지 한다.	1	2	3	4
12. 매일 일정한 시간에 일정한 분량의 공부를 한다.	1	2	3	4
13. 조용한 장소에서 공부하기를 좋아한다.	1	2	3	4
14. 공부하는 도중에 공상을 많이 한다.	4	3	2	1
15. 재미없는 과목이라도 좋아하려고 노력한다.	1	2	3	4
16. 공부를 시작할 때 학교에서 배운 것을 간단히 복습부터 한다.	1	2	3	4
17. 마음이 산만해질 때 주의를 환기시켜 다시 집중할 수 있다.	1	2	3	4
18. 노력하면 집중력은 향상될 수 있다.	1	2	3	4
19. 공부를 시작하기 전에 어떤 과목을 얼마큼 할 것인지 시간 배분을 한다.	1	2	3	4
20. 공부하는 시간보다 컴퓨터 게임이나 텔레비전을 보는 시간 이 더 많다.	4	3	2	1
계	점	점	점	점

* 점수가 60점 이상은 되어야 공부를 할 때 효과적으로 주의집중을 하는 것이다. 만약 45점 이하가 나왔다면 공부에 집중을 잘 못 하는 경우이다.

(2) 공부 집중력 점검(초등학생용/한국교육개발원)

○ 다음 문장을 읽고, 자신에게 해당되는 번호에 표시해 보세요.

내용	전혀 그렇지 않다	그렇지 않다	약간 그렇다	많이 그렇다
차분하지 못하고 활동이 많다.	0	1	2	3
쉽게 흥분한다.	0	1	2	3
주의집중 시간이 짧다.	0	1	2	3
계획한 일을 끝내지 못한다.	0	1	2	3
안절부절못한다.	0	1	2	3
주변에서 나는 소리에 쉽게 주의가 분산된다.	0	1	2	3
하고 싶은 일이 있으면 미루지 못한다.	0	1	2	3
수업 시간에 딴생각을 한다.	0	1	2	3
책상에 앉아 있어도 집중하는 시간이 짧다.	0	1	2	3
내 방은 정리가 안 되어 있다.	0	1	2	3

나의 총점 _____ 점

점수가 16점 이하면 집중력을 향상시키기 위한 훈련과 노력이 필요하다.

2) 나의 집중력 부족 원인 탐색

집중력 부족 원인 탐색

요인	내용	체크
심리적 요인	가족이나 친구와의 관계가 불편하다.	
	스트레스가 많다.	
	인터넷(혹은 게임)이 자꾸 하고 싶다.	
	이성 친구가 보고 싶다.	
	음악을 들어야 공부가 된다.	
	내가 하고 있는 것이 정말 나를 위한 것인지 모르겠다.	
	공부나 시험에 대한 불안감이 크다.	

학습적 요인	15분 이상 책 읽기가 어렵다.	
	공부 내용이 어려워서 힘들다.	
	공부할 분량이 명확히 계획되어 있지 않다.	
	하루에 한두 과목 이외에는 공부하기가 힘들다.	
신체적 요인	운동을 전혀 하지 않아 몸이 긴장되어 있다.	
	잠을 못 자서 피곤하다.	
	최근에 감기나 기타 질병을 앓은 적이 있다.	
	컨디션이 쉽게 나빠진다.	
환경적 요인	근처 사람들의 대화에 신경이 쓰인다.	
	공부하는 도중에 방해하는 친구가 있다.	
	늘 TV, MP3, 핸드폰과 함께한다.	
	공부하는 주위에 더 흥미가 가는 물건이나 책들이 있다.	
	공부방의 공기가 답답하다.	
	의자가 불편하다.	

다음은 생활에서 실천할 수 있는 집중력 향상법을 정리한 것이다.

요인	내용
시각적 요인	• 공부와 관계없는 것들을 책상 위에 놓지 않는다. • 텔레비전을 보지 않을 때는 반드시 끄고 공부를 한다. • 공부하는 위치에서 눈앞을 점검해 보고 필요 없는 것들을 깔끔하게 치워버린다. • 공부하는 동안에는 절대로 간식을 먹지 않는다. • 책상 앞 벽에 붙어 있는 연예인 사진 등을 떼어 낸다.
청각적 요인	• 공부할 때 방문을 닫고 문 앞에 '공부 중'이라는 표시를 해 둔다. • 텔레비전이나 라디오 등의 음악을 되도록 듣지 않는다. • 공부하는 동안에는 전화를 받지 않는다. • 공부하는 동안에는 모든 대화를 피한다. • 공부하는 동안에는 다리를 떨지 않도록 한다. **※ 참고사항** 어떤 음악을 듣느냐에 따라 집중력이 달라진다. 바흐, 베토벤, 모차르트의 고전 음악은 집중력을 높여준다. 반대로 격렬한 록 음악이나 팝은 집중을 방해한다.
환경적 요인	• 책상을 아무것도 없는 벽 쪽과 마주보게 합니다. 책상에 앉아 있을 때 방 안의 여러 물건들이 보이지 않도록 한다. • 책상의 크기는 적당해야 하며, 깨끗하게 잘 정돈한다. • 책이나 필기도구를 잘 정리해 둔다. • 조명은 간접적인 광선을 사용하고 될 수 있으면 형광등을 사용한다. 특히 스탠드의 경우 목 부분이 자유자재로 움직이는 것을 사용한다.

환경적 요인	• 허리를 똑바로 펴서 앉고, 공부하는 동안 옷을 입고 있는다. 즉, 옷을 모두 벗거나 잠옷 등을 입지 않는다. • 위에서 설명한 방법들을 자신의 힘으로 실천할 수 없다면 여러분은 도서관이나 독서실을 찾아 공부하는 것이 제일 좋은 방법이다. • 공부에 필요한 자료들을 쉽게 이용할 수 있도록 가까운 위치에 둔다. • 공부를 마친 후, 책과 필기도구를 처음 있던 장소에 놓고 주변을 정리한다. • 공부는 되도록 언제나 같은 장소에서 하도록 한다.
심리적 요인	• 항상 어떤 일이든 '나는 할 수 있다(I CAN)'라고 생각해야 한다. • 항상 긍정적으로 생각하고, 부정적인 생각이 떠오르면 재빨리 긍정적인 내용으로 바꾸도록 한다. • 한 번에 한 가지만 해낸다는 원칙을 세우도록 한다. 잡다한 행동을 멈추고 힘을 한 가지에 집중시켜야 한다. • 목표를 구체적으로 세우고, 계획표를 세밀하게 짜도록 해야 한다. – 하루 또는 일주일의 계획을 구체적으로 세워 실천하도록 하자. 예를 들면 영어책 몇 페이지에서 몇 페이지까지 오늘 반드시 읽겠다는 식으로 목표를 더욱 구체적으로 세워야 한다. – 보통 학생들은 계획을 세울 때 1시에서 3시까지 수학, 3시부터 6시까지는 국어, 이런 식으로 계획을 세운다. 하지만 계획표를 아주 세밀하게 짤수록 주의집중에는 유리하다. '1시에서 1시 30분까지는 수학 예제를 다 풀고, 1시 30분부터 1시 40분까지는 예제 중 틀린 문제를 다시 푼다'는 식으로 계획을 짜야 한다. • 처음에는 목표의 범위를 작게 세워 일단 완벽하게 실천함으로써 자신만의 목적을 달성한다. 그리고 '나도 목표를 이루었다'는 자신감과 성취감을 맛본 다음에 좀 더 큰 목표를 세우도록 한다. • 인간은 어떻게 생각하느냐에 따라 행동이 달라진다. 따라서 항상 긍정적이고 무슨 일이든 해낼 수 있다는 생각을 하면 행동 또한 자연스럽게 변화된다는 것을 절대로 잊어서는 안 된다.

🔵 집중력 관련 4요인

여기서는 학습의 과정에서 요구되는 능동적 집중력을 의미하며, 자세, 시각, 청각, 마음이 동시에 조건을 만족할 때 가능하며, 고학년이 될수록 하루에 10시간 이상 집중할 수 있는 힘을 요구한다.

➤ 집중자세

- **허리**: 허리는 곧게 펴서 엉덩이를 의자 뒤에 붙인다. 척추가 안정적으로 유지되어 오랜 시간 앉아 있을 수 있는 힘이 생긴다.
- **호흡**: 최대한 천천히 숨을 쉰다. 운동을 하거나 흥분하면 호흡이 가빠진다. 그러나 무엇인가에 몰입을 하고 있을 때에는 호흡 속도가 낮으며 안정적이다. 이 원리를 이용한다면 호흡을 천천히 하면 몰입할 수 있는 상태기 된다. 특히 집중이 안 되고 다른 생각이 날 때에도 복식호흡을 하면 좋다.
- **눈**: 눈에 힘을 주고 교재를 본다. 무엇에도 집중하지 않고 느슨한 상태에서 눈에 힘이 들어가는지 확인해 보라. 반대로 눈에 힘을 주고 난 후 집중하지 않을 수 있는가? 의식적으로 눈에 힘을 주면 무엇엔가 집중하게 된다.
- **입**: 입을 다문다. 그 이유는 호흡을 천천히 하기 위해서이다. 입을 다물고 있을 때 천천히 호흡하기가 쉬워지고, 호흡이 가빠지면 입을 열게 된다. 눈과 마찬가지로 입을 벌리고 집중하는 것과 입을 꼭 다문 상태를 비교해 보라.
- **혀**: 혀는 입천장에 살며시 붙인다. 그 이유는 호흡을 천천히 하기 위해서이다. 입을 다물고 있을 때 천천히 호흡하기가 쉬워지고, 호흡이 가빠지면 입을 열게 된다. 또한 혀를 입천장에 붙이는 순간 두뇌가 무엇인가에 집중을 하게 된다.

집중은 내 의지와의 싸움이다. 인간의 몸과 두뇌는 상호 연결된 시스템이므로 의식적으로 몸을 집중의 상태로 만드는 지혜가 필요하다.

➤ 시각적 주의집중력 향상 활동

시각적 주의집중력이 안 좋으면 책을 읽을 때 내용을 잘 파악 못하거나 기억 못 하게 되고 문제를 풀 때 지시문을 잘못 읽고 틀리는 경우가 자주 발생하게 된다. 또 시각적 주의집중력이 안 좋은 학습자의 특징은 부호를 잘 혼동하거나 대충 보고 비슷한 글자로 틀리게 말하기도 하고 시험문제를 이해하지 못한다. 어떤 의미에서 실수도 실력이라는 말에는 일리가 있다.

♣ 시각적 주의집중력 향상 활동 1 – 초등학교 저학년

○ 무엇일까요?

사물의 일부만을 보고 무엇인지를 유추하는 활동이다. 관찰력을 향상하고 확산적 사고와 수렴적 사고 간의 균형 있는 훈련 활동이다.

– 예시

확산적 사고: 무엇으로 보이나?

<나무, 기둥, 사람>

수렴적 사고: 확산적 사고 과정에서 답한 것들을 하나씩 다시 판단

해 보는 과정

<사람의 뒷모습일까? 피부색이 다르잖아? 아닐 거야>

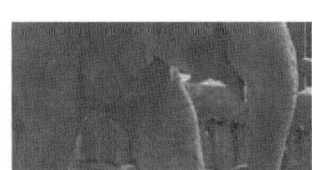

♣ 시각적 주의집중력 향상 활동 2 - 초, 중등학생

위에서 시각주의는 새로운 것, 자극적인 것에 본능적으로 집중된다는 것과 학습에서 필요한 집중은 의도적 집중, 즉 원하는 자극에 대한 선택적 집중이라 하였다. 자극을 선택하는 활동을 통해 이러한 능력을 향상할 수 있다.

다음 그림과 같이 원의 색상과 다른 글자를 준비하고 그림과 글자 세트가 열릴 때 원의 색 혹은 글자의 색을 선택적으로 말하게 한다.

♣ 시각적 주의집중력 향상 활동 3 - 초, 중등학생

한 문단 정도의 글에서 특정한 문자를 찾는 활동을 통해 시각적 주의집중력을 향상할 수 있다. 다음의 카드를 보여 준 후 10초 정도의 시간을 주고 F의 개수를 찾는다. 게임식으로 진행하여 재미있으면서도 자신의 시각 주의집중력의 문제를 스스로 발견하고 수정할 수 있게 하는 방법이다.

다음 중 F가 몇 개일까요?

FINISHED FILES ARE THE RESULT OF YEARS OF SCIENTIFIC
STUDY COMBINED WITH THE EXPERIENCE OF YEARS

정답을 보지 않은 상태에서 위의 문장을 반복적으로 보였다가 감추었다 해 보면, 처음 발견하지 못한 부분은 계속 반복하여 발견하지 못하는 경우가 많을 것이다.

다음 중 F가 몇 개일까요?

*F*INISHED *F*ILES ARE THE RESULT O*F* YEARS O*F* SCIENTI*F*IC
STUDY COMBINED WITH THE EXPERIENCE O*F* YEARS

다음의 문장에 대해서도 같은 방식으로 해 보자.

다음 중 'ㄴ'이 몇 개일까요?

곰 세 마리가 한집에 있어
아빠 곰 엄마 곰 아기 곰
아빠 곰은 뚱뚱해 엄마 곰은 날씬해 아기 곰은 너무 귀여워
으쓱으쓱 잘한다.

정답은 8개이다.

♣ 시각적 주의집중력 향상 활동 4 – 초, 중등학생

숫자 이어 나가기 게임을 통한 집중력 훈련방법이다. 다음 그림과 같이 1~30까지의 숫자가 무작위로 나열된 그림에서 숫자를 오름차순으로 이어나가기 짝수, 홀수, 거꾸로 이어나가기 활동을 하면서 시각적 주의집중력을 향상할 수 있다.

1부터 30까지 숫자 이어 나가기

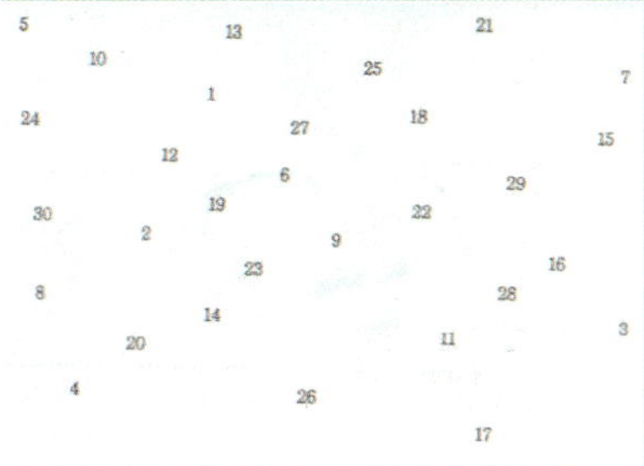

1부터 30까지 짝수 이어 나가기

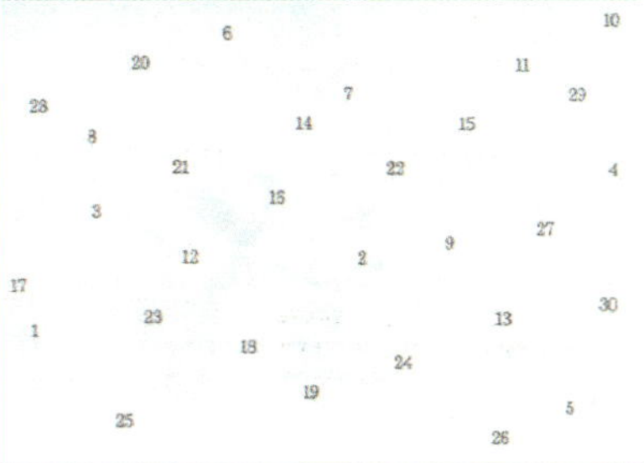

30부터 1까지 숫자 이어 나가기	30부터 1까지 홀수 이어 나가기
5 14 27 23 20 12 16 8 9 26 3 29 21 15 6 19 10 24 2 30 22 13 11 4 17 28 7 18 25 1	19 11 18 12 26 10 17 4 9 3 25 13 29 8 24 2 20 23 14 22 1 30 15 21 6 28 27 16 5 7

▶ 청각적 주의집중력 향상

청각적 주의집중력은 오감 중 특히 소리에 집중하는 능력이다. 언어적으로 지시를 잘 듣고 그 지시에 따른 행동을 알맞게 실행하는 능력을 기른다. 즉, 방해자극은 무시하고 지시를 정확히 수행하는 능력을 말한다.

청각적 주의집중력에 문제가 있으면? 수업 중에 바깥소리에 더 귀를 기울인다. 듣기 평가 시 문제를 듣지 못한다. 선생님께 자꾸 되묻게 된다. 선생님의 설명자료나 과제 등에 대하여 들었다는 사실조차 기억하지 못한다.

♣ 청각적 주의집중력 향상 활동

1단계 - 듣고 따라 말하기

다음의 문장을 듣고 그대로 따라 하는 활동이다. 이 활동을 해 보면 자신의 청각주의력을 바로 확인할 수 있으며, 의사소통 능력도 함께 향상된다.

•	새집으로 이사 온 밤. 비 오고 바람 불고 천둥 치던 밤
•	뒷산에 뒷산에 도깨비가 나와 우리 집 지붕에 돌팔매질하던 밤
•	덧문을 닫고 이불을 쓰고 엄마한테 붙어 앉아 덜덜 떨다가 자려고 마악 드러누우면

•	혼자서 빈집을 지키고 있는 날 어쩐지 마음 한쪽이 이상해진다. 두 손으로 꼭꼭 눌러 보지만 뭔지도 모르게 울컥해진 마음. 어쩌다 마주친 어머니 사진이 오늘따라 더욱더 가깝게 보인다.
•	"흰미루! 이리 나와 봐." 일기 검사를 하시던 선생님께서 마루를 부르십니다. 순간 마루는 가슴이 철렁합니다. 어제저녁, 일기가 너무나 쓰기 싫어서 시로 썼거든요. 연이 바뀔 때마다 한 줄씩을 띄어서 썼는데도 빈칸이 남아서 나머지는 그림으로 채워 놓았지요.

2단계 - 지문과 질문을 듣고 답하기

○	초현실주의 작가인 달리는 흐느적거리는 듯한 모양의 시계를 통해 흘러가는 시간과 인간의 무의식을 표현하고자 하였다.
	■ 달리는 어떤 사조의 작가인가? 초현실주의 ■ 시계를 통해 무엇을 표현하고자 했나? 흘러가는 시간과 인간의 무의식
○	입체주의는 물체의 모양을 분석하여 그 구조를 기하학적인 점이나 선, 면 등으로 다시 구성한 것이다. 로망스의 '어릿광대'는 입체주의 작품의 한 예로, 어릿광대의 모습을 단순한 형태(원뿔과 원기둥)의 테두리를 이용하여 형상화한 작품이다.
	■ 입체주의란? 물체의 모양을 분석하여 그 구조를 기하학적인 점이나 선, 면 등으로 재구성한 것 ■ 어릿광대의 작가는? 로망스

▶ 청각주의력과 시각주의력 연결 활동 예시

○ 설명과 다른 부분 찾기
- 제시된 그림 속에서 들려주는 지시문과 차이가 나는 부분에 표시하기
- 청각 주의력
- 시각 주의력
- 예시(이명경, 2010)

다음 그림에 대한 설명으로 틀린 것에는 ×표, 바른 것에는 ○표를 하세요.

※ 맨 앞에 있는 아이는 안경을 끼고 있습니다.
두 번째 아이는 분홍색 원피스를 입고 빨간색 장화를 신고 있습니다.
첫 번째 아이는 하늘색 티셔츠를 입고 있습니다.

※ 청각 자극을 시각집중력과 연결(청각집중력과 시각주의력)

시각주의력: 공간지각력, 비언어적, 인지적인 지능 향상

청각집중력: 언어적인 것을 학습과 관련, 기억, 수업 태도 향상, 성적 향상

▶ 집중력을 향상시킬 수 있는 실천 전략

일상생활에서 실천을 통해 집중력을 향상시킬 수 있는 방법이다.

내용	실천내용
① 가능한 한 공부하는 장소를 따로 정해두고, 그곳에서만 공부하기	
② 공부해야 할 분량을 작은 단위로 나누고, 각각의 작은 목표를 세우기	
③ 공상과 딴생각을 위한 시간을 할당하기	
④ 반드시 지켜야 할 약속처럼 공부 시간을 지키기	
⑤ 공부를 하기에 앞서 쉽게 마무리할 수 없는 다른 일을 시작하지 말기	
⑥ 공부할 때 연필, 노트 및 메모지를 항상 준비해두기	
⑦ 공부를 시작하기에 앞서 과도한 불안과 긴장 풀기	

① 가능한 한 공부하는 장소를 따로 정해 두고, 그곳에서만 공부하기

자신이 공부하기에 좋은 장소를 가지고 있는가? 다음과 같은 장소가 공부하기에 좋은 장소이다.

- 조용한 곳(외부에서의 소리나 TV, 음악 소리 등이 많은 곳은 피할 것)
- 적합한 조명
- 환기나 통풍이 잘되는 곳
- 편안한 의자, 그러나 지나치게 푹신한 의자는 피할 것
- 공부하는 책이나 자료들이 정리가 잘 되어 있는 곳
- 학습에 필요한 자료를 필요할 때 늘어놓기에 충분한 책상

② 공부해야 할 분량을 작은 단위로 나누고, 각각의 작은 목표를 세우기

분량과 목표가 지나치게 방대하면 실패로 이어질 확률이 높아지고, 지치고 좌절감을 경험하기 쉽다. 반면, 작은 단위로 나누게 될 경우,

성취감을 높이며, 공부를 위한 시간 관리를 더욱 효과적으로 할 수 있게 된다. 공부하는 시간은 학년과 개인차가 있지만, 대체로 한 번에 50분씩 두세 번가량 나누어 하는 것이 좋다.

③ 공상과 딴생각을 위한 시간을 할당하기

만약 딴생각이 많이 나거나 공상이 많아질 때는 보던 책을 덮고 한쪽으로 치워라. 집중도 안 되고 싱숭생숭한 마음을 탓하며, 눈에 들어오지 않는 책을 그저 바라보지 말자. 그렇게 하면 공부하는 것이 공상이나 죄책감 등과 연결될 가능성이 많아지니까. 공상이 떠오르고, 또 그것이 쉽게 포기될 것 같지 않으면 방을 떠나지는 말되, 책을 덮고 일어서서 잠시 공상을 즐기는 것이 좋다. 물론, 계획하에 그렇게 하는 것이 더 좋다. 그리고 준비가 되었을 때 다시 책상으로 돌아가라. 또한 스트레칭과 같은 가벼운 운동 역시 여러 가지 생각을 떨쳐 버리는 데 도움이 된다.

④ 반드시 지켜야 할 약속처럼 공부 시간을 지키기

보통 어떤 행동들은 하루 중 어떤 때에 자동적으로 나타난다. 자신의 하루 일과를 주의 깊게 살펴보면 어떤 특정 시간에 대체로 하던 일을 습관적으로 반복한다는 것을 알 수 있다. 예컨대, 수업 시간에 매번 조는 것을 반복하면, 수업 시간만 되면 잠이 오게 된다. 잠들기 전에 매번 컴퓨터 게임을 했다면, 하지 않으면 어딘가 허전하다. 공부도 예외가 아니다. 약속처럼 공부 시간을 지켜 늘 하던 시간에 지속하면 점차 우리의 몸과 뇌가 공부에 익숙해진다. 그렇게 되면 그 시간만 되면 공부를 시작하기도 쉽고, 공부를 방해할 수 있는 많은 장애물로부터 보다 자유로이 공부에 집중할 수도 있게 된다. 이것은 뇌에 대한 과학적 발견과 지식을 일상생활에 적용한 것의 한 예이다.

⑤ 공부를 하기에 앞서 쉽게 마무리할 수 없는 다른 일을 시작하지 말기

보통 깔끔하게 마무리되었거나 끝마친 일보다는, 하다가 만 일이나 마무리 짓지 못한 일이 더 많이 생각난다. 즉, 마무리되지 않는 활동들은 머릿속에 더 오래 남아 궁금증이나 호기심을 자극하고 공부에 지장을 준다. 자극적인 공포 영화, 몇 개월이고 지속되는 TV 연속극, 컴퓨터 게임 등은 그래서 좋지 않다.

⑥ 공부할 때 연필, 노트 및 메모지를 항상 준비해 두기

집중력을 높일 수 있는 또 다른 요령 중의 하나는 항상 가까이에 연필과 메모지를 준비해 두는 것이 좋다. 좋은 아이디어든, 해야 할 일이든, 준비물이든, 공상이든 기록하는 습관은 생각을 정리하고 조직화하는 능력을 키우며, 생활을 질서 있게 유지하는 데도 도움을 준다.

⑦ 공부를 시작하기에 앞서 과도한 불안과 긴장 풀기

적당한 불안과 긴장은 집중력을 높이고 학업 수행에 도움을 준다. 그러나 그 정도가 지나치면 오히려 집중에 어려움이 생기고, 머릿속이 복잡해지면서 정리정돈이 잘 안 되고, 기억력이 떨어지고, 피로감이 증가하는 등 여러 가지 불편을 야기한다. 따라서 지나치게 긴장된 상태라면 책상에 앉아 있기보다는 차라리 가벼운 운동을 하거나, 좋아하는 음악을 들으면서 긴장을 풀어 주는 것이 좋다.

참고문헌

이명경(2010), 『집중력이 아이의 인생을 결정한다』, 랜덤하우스.
김동일 외(2011), 『학습상담』, 학지사.
한국교육개발원(***), 『공부 집중력 점검』.

CHAPTER

8

효과적 기억
(암기와 유지)

효과적으로 기억한다는 것은 주어진 내용을 순간적으로 외우는 암기와 이를 두뇌 속에 유지하는 행위의 조합이다.

● 인간의 기억에 대하여

기억은 경험이 우리 자신을 형성하고 뇌와 행동을 변화시키는 일련의 기제와 과정들을 의미한다. "기억은 무엇 때문에 존재하는가?" 기억은 일상생활의 사소한 경험을 저장하기 위하여 존재한다. 차를 어디에 주차하였는지, 가방을 어디에 두었는지, 슈퍼마켓이 어디에 위치하는지 등을 회상하기 위하여 존재한다. 우리가 만난 적이 있는 사람들의 이름, 모습, 특징 등을 알기 위해서 존재한다. 그러나 기억은 아주 잠시 동안 마음속에 정보를 저장하기 위해서도 필요하다. 예를 들어 암산을 하거나 피자를 주문하기 위해 피자집에 전화를 거는 동안 피자집의 전화번호를 잠시 동안 마음속에 저장할 필요가 있다. 또한 기억은 개인의 생애에서 일어난 사건들을 기억하기 위해서도 필요하다. 마지막으로 기억은 세상의 규칙에 관한 정보를 저장하기 위해서 필요하다.

인간의 기억은 마음과 지식의 바탕이다. 기억이 없다면 마음과 지식체계가 존재하기 힘들기 때문이다. 하드웨어인 컴퓨터가 작동하기 위하여 컴퓨터 메모리에 데이터가 있어야 하듯 인간에게는 기억이 있어야 마음이나 지성을 발휘할 수가 있다. 우리에게 기억이 없다면 과거와 현재도 없고, 경험을 통해 새로운 기술이나 지식을 습득할 수도 없으며, 습득하였다 하더라도 이를 사용할 수 없을 것이다. 우리에게 기억이 없다면 매일 보는 사람의 얼굴도 알아볼 수 없게 될 것이고 우리 자신이 누구라는 사실도 모른 채 살아가게 될 것이며 가장 초보적인 일상생활도 할 수 없을 것이다. 인간은 기억이 있기에 다른 사람들과 구별되는 자아를 형성하여 유지할 수 있고 각종의 환경적 상황에 적응할 줄 알며, 기억이 있기에 그 기억된 내용에 근거하여 여러 가지 심리적 이상의 문제가 형성되기도 하고, 또 기억 내용이 재구성되고 기억에서 인출되는 정보의 중요성 비중과 우선순위가 변화함에 따라서 심리치료의 효과가 가능해지기도 한다.

플라톤 이래 고대부터 20세기 초까지는 밀랍의 은유가 주류를 이루었다. 기억은 밀랍 같은 것으로서 자극의 인상 강도가 강하면 강한 흔적을 남기고 약하면 약한 흔적을 남긴다고 했다. 밀랍처럼 굳어져서 기억이 된다는 그런 식의 물질적인 은유였다.

1960년대로 넘어오면서 인간의 기억을 창고나 물건에 비유했다. 마치 사물을 그대로 복사해서 기억 저장고의 일정한 위치에 넣었다가 그대로 되 꺼내는 우편함에서 편지를 꺼내는 것이라고 보았다. 넣을 때의 처리 강도가 기억할 때의 강도를 결정한다든지 망각을 쇠퇴와 간섭의 함수로 간주하는 입장이 나왔다.

그 후 이러한 입장이 조금 수정되었다. 기억은 사진 찍는 듯 주어진 그대로 복사하여 기억 저장고에 집어넣었다기 후에 지장장소에시 기계적으로 그대로 꺼내는 것이 아니라, 기억에 넣고 꺼내는 것은 구성하여 넣고 또 새롭게 구성하여 꺼내는 것이라는 이론이 제기되었다. 원래 자극대상과 다르게 구성(construction)하여 넣고 또 재구성 (reconstruction)하는 것이 기억 역동의 핵심이라는 관점이 제기되었다. 이러한 이유로 남대문 화재 사건과 같이 충격적인 사건이라도 몇 년 후에 같은 현상에 대해 질문한다면 사람들이 기억하는 내용이 달라질 수 있다는 것이다.

다음의 실험은 그림을 기억하여 그리는 과제를 사용한 실험이다. 독립변인은 그림을 학습할 때 주어진 그림 이름 단서의 유형이며, 종속변인은 실험 참여자들이 기억하여 그린 그림이 원래 그림과 달라진 정도이다. 피실험자 집단을 두 집단으로 나누었으며, 각 집단은 애매한 그림 자극들을 제시받았다. 집단 간 동일한 그림 자극을 제시하였으나, 각 그림에 서로 다른 이름을 붙여 제시하였다. 30분, 60분이 지난 후 보여준 그림을 다시 그리라고 하였다.

제시된 자극(좌)과 피험자들이 기억해 내 그린 결과(우)

A집단에 준 그림 이름	그림 자극	B집단에 준 그림 이름	A집단	B집단
안경		아령		
병		등자쇠		
초승달		문자 C		
벌통		모자		
창문의 커튼		직사각형 속의 다이아몬드		
일곱		넷		
배의 조종대		태양		
모래시계		탁자		

　이 그림을 분석해 보면, 동일한 그림을 보았는데도 단서로 제시되었던 단어에 따라 기억이 달라졌다. 즉 입력 시의 기억단서(그림의 이름)가 기억 내용에 영향을 준다는 현상을 보여주고 있다. 이 연구의 결과는 단어가 기억이나 사고에 영향을 미치는 효과에 관한 자료로 사용되고 있다. 즉, 그림의 언어 명칭이 기억된 그림의 회상 내용에 작용하여 그림을 변형시키게 만든다는 것이다. 이 실험은 기억의 구성성과 재구성성을 단적으로 보여주는 고전적 기억실험 예이다. 이 실험에서 피험자들에게 그림이름을 기억해서 그리게 하면, 주어졌던

그림이름이 무엇이었는가에 따라서 원래 그림과 다른 그림을 기억하여 그려내는 결과가 나왔다.

유사한 맥락의 실험 예는 로프터스(E. Loftus) 등(Loftus & Zanni, 1975)의 기억실험이다. 로프터스의 실험은 목격자의 기억이 후에 경험하는 것에 의해서 체계적으로 왜곡되는 현상을 보여주었다. 기억이 순수하게 있는 그대로 저장되는 것이 아니라 이후에 무슨 일이 있었느냐에 따라서 다른 기억이 구성된다. 그들의 실험에서 피험자들에게 자동차 사고가 발생하는 필름을 보여주고 질문을 하였는데, 질문을 하는 문장에 사고 내용을 기술하는 단어가 집단마다 달랐다. 집단 1에서는 'smashed', 집단 2에서는 'hit'가 들어갔다. 다시 1주일 후에 기억을 검사한 결과, 집단 1 참여자의 32%가 유리창이 깨졌었다고 필름에서는 없던 내용을 보고한 반면, 집단 2에서는 14%만 유리가 깨졌었다고 답하였다. 이런 현상은 기억의 내용이 기억 저장 이후에 경험한 단서 중심으로 변화, 재구성되는 것을 보여주는 예이다.

다시 언급하지만 인간 기억의 특성은 구성이다. 어떤 사람의 얼굴을 기억한다고 할 때는 그 얼굴을 사진 찍듯이 기억하는 것이 아니라 자기가 가진 지식에 근거하여 나름대로 스케치 1을 구성해서 기억한다. 꺼낼 때는 집어넣었던 스케치 1을 꺼내는 것이 아니라 주어진 단서들을 근거로 스케치 2를 재구성하는 것과 같다. 기억 인출이 단순한 탐색을 통해 주소를 찾아 꺼내는 기계적인 과정이 아니라 인출 시에 주어진 단어와 자신이 알고 있는 지식을 토대로 목표 항목 내용을 재구성해서 그 결과가 목표자극인가 아닌가를 결정하는 과정이라는 것이다. 우리가 일상적으로 어떤 대상을 기억해 낸다는 것은 이러한 재구성 과정에서 그 자극이 이전에 봤던 것인가 아닌가를 통계적으로 판단하고 결정하는 과정이 개입된다는 것은 주목할 만하다.

● 기억의 요소와 기억 구조

기억의 기능적 구조는 다음과 같이 나누어 볼 수 있다. 순간적으로 대상을 감각적으로 기억하는 감각기억, 주어진 자극에 대해서 짧은 기간 동안 주의를 기울여 부호화하고 유지하는 단기기억 또는 그러한 작업을 수행하는 작업기억, 그리고 오랫동안 저장하고 있는 장기기억 등으로 나누어 볼 수 있다. 이러한 기억체계들은 창고 같은 실체가 아니라 일종의 기능적 단위이다. 또한 저장된 내용으로 분류한다면 정보유형에 따라 일화기억, 의미기억, 절차기억 등으로 나누어질 수 있다. 기억의 이러한 기능적 구조들을 각각 기억체계라고 부른다.

기억과정은 습득(부호화) 과정, 저장 과정, 인출 과정으로 나뉜다. 부호화는 외부에서 들어오는 자극의 내용을 정보화해서 기억에 넣는 과정이고, 저장 과정은 정보를 계속 유지하는 것이고 인출과정은 정보를 꺼내는 것이다.

습득	저장	인출
자극이나 정보에 주의를 기울여 그것을 기억 속에 집어넣는 과정을 의미한다. 부호화과정	정보가 저장되는 단계, 정보를 일정 기간 기억 속에 유지한다. 습득한 정보를 저장하기 위해 의식적으로 노력한다.	정보를 사용하기 위하여 저장된 것을 머릿속에서 꺼내어 쓰는 과정. 의식적인 노력없이 자동적으로 이루어지기도하고 능동적으로 노력이 필요하기도 하다.

기억의 과정

➤ 기억 구조 특성

기억은 하나의 단일한 체계가 아니라 여러 가지 체계로 이루어진다. 기억에 관한 중다체계를 주장한 앳킨슨과 쉬프린(Atkinson & Shiffrin, 1968)은 기억은 크게 감각기억, 단기저장고, 장기저장고로 나누어진다고 하였다. 이 세 기억의 특징을 요약하면 다음 표와 같다.

감각기억, 단기(작업)기억, 장기기억의 특성 비교

특징	감각기억	단기(작업)기억	장기기억
정보의 유입	주의를 요하지 않음	주의를 요함	시연(되뇌임)
정보의 지속	불가능	주의지속	반복
정보의 유형	유입 정보	음운적, 시각적, 의미적	의미적(주로) 시각적, 청각적(일부)
수용 능력	적다	적다(7±2단위)	무제한
기억의 상실	쇠퇴	대치, 쇠퇴	간섭, 인출 실패
흔적 지속시간	0.5~2초	3~15(20)초	수분, 수년
인출	읽어냄	자동적 처리 의식된 것 시청각적 단서	검색과 재구성

(이정모, 2010, 인지과학, 성균관대학교 출판부, p.443)

기억은 현재 혹은 앞으로 사용하기 위하여 정보를 저장하는 과정이며, 감각기억은 외부의 정보가 눈이나 귀 등과 같은 감각기관을 통해 잠깐 동안 머무는 단계이다. 단기기억은 감각기억보다 그 정보를 오래가질 수 있으나 저장할 수 있는 정보의 용량에 제한이 있다. 장기기억은 용량에 제한이 없는 거대한 도서관과 같으며 평생 저장 가능한 기억에 해당한다.

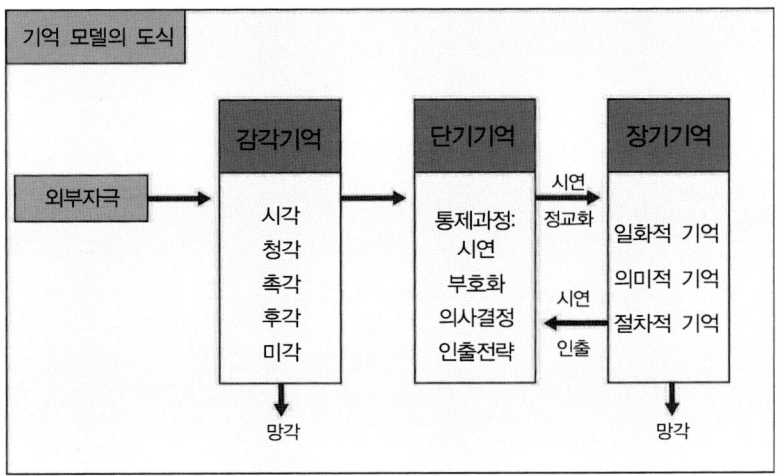

> 감각기억(sensory register, sensory memory)

감각기억은 번개 치는 순간처럼 극히 짧은 시간에 기억되다가 순간적으로 사라지는 기억이다. 감각기억에서는 그 내용을 기억 속에 두고 유지시키려면 주의를 기울여서 정보가 몇 초 동안 더 지속되게 해야 한다. 시각, 청각 등의 자극은 굉장히 짧은 시간 내에 사라진다. 감각기억의 지속시간은 시각적 자극 0.5초 정도, 청각적 기억 2초 정도이다.

● 감각정보의 단기기억 유입: 선택적 주의

모든 자극에 대해 주의를 기울이는 것은 불가능하며 몇 개의 주요 자극에만 초점을 맞추고 주의를 받지 못한 자극들은 단기기억에 아주 약하게 기록되거나 전혀 기억되지 않게 된다.

무엇이 선택적 주의를 하게 만들고 어떤 종류의 자극이 주의를 집중시키는가? 크기가 크고 현란한 색깔이나 그 밖의 강렬한 자극, 새로운 자극이 보통 주의를 끈다. 기대하지 않았거나 범상치 않은 장면도 주의를 끄는 경향이 있다. 학습내용은 강렬하거나 매력적인 자극이 아니므로 의식적인 집중의 과정을 거쳐야 한다.

● 감각정보의 단기기억 유입: 부호화

정보에 주의집중이 이루어지면 그 정보는 단기기억에 저장되기 위하여 부호화되어야 한다. 부호화란 기억체계가 사용할 수 있는 형태로 자료를 전환시키는 것이다. 기억의 흔적은 뇌에 생리적 변화를 일으킨다고 여겨지는 것으로 시간이 경과함에 따라 사라지게 된다. 단기기억에 기억할 내용을 부호화할 때는 시각적 흔적뿐만 아니라 음성적 흔적과 언어적 흔적도 이용한다.

▶ 작업기억(working memory)

단기기억(STM: Short Term Memory)과 작업기억(WM: Working Memory)이라는 용어를 흔히 혼용한다. 단기기억은 인지과학 초기에 사용한 용어이다. 장기기억에 대비해서 시간과 저장고 개념을 강조한 용어이다. 반면 작업기억은 1970년대 이후에 인지심리학자 배들리(A.

Baddeley)에 의해 제기되어(Baddley & Hitch, 1974) 새로 사용하게 된 용어이다(이정모, 박희경, 2001). 단기기억 개념을 대체하는 개념이다. 작업기억은 기억이 어떤 수동적 저장고 같은 것이 아니라 기억의 역동적, 과정적 측면을 강조한 것이다. 요즘은 단기기억이라는 용어는 잘 안 쓰고 작업기억이라는 용어를 주로 사용한다. 단기기억과 작업기억은 어떤 자극에 대해 주의를 기울여서 기억이 잠시 머물게 되는 것으로 용량이 7±2로 5개 내지 9개이다.

작업기억은 새로운 경험을 장기기억으로 보내기 위해서 거쳐 가야 할 1차적 작업대이다. 작업대에 머무는 시간은 평균 3초 내지 5초, 길어야 30초이다. 자극정보는 시각적, 청각적(언어적) 형태로 변환된다. 작업기억은 작업 용량의 제한이 있고, 자극에 대하여 주의를 주어 처리를 하고 있지 않으면 새로운 자극에 의하여 대치되어 망각된다. 대체적으로 기억력이 좋은 사람들은 처리자원이 크거나 처리자원을 효율적으로 사용한다. 처리자원 용량의 한계를 극복하는 것은 되뇌임(rehearsal)을 하거나 반복연습을 통해 기억을 자동화시키는 것이다. 작업기억은 RAM 같은 역할을 한다. 여기에서 각종 정보처리가 일어난다. 즉, 감각, 운동정보 일반, 시각, 청각, 언어, 의미, 정서 등의 각종 정보가 여기에서 연결, 통합된다. 작업기억은 우리의 의식과 무의식이 작용하여 인지적 처리를 전개하는 작업 마당이라고 생각할 수 있다. 단기기억의 기능은 현재 지각하고 있는 것이 무엇인지 알려주며, 감각기관으로 들어오는 많은 정보를 조합하여 세상에 대해 통합할 수 있게 해 주고, 순간적인 메모지 역할을 해서 우리가 생각하거나 문제를 풀고 있는 중간에 정보를 계속 가지고 있도록 해 준다. 또한 계획이나 현재의 의도를 계속 유지하게 해 준다.

▶ 단기기억에 대한 실험

피터슨(Peterson, 1959)은 숫자, 글자, 단어목록 등이 시연을 하지 않을 경우에 얼마나 빨리 단기기억에서 사라지는지 알아보기 위한 실험을 하였다.

실험과정은 피실험자에게 시연을 못 하게 한 다음, C, P, Q와 같은 세 자음을 얼마나 오래 기억할 수 있는지를 측정했다.

그들은 피험자들이 시연을 하지 못하도록 숫자를 거꾸로 세는 간섭과제를 부과하였다. C, P, Q와 같은 세 자음을 제시하고 곧 이어서 1,000과 같은 숫자를 들려준 후 회상을 시작하라는 불빛신호가 제시될 때까지 그 숫자를 3씩 빼면서 거꾸로 세도록 하였다. 피험자들이 숫자를 거꾸로 세기 시작한 3, 6, 9, 12, 15, 18초 후에 각각 회상검사를 실시하였다. 실험결과 20초 이내에 단어 회상은 사라진다고 보고하였다.

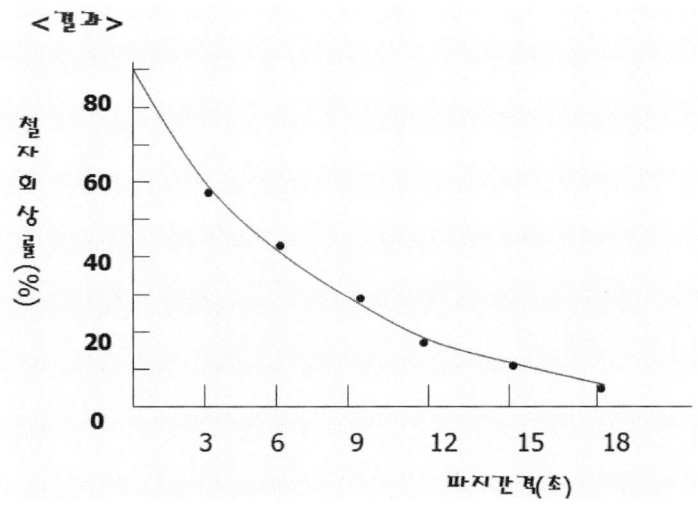

➤ 단기기억의 망각

단기기억은 지금 현재 내 머릿속에 있는 기억이다. 전화통화를 하다가 또 다른 전화번호를 안내받으며 외운다고 생각해 보자. 234-5678이라구요? 예, 잠시만요. 다시 기억하려 했는데 그 사이에 잊어버린 경험이 있는가? 이렇게 단기기억에서 망각이 일어나는 이유는 대치와 쇠퇴때문이다. 대치(displacement)는 현재 초점을 맞추고 있는 정보에서 새로운 정보로 주의를 기울여 시연하는 것을 의미한다. 쇠퇴(decay)는 시간이 지남에 따라서 단기기억의 흔적이 약해지는 것을 의미한다.

➤ 장기기억

보통 일상생활에서 '기억이 어떠하다'라고 설명할 때의 기억이 바로 장기기억이다. 네온사인에서처럼 전류가 흐르게 하여, 의식 또는 주의가 주어져서 불이 들어온 경우를 작업기억, 전류가 흐르지 않아서 불은 꺼져 있지만 밤이 되면 번쩍번쩍할 잠재적 가능성을 지니고 있는 상태를 비유해서 장기기억이라고 볼 수 있다. 장기기억의 용량은 거의 무제한이고, 한번 기억되면 영구적으로 지속된다. 단지 찾지 못해서 끄집어내지 못하는 것이다.

연구들에 의하면 장기기억은 하나의 체계가 아니라 몇 가지의 하위체계로 나눌 수 있다는 것이 밝혀졌다. 장기기억의 분류는 학자마다 다르다. 그러나 대체로 가장 많이 받아들여지는 스콰이어(Squire, 1987)의 분류법에 의하면, 장기기억은 서술기억(declarative memory),

비서술기억(nondeclarative memory)으로 크게 나누어진다. 서술기억은 세상에 관한 지식으로 의식적으로 접근하여 보고가 가능한 기억이고, 비서술기억은 절차기억, 기술 학습, 지각적 점화, 조건형성, 습관화나 민감화 같은 학습행동들을 포함하는 기억으로 의식적 접근이 되지 않는 기억을 말한다.

또 다른 분류로서 샥터와 툴빙(Schacter & Tulving, 1994)은 기억을 일차기억(primary memory), 일화기억(episodic memory), 의미기억(semantic memory), 절차기억(procedural memory), 지각표상체계(perceptual representation system: 지각적 점화 perceptual priming)의 다섯 가지 체계로 나누었다. 일차기억은 장기기억이 아니고 단기기억에 해당한다고 볼 수 있다. 일화기억과 의미기억은 서술기억에 포함될 수 있고, 절차기억과 지각표상체제는 비서술기억에 포함될 수 있다. 세상에 관한 일반지식 및 사실에 대한 지식을 의미기억이라고 한다면, 일화기억은 개인이 직접 경험한 사건에 대한 기억이다. 절차기억은 무엇을 어떻게 하는가(how, skill)의 절차에 대한 기억이다. 이런 기억은 거의 망각되지 않지만 의식이 잘 안 된다고 볼 수 있다.

장기기억 내에서 이들 기억체계가 독립적인 체계들로 구분될 수 있다는 것은 일반적으로 뇌 손상으로 인한 기억장애 환자들을 관찰한 결과에서 어떤 기억은 손상이 있는 반면, 다른 기억은 손상되지 않았다는 증거들에 의해서 지지되어 왔다.

위에서 언급한 기억에 관한 두 가지 분류 체계는 다음 그림과 같다.

샥터의 기억체계 분류

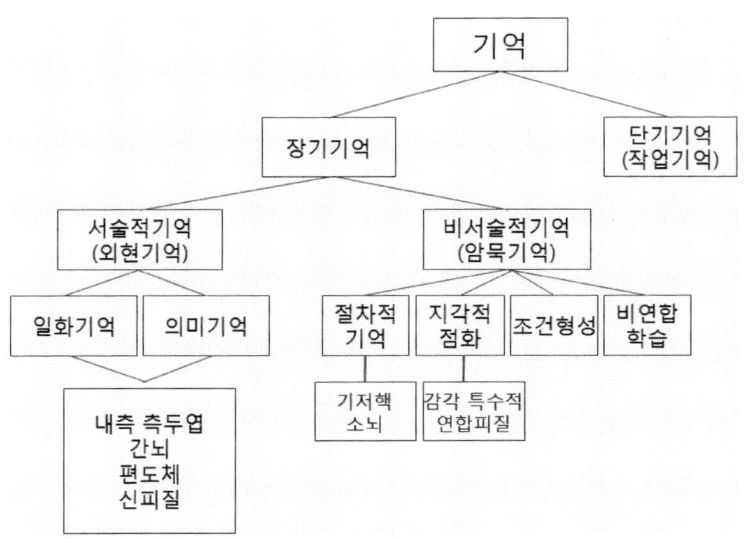

샥터와 툴빙의 기억체계 분류

체계	다른 용어	하위 체계	인출 특성	기본보유기간
절차적 기억	비서술적	운동기술, 인지기술 단순 조건형성, 단순 연합학습	암묵적	장기
지각적 표상 (PRS)	점화(Priming)	시각단어형태, 청각단어형태, 구조적 기술	암묵적	장기
의미적 기억	일반적, 사실적, 지식기억	공간적, 관계적	암묵적	장기
일차적 기억	작업기억	시각, 청각	명시적	단기
일화적 기억	개인적, 自傳적, 사건기억		명시적	장기

➤ 일화기억(episodic memory)과 의미기억(semantic memory)

위에서 이야기한 바와 같이 샥터와 툴빙(1994)은 기억 내용 중심으로 장기기억을 일화기억과 의미기억으로 나누었다. 일화기억이란 개인이 경험하는 각종 사건들, 일화들에 대한(그리고 그들 사이의 관계에 대한) 기억이다. 일화기억은 계속하여 새로운 일화 경험이 쌓이기 때문에 이전의 일화들은 비교적 쉽게 변화되고 망각된다. 그러나 전에 일어난 사건들을 자주 생각히기니 하는 경우가 흔하기 때문에 일화기억은 다른 기억에 비해 자주 인출 연습이 이루어져 기억이 잘된다.

한편 의미기억이란 일화적 경험이 쌓이고 이것이 추상화되어 이루어진 일반지식의 기억이다. 이 지식은 각종 어휘, 언어적 개념들, 일반 세상사들 등에 대한 지식이다. 이는 우리가 대상의 의미를 인식하고 사고를 하기 위해 필수적인 지식이다. 이러한 의미기억은 일화기억처럼 쉽게 변하거나 망각되지 않으며 비교적 영구적으로 남아 있다고 본다.

이러한 두 유형의 기억이 있다는 것은 우리의 직관으로도 생각이 가능하지만, 경험적 증거들이 있다. 오토바이 사고를 당한 어떤 환자는 읽고, 쓰고, 대상을 지각하며 자기 가족 별장이 있음을 기억하며 그것이 어디에 있음도 기억하였다. 그러나 그곳에 간 경험은 하나도 기억하지 못하며 자기가 승용차가 있고, 차종, 제조연도를 알지만 차를 타고 간 일화들은 전혀 기억해내지 못하였다.

⯈ 절차기억(procedural memory)

스콰이어(1987)의 비서술기억 체계는 절차기억에서 발전된 개념이다. 절차기억(how에 대한 기억)은 의미기억이나 일화기억 같은 서술기억(what에 대한 기억)과는 다른 형태로 저장되며, 꺼낼 때에도 흔히 의식되지 않으며 자동적으로 인출된다. 글을 읽는 기술의 기억, 핸드폰 문자메시지 보내기 기술 기억 등이 그 예이다. 이러한 절차기억이 서술기억과 독립적으로 존재한다는 것은 일부의 기억상실증 환자에게서 뚜렷이 나타난다. 두뇌에 손상을 입어 기억상실증이 된 환자에서 일반 의미지식과 일화기억은 손상되었지만 기술 학습과 절차 학습 능력은 손상이 되지 않은 예가 있다. 이것은 'how'에 대한 지식과 'what'에 대한 지식이 두뇌의 서로 다른 부분에서 처리되고 기억된다는 증거라 할 수 있다. 절차기억과 관련되는 뇌 부위도 서술기억과는 달라서, 이 기억은 주로 기저핵 기능이 저하된 환자에서 손상되는 것으로 알려졌다.

⯈ 외현기억(explicit memory)과 암묵기억(implicit memory)

장기기억이 서술기억과 비서술기억으로 나누어진 것처럼 기억은 의식적 활동을 수반할 수도 있고 의식적 활동 없이 일어나기도 한다. 이러한 의식의 개입문제를 강조하여 두 가지 형태로 기억을 나눈 개념이 외현기억과 암묵기억의 구분이다(박희경, 1999; 박태진, 2002).

외현기억은 학습한 경험 일화를 의식적으로 자각할 수 있고 기억하고 있는 내용을 서술할 수 있는 기억이다. 반면 암묵기억은 의도적이거나 의식적인 기억 회상 없이 이전 경험이 이후의 인지적 과정이나 행동 수정에 영향을 미치고, 기억내용을 직접 말로서 서술하기 어려운 기억이다. 외현기억과 암묵기억은 기억과정 중의 처리 특성을 강조하여 다른 기억형태로 구분하기도 하지만 학자에 따라서는 외현기억은 말로서 서술될 수 있다는 핵심 특성에 비추어 서술기억으로, 암묵기억은 비서술기억으로 분류하여 사용하기도 한다. 외현기억은 주로 학습한 것에 대한 의식적인 인출과 언어적 보고를 필요로 하는 자유회상, 단서회상, 재인 등의 직접적인 기억검사에 의해서 측정된다. 반면 암묵기억은 지각적 점화과제들인 단어조각완성과제, 단어어근완성과제, 지각파악과제 등 언어적으로 보고하지 않는 간접적인 기억검사에 의해서 주로 측정된다. 외현기억과 암묵기억과 관련되는 뇌 부위도 다른 것으로 나타난다. PET 연구는 지각적(시각) 점화 과제에서 지각적 점화가 일어나는 경우에 해마의 활성화와는 관련이 없고, 양쪽 후두엽의 활성화가 감소된다는 것을 보였다(샥터 외, 1996).

외현기억과 암묵기억을 서술기억과 비서술기억의 구조적 특성으로 구분하는 것에 반대하는 학자들은 처리특성을 강조하여 외현기억은 개념주도적 처리를, 암묵기억은 지각주도적 처리를 그 특징으로 하는 기억의 형태라고 달리 구분하기도 한다.

▶ 장기기억의 인출

우리가 원할 때에 저장된 정보를 인출할 수 없다면 장기기억에 저장된 정보는 무용지물이다. 아무리 노력을 하여도 이전에 분명히 기억하였던 사실들이 기억 속에서 발견되지 않는 경우가 있다. 대부분의 인출과제는 재인(recognition) 혹은 회상(recall)을 포함한다.

재인(recognition)은 어떤 자극이 제시된 적이 있는가를 확인하는 과정이다. 예를 들어 목격자를 확인하는 절차에서 여러 혐의자 중에서 어제 강도짓을 한 사람이 누구인가를 확인하는 것은 재인을 필요로 한다. 회상(recall)은 정보가 제시되지 않은 상태에서 저장된 정보를 기억에서 인출해야 하기 때문에 재인보다 더 어렵다. 자유회상은 사람들에게 단어 하나가 적힌 카드를 제시한 후에 생각나는 대로 말하라고 요청하는 예를 들 수 있다.

▶ 장기기억의 망각: 인출실패, 단서의 부재

정보를 인출해 내는 데 도움이 되는 단서가 없으면 망각이 일어난다. 단서의 형태가 무엇이든 일단 이용할 수 있다면 생생한 회상이 가능하다. 강한 연합을 이루고 있는 항목들은 적절한 인출 단서가 된다. 이는 하나의 기억이 다른 기억에 대한 단서가 되기 때문이다. 처음으로 어떤 정보를 학습한 맥락 역시 효과적인 인출 단서가 될 수 있다. 그러므로 초기에 정보를 학습했던 상황과 유사한 상황에서 그 정보를 가장 잘 기억할 수 있다.

▶ 장기기억의 망각: 쇠퇴, 시간의 효과

시간이 경과함에 따라 기억이 쇠퇴한다. 시간이 흘러가면 기억의 흔적은 점점 약해지게 되어 적절한 단서가 주어진다 하더라도 그 인출 노력은 실패로 돌아갈 수 있다.

➤ 장기기억의 망각: 간섭과 망각

간섭(interference)은 다른 기억 때문에 어떤 기억이 희미해지는 것을 의미한다. 역행망각은 나중에 학습한 기억 때문에 이전에 학습한 기억의 회상률이 떨어지는 경우이며, 순행망각은 이전에 학습한 기억 때문에 나중에 학습한 기억을 회상해야 할 경우이다.

➤ 기억과정 특성

기억이란 용어는 기능적 구조 체계를 의미하기도 하지만 입력된 자극에 대한 정보처리의 의미로 '과정'을 의미하기도 한다. 기억은 기억해야 할 정보가 들어오면 부호화(encoding)하여 저장(storage)하고, 후에 다시 인출(retrieval)하는 여러 정보처리 과정을 거친다(이정모, 박희경, 2001).

● 부호화

자극이 들어오면 자극을 뇌에서 정보처리 할 수 있는 기호(상징)형태로 바꿔주는 것이 부호화이다. 정보는 부호화 단계에서 되뇌임(반복해서 리허설)을 하면 더 오래 기억할 수 있다. 그것보다 기억을 잘하는 데 있어서 더 중요한 것은 정교화와 처리깊이이다. 정교화(elaboration)는 주어진 내용에 가외적 지식을 적용하여 살붙이기하는 과정이며, 처리깊이(depth of processing)는 얼마나 많은, 깊은 정보처리를 하였는가의 문제이다. 기억의 잘잘못은 들어오는 자극을 정보처리를 깊이 했느냐에 달려 있다. 흔히 사람들은 자기와 관련된 것은 잘 안 잊어버리는데, 이는 자기와는 관련이 없는 정보와는 달리, 그냥 흘려듣지 않고 깊이 정보처리를 했기 때문이라고 할 수 있다.

● 저장

저장은 입력자극에 대하여 부호화 처리된 정보를 표상으로 기억에 담아두는 것을 지칭한다. 어떤 기억 저장고에 사진을 저장하듯 저장한다기보다는 기억 관련 여러 신경단위들 사이의 연결강도 등의 전체적 패턴의 변화 형태로 저장된다고 볼 수 있다. 인지심리학에서는 기억의 저장은 부호화 처리의 함수라고 보아서 저장 과정의 경과 과정을 별도로 다루어 논하지 않고 부호화 과정, 인출 과정 중심으로 논한다.

● 인출

인출은 저장했던 것을 기계적으로 되 꺼내는 것이 아니라 주어진 단서를 근거로 해서 그에 대한 정보를 재구성하여 꺼내는 과정이다. 앞서 언급한 것처럼 통계적(의사) 결정이 일어난다고 볼 수 있다. 성공적으로 인출하기 위한 조건이 몇 가지 있다. 기억 인출이 성공하기 위해서는 충분한 인출단서가 있어야 하는데, 집어넣을 때와 꺼낼 때의 단서가 합치될수록 인출이 잘 된다. 기억내용과 단서가 간섭이 적을수록 인출이 잘 된다.

● 메타기억 과정

메타기억 과정이란 기억 과정의 흐름 전체를 점검, 제어, 모니터링하는(self-monitoring) 기억과정이다. 이는 작업기억의 중앙집행기가 주로 개입된다고 볼 수 있다. 메타기억 과정이 잘 진행되는 사람일수록 인지적 관리, 전략 기능이 좋다고 할 수 있다.

● 망각

기억에서 왜 망각이 일어나는가에 대한 여러 이론이 제기되어왔다. 이 이론들 중에서 가장 두드러진 이론을 중심으로 장기기억에서의 망각의 원인을 살펴보자.

〈쇠잔 이론〉

쇠잔 또는 부식(decay) 이론이라 하는 이 이론에 의하면 기억흔적이 일단 형성된 후에 기억흔적을 담당하는 신경체계의 변화에 의해 망각이 이루어진다고 본다. 쇠잔 이론은 기억흔적의 신경세포들은 활용이 안 되면 화학적 변화에 따라 점진적으로 쇠퇴해간다고 본다. 그러나 이러한 주장은 심리학 실험에 의해 반박되었다. 만약 이 이론이 맞는다면, 활용되지 않은 정보에 대한 기억은 단순히 학습 후 경과된 시간의 함수로 망각되어야지, 학습 후 일정한 기간이 낮이었느냐, 밤이었느냐에 따라 달라지지 않아야 한다. 그런데 심리학 실험 결과, 일정한 자료를 학습하고 경과한 일정한 기억 보유기간이 낮이었을 경우가 밤이었을 경우보다 회상하는 정도가 떨어졌다. 이는 망각이 단순히 시간경과에 따른 신경계의 자연쇠퇴현상이 아니라 다른 자극에 의한 간섭 때문이었을 가능성을 시사해준다.

〈간섭(interference) 이론〉

로프터스와 잔니(Loftus & Zanni, 1977)는 심리학 실험을 통하여, 재판을 위해 원고나 피고나 증인을 재판 이전에 예비 심문하는 과정에서 변호사나 검사가 질문에 도입했던 내용이 이들의 기억을 변화시킨다는 것을 경험적으로 밝혔다. 후속 질문이 원래의 기억 내용의 기억을 떨어뜨린 것이다. 그렇다면 새 정보가 옛 정보를 완전히 대치한 것일까? 그런 것은 아닌 것 같다. 새로 추가된 정보가 이전(옳은) 정보를 대치하거나 변화시킨다기보다는, 옛 정보의 인출을 더 어렵게 해서 기억이 잘 안 된다는 것이 간섭 이론이다. 즉 유사한 자극정보를 새로 학습하면 옛것과 간섭이 일어나 망각을 일으킨다는 것이다. 일반적으로 일화기억은 쉽게 간섭의 영향을 받아 망각되나, 의미기억 즉 일반 지식에 대한 기억은 간섭의 영향을 덜 받는 것으로 밝혀졌다.

〈단서 의존적 기억(망각) 이론〉

위의 두 기억 이론은 앞서 진술한 기억의 관점 중에서 밀랍 비유 중심의 행동주의적 입장에서 제기된 이론이었다. 이 이론들은 망각을 기억손실로 생각한 것이다. 그러나 정보처리 이론에서는 망각을 '사라짐' 또는 '부식'으로 간주하지 않는다. 망각이란 단지 그 정보의 인출 실패에 지나지 않는다고 본다. 장기 기억에 한번 저장한 정보는 영구적으로 저장되며, 기억이 본질적으로 구성해 넣고 또 재구성해내는 역동적인 구성 과정이라 한다면, 장기기억에서의 망각이란 인출, 즉 부호화(학습)했을(encoding) 때의 단서들과 일치하지 않기 때문에 일어나는 현상이라 할 수 있다. 이러한 이론을 '단서 의존적 기억 이론' 또는 '단서 의존적 망각(cuedependent forgetting) 이론'이라 한다.

단서 의존적 기억 이론은 툴빙과 톰프슨(Tulbing & Thompson, 1973)에 의해서 '부호화 특수성 이론(encoding specificity principle)'으로 처음 등장하였고, 후에 이 이론은 '부호화 합치성 원리'라는 이론으로 발전하였다. 부호화 합치성 이론은 인출단서와 학습(부호화) 단서가 같아야 기억이 잘 된다고 본다. 부호화할 때에 활용되었던 단서들이 인출할 때에 다시 제시되어야 회상이나 재인이 가능하다는 것이다. 즉 '단서-기억할 내용'의 관계가 학습(부호화)할 때 기억에 저장되어 있어야 하고, 인출할 때 이 단서들이 다시 제시되거나 생성되어야 한 다는 것이다. 이때 단서란 목표자극이 제시되었던 당시의 피실험자 내의 그리고 밖의 환경의 모든 맥락적 정보들을 다 포함한다. 툴빙과 그 동료들은 이 이론을 지지하는 여러 실험 결과를 제시하였나.

〈응고(consolidation) 이론〉

다른 경험 자극에 의하여 간섭을 받거나 단서나 맥락의존적 망각이 아니어도 망각이 일어날 수 있다. 시간이 경과함에 따라 망각이 진행되는 현상은 간섭이론이나 맥락의존적 망각 이론으로 충분히 설명하기 힘들다. 이 두 이론보다는 쇠잔이론을 보완하는 이론으로 제시되어 시간 경과에 따른 망각 현상을 설명하는 이론으로 제시된 것이 응고이론이다(Wixted, 2004). 기억에서의 응고란, 경험의 결과로 뇌의 해마에서 후시냅스 뉴런들의 신경적 발화 가능성이 급격히 변화하고 이 변화가 오랫동안 지속되어 장기기억을 가능하게 하는 것이다. 새로 형성된 기억 정보는 응고가 덜 되어서 쉽게 망각하는 한편, 오래된 정보는 희미하기는 하지만 쉽게 잊혀지지 않는다는 것이다. 이 이론은 망각 곡선의 초기에 급격히 기억율이 떨어지는 현상이나 후행성 기억상실증을 쉽게 설명해 준다. 그러나 이 이론은 응고가 일어나는 세부과정을 제시하지 못하며, 다른 요인의 개입 가능성을 배제할 수 없기에 망각을 설명하기에 충분한 이론은 못 된다.

● 학습과 기억에 대하여

앞에서도 말했듯이 기억은 계속 변화하기에 왜곡과 오류의 여지가 많다. 기억은 학습과 이해와 의식을 한데 모으는 구심력이며 자아감 구성의 핵심요소이다. 기억은 형성시부터 주관성과 임의적 요소가 강하고, 항상 변화와 수정을 거치기 때문에 왜곡의 여지가 많다.

첫째, 기억에 오류가 생기는 요인들은 주관성과 상황적 요인의 영향, 왜곡이 있다. 주관성은 개인의 주관적 지각과 정서나 동기 등을 반영한다는 것이다. 일회성 외상적 사건에 대한 기억을 예로 들 수 있는데 911 사건에 대한 기억이 현장에 있었던 사람과 그렇지 않은 사람 간의 차이는 바로 경험에 대한 주관성이 기억을 형성하고 있는 것으로 해석할 수 있다.

둘째 상황적 혹은 일시적 요인의 영향은 기억을 형성하는 경우와 인출하는 경우 모두에 해당된다. 어두운 장소에서 자라를 보고 놀라는 상황에서 자라에 대한 좋지 못한 기억들이 왜곡되어 형성되고, 또 다른 어두운 장소에서 솥뚜껑을 보고 이전에 자라를 보고 형성된 좋지 못한 기억이 왜곡되어 인출되는 경우가 이러한 예이다. '자라 보고 놀란 가슴 솥뚜껑 보고 놀란다'는 속담이 여기에 해당한다.

셋째, 왜곡현상으로 기억이 형성된 이후의 개인이 하는 경험들이 기억을 끊임없이 수정하는데 이때 기억은 강화되거나 약화될 수 있고 왜곡 등 변화를 겪는다. 경험이 형성될 때에는 사실기억과 그에 대한 감정기억이 동시에 이루어지게 된다. 이후에 그 기억이 인출되는 상황에서 감정기억이 강렬할수록 먼저 인출되기 때문에 객관적인 사실기억을 불가능하게 한다. 자기주도적인 학습습관을 가지고 장기적으로 학습하기를 원한다면 학습경험에 대한 좋은 감정기억이 선행되어야 하는 이유가 바로 여기에 있다.

정보처리이론에서 학습의 과정과 기억

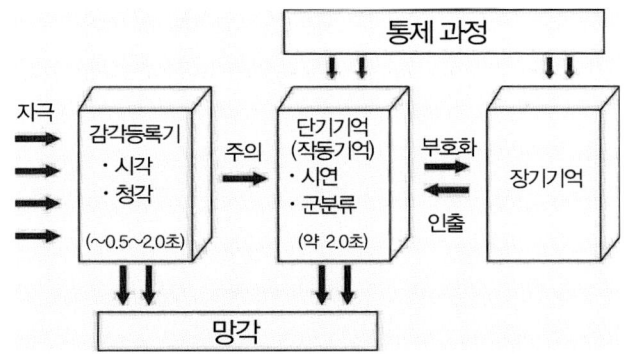

감각등록기: 시각과 청각의 감각기관에 자극이 들어온다. 시각정보는 1초에 수만 개의 시각정보가 감각등록기에 들어오지만 기억하는 것은 겨우 2~3개 정도이다. 즉, 대부분의 자극은 보고 들었다는 사실조차 기억하지 못할 정도이다.

지각: 감각등록기에 들어온 수많은 시각정보와 청각정보 중 주의를 통해 들어온 자극에 개인의 의미와 해석을 부여하는 과정이다. 수많은 입력되는 정보 중에서 어떤 정보에 주의를 기울이는가? 대부분 자신에게 의미 있는 정보이다. 학습은 본능적으로 의미 있는 정보에 주의를 기울이는 것이 아니라, 주의를 기울이는 대상을 선택하는 과정으로 시작된다.

시연: 소리 내어 읽거나 속으로 되풀이하여 반복을 통해 파지, 전이하는 과정으로 어떤 자극이 사라지기 전에 그 자극을 활성화하여 '새롭게' 하는 것이다. 이름을 외울 때 반복해서 '홍길동 홍길동, 홍길……'하는 것이다. 시연이 없이도 길거리에 잠깐 스쳐 지나간 예쁜 여자의 스커트가 어떤 색깔이었는지는 쉽게 기억할 수 있다. 이것은 본능에 의한 감각정서를 자극받기 때문이다. 그러나 처음 만난 사람의 이름을 기억하려 하거나, 무의미한 수나 철자들을 기억하려면 열심히 노력하는 시연을 거쳐야 한다. 파지는 경험에서 얻은 정보를 유지하고 있는 작용이며, 전이는 앞에서 행한 학습이 나중 학습의 효과에 영향을 주는 것을 의미한다. 나중 학습을 촉진하는 경우를 양의 전이라 하고 방해하거나 억제하는 경우를 음의 전이라 한다.

부호화: 장기기억 속에 존재하고 있는 기존의 정보에 새로운 정보를 연결하거나 연합하는 과정이다.

인출: 장기기억에서 정보를 찾는 탐색 과정으로 이용 가능성과 접근성이 높을 때 효율적임

> ## 기억의 비밀

① 뇌 속의 정보와 새로운 정보를 연결

교육학에서 흔히 완전학습이라는 용어를 사용한다. 교사의 입장에서 보는 완전학습과 학생의 입장에서 보는 완전학습은 다른 개념으로 받아들여질 것이다. 모든 학생의 학습목표는 완전학습일 수 있으며, 여기서 말하는 완전학습이란 완전한 이해와 완전한 기억을 의미

할 것이다. 두뇌의 입장에서 보면 이해한다는 것은 이미 알고 있는 배경지식, 즉 스키마와 새로 들어오는 신지식의 관계를 파악하는 행위이다. 배경지식이 적은 분야의 새로운 지식을 학습할 때 인지적 부하가 많은 것은 이러한 이유 때문이다. 기억을 한다는 것은 기존에 있는 지식과 새로운 지식 간에 관계를 짓는 정신행동이라 할 수 있다. 전혀 새로운 내용의 지식이 들어오더라도 인간은 기존에 알고 있는 정보를 자원으로 새로운 지식을 이해할 수밖에 없기 때문이다.

○ 생각해 보기

• 나는 이해와 기억 중 어느 부분이 부족한가?

• 나는 수업내용의 몇 %나 이해를 하고 넘어가는가?

• 나는 이해한 내용의 몇 %나 이해를 하고 넘어가는가?

• 나는 암기한 내용 중 필요할 때 몇 %나 기억할 수 있는가?

② 교과서를 읽고 요약하면 장기기억 된다

교과서에 있는 내용을 학습하는 것은 글로 쓰인 정보를 읽고 이해하여 기억하는 과정이다. 소설과 달리 교과서는 정보전달을 목적으로 하기 때문에 객관적인 용어로 진술하고 문단마다 전달하고자 하는 핵심내용이 분명히 있으며 적은 분량의 핵심내용을 설명하기 위해 많은 주변 정보들을 제시한다. 시중에 판매되는 과학, 사회, 국어 등의 참고서를 보면 핵심이 되는 내용만을 요약하여 제시하고 있는 것을 볼 수 있다. 교과서를 집필하는 저자는 분명 핵심내용을 이해하기 위하여 읽어야 할 주변 지식을 제시하였는데, 이미 요약된 핵심내용만을 읽고 이해한다는 것은 너무나도 어려운 과제이다. 교과서를 읽고 핵심내용을 요약하는 자체로도 이미 학습이 이루어지고 장기기억으로 많은 정보가 넘어간다는 사실을 명심해야 한다.

③ 잘 정리하여 저장하면 잘 기억난다

서랍장에 옷가지를 정리할 때, 속옷, 양말, 가벼운 티셔츠 등을 칸칸이 나누어 넣으면 기억하기에 좋고 꺼내어 입을 때에도 효율적이다. 반면 한 서랍에 이것저것을 섞어 넣은 후 꺼낼 때에는 더 많은 두뇌 자원을 사용함에도 불구하고 더 효율적이지 않다. 학습에서도 마찬가지이다. 새로운 지식을 뇌에 저장할 때 스스로 기억할 수 있는 형태로 부호화 하여 저장하면 지식이 필요하여 인출하려 할 때, 두뇌 활용을 적게 하고도 쉽게 인출될 수 있다. 지식을 잘 정리하여 저장한다는 것은 마인드맵이나 로직 트리를 활용한다든지 이후에 나오는 적절한 단서를 활용한 기억전략을 활용하는 것이 된다.

④ 감정으로 느끼면 기억이 잘 된다

기억을 할 때 사실기억과 감정기억이 함께 이루어지며 강한 감정기억은 사실기억에 많은 영향을 미친다. 공부를 하면서 좋은 감정기억을 만드는 것은 의식적인 훈련에 의한 습관화가 되어야 가능한 것이다. 좋지 못한 감정상태에서 학습을 반복하는 것은 장기적으로 학습에 긍정적 영향을 미치지 않을 뿐 아니라 성인이 된 이후의 자기주도적 삶에도 좋지 못하다. 학습을 하기 전에 학습에 대한 좋은 감정을 갖도록 스스로 조절하려는 노력을 해 보자. 행복해서 웃는 것이 아니라 웃기 때문에 행복하듯이, 학습이 좋아서 좋은 감정을 갖는 게 아니라 좋은 감정을 갖도록 의식적 노력을 하다 보면 학습의 과정이 좋아질 수 있다. 인간의 사고는 언어에 98% 영향을 받으며, 서로 연결된 시스템이기 때문이다. 가장 자연스럽고 쉽게 기억되는 것은 감정과 관련된 것이 많지 않은가?

⑤ **좌뇌와 우뇌를 함께 사용한다**

흔히 좌뇌를 언어의 뇌 우뇌를 이미지의 뇌라 한다. 좌뇌와 우뇌가 다른 기능을 수행하는 것처럼 보이기도 하지만 뇌량으로 연결되어 있어 양쪽 뇌가 강하게 정보를 교류하는 것이 중요하다는 것은 이미 잘 알려진 사실이다. 문자로 된 학습내용을 잘 이해하고 이것을 이미지로 표현하여 기억하는 윈도 패닝, 마인드맵, 로직 트리 전략을 적극 활용하면 쉽고 재미있고 장기적으로 기억할 수 있는 비결이 된다.

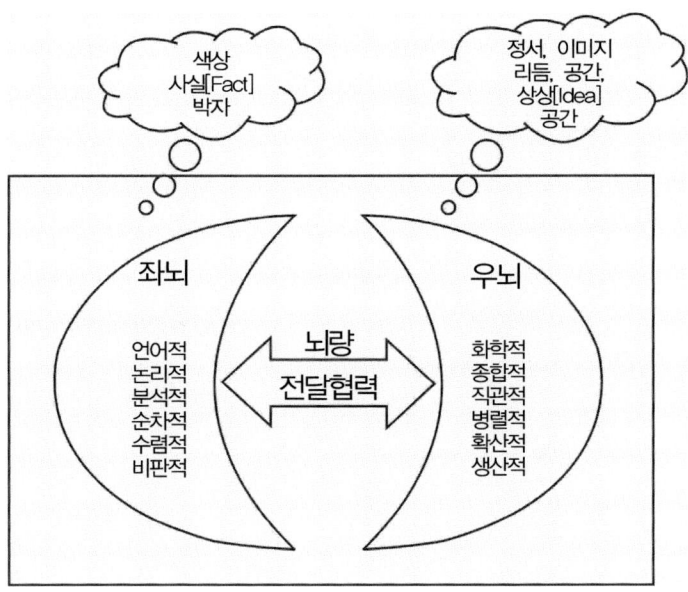

⑥ 기억력 향상 전략을 익히고 활용하라

두뇌가 새로운 정보를 입력하고 유지하다가 적절하게 인출하는 방식에 따른 기억력 향상 전략을 익히고 활용하라는 것이다. 반복해서 읽고, 생각하고, 소리 내어 말하는 활동인 시연, 특정 기준으로 분류하여 체계화하는 조직화 과정, 서로 떨어져 있는 두 가지 이상에 의미를 부여해서 연결하는 정교화 과정, 이미 저장된 정보를 더 잘 인출하기 위해 인출 단서 등을 활용하는 인출 과정이 있다.

▶ 기억의 한계

기억은 단기기억과 장기기억의 두 가지 종류가 있고, 기억을 잘한다는 것은 단기기억에 있는 내용을 장기기억으로 효과적으로 넘어가게 한다는 것이다. 단기기억에 있는 정보는 특별한 노력을 해야만 장기기억으로 넘어가게 된다. 기억이란 원래 좋은 것보다는 좋지 않은 내용을 더 잘 기억한다. 왜냐하면 이후에 좋지 못한 상황을 피하기 위한 동물적인 감각 때문이다. 학습은 본능에 의하기보다는 의식적인 노력으로 기억할 내용을 선택하고 올바른 전략을 활용해야 유지될 수 있다. 인간에게 있어 기억은 유쾌한 자극을 반복하고 불유쾌한 자극을 회피하기 위한 수단이며, 중요하지 않은 자극에 대하여 그냥 두면 '망각'되어 버린다.

독일의 심리학자인 헤르만 에빙하우스(1855~1909)는 16년에 걸쳐 인간의 망각실험을 했다. 에빙하우스의 망각곡선 실험에서 인간은 기억한 것의 대략 반은 불과 1시간 내에 잊어버리고, 하루에는 70%, 그리고 1개월에 약 80%를 잊어버린다. 그러므로 인간의 건망은 오히려 당연한 듯하다. 그러나 반대로 1개월이 지나도 반대로 무의미한 것까지 20%나 기억하고 있다는 사실을 알아야 한다. 그런데 이 20%의 기억을 60~80%로 높일 수는 없을까? 그것이 가능하다면 우리는 "기억에 대한 고민"에서 해방될 수 있다. 에빙하우스는 여러 실험을 통해 반복하는 것의 효과는 같은 횟수라면 "한 번 종합하여 반복하는 것"보다 "일정 시간의 범위에 분산 반복"하는 편이 훨씬 더 기억에 효과적이라는 사실을 알아냈다.

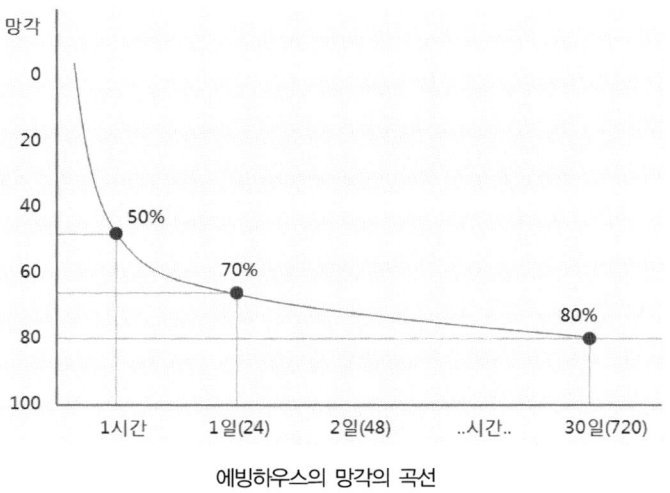

에빙하우스의 망각의 곡선

15~20개 정도의 명사를 일정한 간격으로 불러주고 다 부른 후 기억하게 한다면, 대부분의 사람들은 그중 7개에서 9개 정도만을 기억하게 된다. 신기하리만치 똑같이 나타나는 이러한 기억의 개수를 기억을 연구하는 심리학자들은 이 숫자를 **마법의 숫자 7±2(magic** number 7±2)"라고 한다. 마법의 숫자는 단기기억 혹은 작업기억에서 처리용량에 한계가 있으며 동시에 처리 가능한 수는 7±2개, 즉 5~9개이다.

우리가 전화번호를 외울 때 000-0000으로 끊어서 외우는 것도, 조선시대 임금의 이름을 '태종태세/문단세'의 식으로 암기하는 것도 같은 이유에서이다. 또한 교과서의 구조를 보면 장-절-항-소 각 요소의 수 심지어 문단의 수 또한 5~9의 범위를 넘어서지 않는 것도 마찬가지이다.

● 기억력 향상 훈련 방법

학습에서 기억해야 할 대상은 숫자, 단어, 많은 내용으로 구분하여 생각할 수 있으며, 다음과 같은 구체적인 방법들을 활용하여 기억력을 향상할 수 있다.

① 사진 기억하기
시각적 심상화 훈련에 앞선 워밍업 활동

② 시각적 심상화 전략
텍스트를 이미지로 바꾸어 기억하는 전략

③ 첫 글자로 기억하기
텍스트의 주요 내용을 요약한 후 첫 글자만 외우는 전략

④ **짧은 글로 기억하기**

텍스트의 주요 내용을 요약한 후 핵심어를 포함한 짧은 글을 지어 외우는 전략

⑤ **많은 내용 기억하기**

문단별로 (핵심어)로 요약하고, (핵심어)를 연결하는 전략

⑥ **숫자 기억하기**

많은 숫자에 (의미)를 부여하여 외우는 전략

⑦ **우뇌, 좌뇌 활용방법(창의적 사고 훈련법)**
- 윈도 패닝 방법: 총 9개의 윈도에 개념을 이미지화하여 외우는 전략
- 마인드맵 방법: 개념과 다른 개념 간의 관계를 그림으로 그리면서 외우는 전략

➤ **사진 기억하기**

이 방법은 시각적 감각기관의 능력을 키워주는 활동이다. 시각 감각기관의 능력이 떨어지면 시각적 학습자료에 대하여 선택적 집중을 할 수 없어져 무엇을 보았는지조차 기억할 수 없게 된다. 방법은 흔히 볼 수 있는 그림을 보고 이와 관련한 지문을 보거나 들으면서 답을 한다.

○ 사진 기억하기 퀴즈

- 영어 책이 있었다?

- 주스가 가득 담겨 있었다?

- 시각은 4시에서 5시 사이였다?

- 안경은 뿔테였다?

- 네모 모양의 연필꽂이였다?

이 방법은 학습된 무기력 학생이나 집중력이 좋지 않은 학생들 혹은 저학년을 대상으로 하면 좋은 훈련 방법이다.

▶ 시각적 심상 전략

시각적 심상 전략은 텍스트를 이미지로 바꾸어 기억하는 전략으로 우스꽝스럽거나 과장된 그림일수록 기억에 도움이 된다.

훈련의 단계

① 텍스트를 머릿속으로 이미지로 떠올려 보기. 이때 가능한 자세하고 생생하게 기억하는 것이 중요하다.

② 머릿속에 떠올린 이미지를 종이에 그려 보기

③ 그려져 있는 그림을 보고 텍스트 기억하기

○ 시각적 심상 전략 연습

1단계: 가능한 자세하고 생생하게 이미지로 기억하기

① 잔디 구장에 축구를 하는 친구 두 명이 공을 차고 있습니다.

② 푸른 바다 위를 엄마, 아빠, 아기 돌고래가 점프를 하고 있습니다.

③ 건물 1층에는 서점, 2층에는 커피숍, 3층에는 피아노 학원, 4층에는 독서실이 있습니다.

2단계: 머릿속에 떠올린 이미지를 종이에 그려 보기

①   ②   ③

3단계: 그려져 있는 그림을 보고 텍스트 기억하기

①

②

③

▶ 첫 글자로 기억하기

첫 글자로 기억하기는 흔히 하는 방식이다. 단어, 문자 등의 첫 글자만 따서 기억하는 전략으로 간단한 멜로디나 리듬을 더하기도 할 수 있다.

예를 들어 무지개 색깔을 "빨주노초파남보"로 외운다거나, 조선시대 왕 이름을 "태종태세 문단세 예성연중 인명선~~~"으로 암기하는 방식이다.

첫 글자로 기억하기 단계

① 텍스트 요약하기

② 첫 글자 연결해서 열거하기

③ 첫 글자 암기하기

④ 텍스트 기억 여부 확인하기

○ 첫 글자로 기억하기 1

태양으로부터 가장 거리가 먼 행성은 해왕성이고 가장 가까운 행성은 수성이다. 지구는 그 사이에 있다.

① 텍스트 요약
태양으로부터 떨어진 거리: 수성 〈 지구 〈 해왕성

② 첫 글자 연결
수, 지, 해

③ 암기하기

④ 기억 여부 확인
태양으로부터 떨어진 거리: 수성 〈 지구 〈 해왕성

○ 첫 글자로 기억하기 2

한복은 속옷부터 제대로 갖춰 입어야 한다. 여자가 한복을 입을 때는 먼저 속바지를 입은 다음 그 위에 속치마를 입은 후 속저고리를 입는다. 그런 다음 버선을 신고 겉치마를 입는다. 마지막으로 저고리를 입고 고름을 매면 된다.

① 텍스트 요약
여자 한복 입는 순서: 속바지 → 속치마 → 속저고리 → 버선 → 겉치마 → 저고리 → 고름

② 첫 글자 연결
속바속치속저버 겉치저고
※ 글자 수가 많은 경우 3~4개를 끊어서 외워라.

③ 암기하기

④ 기억 여부 확인

이때 직접 요약하지 않은 경우, 암기 능력이 많이 떨어진다.

▶ 짧은 글로 기억하기

첫 글자만 가지고는 **핵심어**를 반영하기 어려운 경우에 활용하면 좋은 방식으로 핵심 내용을 기억하기 쉽게 짧은 이야기를 만드는 전략이다. 이때 내용이 비논리적이거나 우스꽝스러워도 무방하다. 내용이 더 복잡할 경우에 사용하며 짧은 글을 그림으로 표현하여 외우는 방법도 좋다.

짧은 글로 기억하기 단계

① 텍스트 요약하기

② 핵심어로 짧은 글 짓기

③ 짧은 글로 암기하기

④ 텍스트 기억 여부 확인하기

○ 짧은 글로 기억하기 1

대표적인 고전파 시대 작곡가는 하이든, 모차르트, 베토벤이 있다.

① 텍스트 요약
고전파 작곡가: 하이든, 모차르트, 베토벤

② 핵심어로 짧은 글짓기
고전 무용은 **하이**힐에 **모**자를 쓰는 의상 **배**치를 해서는 영 어색하다

③ 암기하기

④ 기억 여부 확인

※ 제시되어 있는 것을 외우는 것은 편하지만, 새로운 것을 만드는 것을 힘들어하는 경우는 굳이 하지 않는 것이 좋다.

○ 짧은 글로 기억하기 2

우리나라 헌법은 국민의 신체적 자유, 언론의 자유, 거주이전의 자유, 직업선택의 자유, 학문의 자유, 종교의 자유를 보장한다.

① 테스트 요약
우리나라 헌법이 보장하는 국민의 자유: 신체적, 언론, 거주이전, 직업선택, 학문, 종교

② 핵심어로 짧은 글 짓기
언제나 **거**지들은 **신**발을 벗은 채로, **직**장이나 대**학문** 앞에서 **종**소리를 내면서 구걸을 하고 있다.

③ 암기하기

④ 기억 여부 확인

➤ 문단별로 핵심어 연결하여 기억하기

○ 문단별로 핵심어 연결하여 기억하기
- 많은 내용은 문단별로 핵심어를 요약하고, 핵심어를 연결하여 기억하기

○ 문단별로 핵심어 연결하여 기억하기 단계

① 문단별로 요약하기 - 핵심어

② 핵심어를 연결하기

③ 핵심어 연결하여 암기하기

④ 내용 기억 여부 확인하기

달라진 세상

우리 할아버지가 나만큼 어렸을 적에
손목시계는 어른들만 차는 거였대

우리 아빠가 나만큼 어렸을 적에
넥타이는 어른들만 매는 거였대

그런데 지금 난
손목시계 차고 넥타이를 매고
멋진 양복을 입었다.

할아버지와 아빠는 말씀하신다.
세상 참 많이 변했다.

① 문단별로 요약하기 - 핵심어
할아버지 손목시계 - 아빠 넥타이 - 나 손목시계, 넥타이, 멋진 양복 - 세상 참 많이
변했다.

② 핵심어를 연결하기
손목시계 - 넥타이 - 손목시계, 넥타이, 멋진 양복 - 세상 참 많이 변했다.

③ 암기하기

④ 기억 여부 확인하여 써보기

➤ 숫자암기

숫자를 암기하는 방법은 개인마다 자신마다 맞는 방법이 있을 것
이다. 다음의 예를 보고
자신의 숫자암기 방법에 대하여 생각해 보자

- 백제 멸망한 해: 660년
- 고구려 멸망한 해: 668년

역사나 사회 과목의 경우 비슷한 숫자를 외워야 할 경우가 많이 있다. 그냥 숫자만을 반복하여 암기하였다면 1~2개월 후에는 헷갈리게 되어 잊어버리게 된다. 숫자를 암기할 때에 자신만의 의미를 부여해 둔다면 장기기억에 저장되어 평생 동안 필요할 때 인출 가능한 기억이 될 것이다.

다음의 예를 보자

숫자 1, 2, 3……을 나열하고 각 숫자에 ㄱ, ㄴ, ㄷ……을 나열한다. 1기, 2념, 3대, 4리 등으로 의미를 부여한다.

1	2	3	4	5	6	7	8	9	0
ㄱ	ㄴ	ㄷ	ㄹ	ㅁ	ㅂ	ㅅ	ㅇ	ㅈ	ㅊ
ㅋ	ㅌ	ㅍ							

- 백제 멸망한 해: 660년   ㅂ ㅂ ㅊ → 붕붕차로 기억
- 고구려 멸망한 해: 668년   ㅂ ㅂ ㅇ → 빵으로 기억

단. 숫자로 된 모든 것에 적용하기보다는 잘 기억되지 않는 특별한 경우에만 적용하는 것이 좋다.

➤ 많은 단어 암기

많은 단어를 암기하는 방법으로는 범주화, 심상법, 노래법, 약어법, 머리글자 활용법 등이 있다.

○ 다음의 단어들을 1분간 암기해 보자.

연필	노트	레드	아카시아	퍼즐	상추
진달래	옐로우	개나리	레고	블루	미끄럼틀
버섯	만화책	마늘	블랙	그린	자
축구공	체스	필통	백합	호박	수선화

자신은 어떤 방식으로 암기하였는가?

범주화(=묶어서 외우기, 집합 만들기)

연필	노트	레드	아카시아
퍼즐	상추	진달래	옐로우
개나리	레고	블루	미끄럼틀
버섯	만화책	마늘	블랙
그린	자	축구공	체스
필통	백합	호박	수선화

위의 단어들을 범주화하여 나열한 다음 암기한다.

[집합 1] <u>학용품: 연필, 필통, 노트, 자 (4)</u>

[집합 2] <u>꽃: 개나리, 백합, 진달래, 아카시아, 수선화 (5)</u>

[집합 3] <u>색깔: 그린, 레드, 블루, 옐로우, 블랙 (5)</u>

[집합 4] <u>놀이와 게임: 퍼즐, 레고, 만화책, 축구공, 미끄럼틀, 체스 (6)</u>

[집합 5] <u>채소: 버섯, 상추, 마늘, 호박 (4)</u>

▶ 윈도 패닝 기법(좌뇌 + 우뇌 활용법)

마법의 숫자 7±2의 최대 숫자가 9개이므로 최대의 창을 9개로 준비한다. 창틀에 최대 9개의 창이 있다고 생각하고, 각 창에 이미지와 문자를 채워 기억하는 방법이다.

○ **다음의 내용을 암기해 보자.**

오래 기억되는 것들
① 제일 먼저 본 것
② 제일 나중에 본 것
③ 조각으로 나누어 7±2
④ 연결 : 새로운 지식 + 알고 있는 지식
⑤ 기록과 상기 : 고개를 끄덕이고 머릿속에 생각해 보기 등
⑥ 복습과 점검(간격을 두고 6번)
　　→ 6번 복습하면 장기기억에 넘어감
⑦ 특이한 것

자신은 어떤 방법으로 암기하였는지 생각해 보자.

윈도 패닝 기법으로 해보기

① 전체 9칸에서 암기해야 할 항목을 제외한 수만큼 ×로 표시한다.

제일 먼저 본 것	제일 나중에 본 것	조각으로 나누어 7±2
연결: 새로운 지식 + 알고 있는 지식	기록과 상기	복습과 점검 (간격을 두고 6번)
✕	특이한 것	✕

② 적당한 이미지로 그려 넣는다. 뇌가 의미를 부여하는 것으로 부호화라 한다.

▶ 개념도(=마인드맵) 방법

글을 그림의 형식으로 조직화하여 기억하는 방법이다.

○ 다음의 문장에 대해 생각해 보자.

성공의 조건에는 인격, 사고능력, 지식, 자기관리가 있다. 각 조건에 대하여는 ~~~.

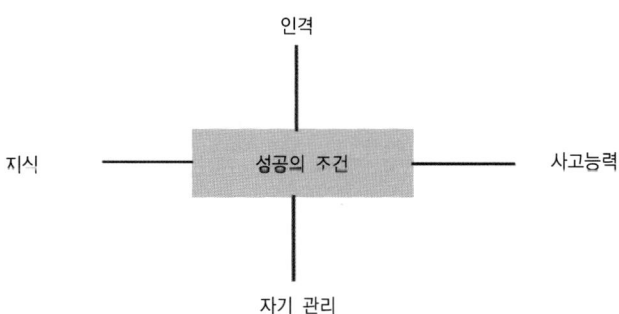

○ 다음 내용을 읽고 개념도를 그려보자.

> 제주도 한라산을 중심으로 하는 하나의 커다란 화산섬으로 용암 동굴과 기생 화산 등 다양한 화산 지형이 발달하였다. 한라산 중턱에는 완만한 경사지가 나타나는데, 이곳에 발달한 넓은 초지를 이용하여 소 말 등을 기르는 목축업이 발달되어 있다.
> 한편 지표는 화산암으로 덮여 있고, 비가 오면 암석이 갈라진 틈으로 물이 스며들어 물이 부족하기 때문에 경지에서는 주로 밭농사를 짓는다. 스며든 지하수는 해안 가까이에서 샘으로 솟아나기 때문에 대부분의 마을은 물을 얻기 쉬운 해안에 위치한다.
> 제주도 연안에는 난류가 흐르고 있어 연평균 기온이 높고, 강수량이 풍부하다. 1월 평균기온이 4~6℃로 겨울이 따뜻하여 감귤, 파인애플 등 열대성 작물을 재배할 수 있다.
> [출처: 중2 국어 교과서]

● 두뇌의 기억용량 향상을 위해 평상시에 워킹 메모리를 활성화하라.

'작업 기억' 혹은 '작동 기억'이라고도 불리는 워킹 메모리는 우리가 적극적으로 집중하여 사용하는 기억력을 말한다. 바꿔 말하면 머릿속에 입력된 정보를 지속적으로 기억하면서 필요할 때 원하는 정보만을 떠올려 적절히 조합하고 저장해 문제를 해결하는 능력을 말한다.

워킹 메모리는 전두엽이라는 뇌의 기능으로 전두엽은 기억력/사고력을 관장하고 행동이나 감정을 제어하며 커뮤니케이션을 담당한다. 또한 인간의 뇌 중 가장 늦게까지 발달하며, 컴퓨터게임이나 TV에 중독되면 전두엽 발달에 치명적인 영향을 미친다.

➤ 워킹 메모리 훈련법 1: 단어 거꾸로 말하기

[활동] 임의의 단어를 말해주면 학생은 단어를 거꾸로 말하게 한다.

이 활동은 언제나 어디서나 쉽게 할 수 있으며 집중력 향상에도 도움이 된다.

예를 들어 보자

A: 학습코치

학생: 치 코 습 학

점점 더 많은 글자로 이루어진 단어로 훈련하면 된다.

A: 워킹 메모리

학생: 리모메 킹워

➤ 워킹 메모리 훈련법 2: 카드 맞추기

- 무작위로 카드 4~7장을 선택한다.
- 30초간 숫자를 외운다.
- 카드를 뒤집는다.
- 반대방향 혹은 정방향으로 맞춘다.

이때 학생들은 머릿속에 이미지를 띄우고 3~4개씩 끊어서 외우는 방법으로 훈련한다.

- 앞으로 4개를 순서대로 말하시오.
- 뒤에서 4개를 순서대로 말하시오.

CHAPTER

9

수업 전·중·후
전략

한 개인의 **학습력은 인지능력, 정서능력, 행동능력, 초인지능력의 집합**체이다.

구성요소	내용
인지능력	지능, 정보처리능력(이해력+기억력+표현력), 지식통합능력(필기), 주의집중
정서능력	동기, 주의집중
행동능력	자기통제력, 자기관리
초인지능력	자신의 생각을 관찰하고 평가하는 능력

● 3·3 정보처리학습법

▶ 자기조절학습전략의 이해

자기조절학습능력(Self-Regulated Learning)이란 학습자가 학습을 효과적으로 수행하고 유지하기 위해 계획하고 실행하며, 결과를 변환시키는 능력을 의미한다. 자기통제학습, 자기 조정학습, 자기규제학습, 자기조절학습 등의 용어로 사용된다. 자기조절학습은 제시된 자료를 지각하고 저장하고 인출하는 능력인 인지능력과 과제의 성질, 상황 등을 고려해 학습 전략을 세우는 초인지적 능력, 동기적 능력, 행동적 능력을 모두 포함한다(Pintrich & De Groot, 1990; Zimmerman, 1989).

자기조절학습의 구성요소는 각 이론을 지향하는 학자들마다 다소 차이가 있다. Corno(1986)는 주의통제, 부호화 통제, 정보처리 통제, 정서 통제, 동기 통제, 환경통제로 보았다. Zimmerman(1986)은 자기 평가, 정보의 조직화와 변형, 목표설정과 계획, 정보탐색, 계속적인 기록과 감찰, 학습환경조성, 자기보상 및 처벌, 정보의 반복과 암기, 사회적 도움, 복습의 14가지로 구분하였다. 이 책에서는 양명희(2000)가 타당화한 모형에 따라 설명하였다.

문항
노트나 교과서를 소리 내서 외운다.
나는 공부할 때 될 수 있으면 많은 내용을 기억하려고 노력한다.
공부를 할 때 교과서, 노트를 읽고 또 읽는다.
공부를 할 때 될 수 있는 한 많이 외우려 한다.
인지-인지전략-시연
나는 중요한 개념이 있으면 쉬운 말로 풀어 본다.

나는 주요 개념을 공부할 때는 이를 내 말로 바꾸어 본다.

새로운 내용을 배울 때는 그것과 관련된 상황을 머릿속으로 상상해 보면서 이해한다.

나는 학습내용을 실생활과 관련지어 공부한다.

나는 새로운 개념을 배울 때는 이해하기 쉽도록 구체적인 예를 떠올려본다.

어떤 주제를 공부할 때 내가 지금까지 알고 있는 것과 관련성을 찾아본다.

교과서나 참고서를 읽을 때는 읽고 있는 내용을 이미 알고 있는 내용과 관련지어 공부한다.

인지-인지전략-정교화

나는 어떤 주제에 대해 공부할 때 나름대로 내 생각을 정리해 본다.

내용이 복잡할 때는 도표를 그리거나 요약해본다.

공부한 내용은 내 방식대로 정리해 놓는다.

나는 공부할 때 중요한 내용을 따로 정리한다.

공부를 할 때 개념들을 모아서 나름대로 관계를 정립해 본다.

국사나 사회(세계사)를 공부할 때는 연대별로 묶어서 공부한다.

인지-인지전략-조직화

나는 공부시작 전에 무엇을, 어떻게 공부할지 미리 머릿속으로 생각해본다.

나는 공부를 시작하기 전에 어떻게 공부할지를 미리 생각한다.

나는 무엇부터 공부할 것인지 순서를 정한 후에 시작한다.

나는 공부시작 전에 공부할 분량을 미리 정한다.

인지-메타인지전략-계획

나는 공부하는 도중에 내용을 잘 이해하고 있는지 스스로에게 질문을 해보곤 한다.

나는 공부에 집중하다가도 잠깐 멈추어서 현재 내용이 무엇인지 스스로에게 물어볼 때가 있다.

나는 공부하는 도중에 내용을 확실히 이해하고 있는지 점검해 본다.

인지-메타인지전략-점검

나는 책을 읽다가 시간이 모자라면 중요한 부분만 찾아서 읽는다.

나는 책을 읽을 때 시간이 부족하게 되면 중요하지 않은 부분은 건너뛴다.

나는 시험공부를 하다가 시간이 모자라게 되면 중요한 부분만 찾아서 한다.

인지-메타인지전략-조절

나는 우리 반 다른 친구들에 비해 공부를 잘할 수 있다.

나는 수업시간에 선생님께서 가르쳐 주시는 내용을 모두 이해할 수 있다.

나는 앞으로도 공부를 잘할 것이다.

나는 우리 반의 다른 학생들에 비해 우수한 학생이다.

나는 수업시간에 주어지는 문제나 과제를 모두 잘 풀 수 있다.

나는 앞으로 좋은 성적을 올릴 수 있을 것이다.

우리 반의 다른 친구들과 비교할 때 나의 공부 방법은 효과적이고 뛰어난 편이다.

나는 우리 반의 다른 친구들과 비교해 볼 때 교과 내용을 많이 알고 있다.

나는 앞으로 수업시간에 배우는 모든 내용을 다 잘 이해할 수 있을 것이다.

아무리 열심히 해도 공부를 잘하기는 어렵다.

나는 선생님의 인정을 받고 있다.

동기-자아효능감

나는 새로운 지식이나 기술을 익히는 그 자체를 중요하게 생각한다.

나는 성적을 잘 받는 것보다 내용을 잘 익히는 것이 더 중요하다고 생각한다.

나는 내용을 그냥 외우기보다는 내용을 깊이 이해하는 데 중점을 둔다.

나는 새로운 것을 알았을 때 뿌듯함을 느낀다.

나는 실수를 하더라도 무엇인가를 배울 수 있는 어려운 내용을 좋아한다.

나는 쉬운 문제보다는 어려운 문제를 푸는 것이 더 재미있다.

나는 많은 노력을 들이더라도 무엇인가를 새로이 배울 수 있는 것을 좋아한다.

동기-숙달목적지향성

학교공부는 나에게 중요한 의미를 지닌다.

나는 학교에서 배우는 내용들이 중요하다고 생각한다.

공부는 내 인생의 중요한 목표다.

나는 학교생활이 내가 성장해 나가는 데 중요한 역할을 할 것이라고 생각한다.

나는 학교공부가 재미있다.

학교생활이 나의 미래에 상당한 역할을 할 것이다.

학교 공부는 내가 미래의 직업을 선택하는 데 커다란 역할을 할 것이다.

학교에서 배우는 내용이 살아가는 데 유용할 것이다.

학교생활이 앞으로 사회생활을 하는 데 도움이 될 것이다.

동기-성취가치

나는 공부를 하고자 결심하면 곧 실천하는 편이다.

나는 마음먹은 공부는 곧장 실천하는 경우가 많다.

나는 공부가 지루하고 재미없더라도 끝까지 다해 놓고 논다.

나는 하던 공부를 끝낼 때까지는 거기에 집중한다.

나는 공부가 지루해도 계획한 것은 마친다.

나는 숙제를 정해진 시간까지 다 끝내 놓는다.

나는 공부하고 싶은 마음이 들어도 시작하기가 어렵다.

나는 노는 것을 그만두지 못해 공부를 시작하기가 어렵다.

나는 공부를 하려면 쓸데없는 생각 때문에 집중을 못 한다.

나는 무엇부터 공부할지 결정하기가 어렵다.

나는 친구들이 놀자고 하면 공부를 지속하기가 어렵다.

나는 친구들이 시끄럽게 굴어도 공부에 집중할 수 있다.

공부할 때 가족이 TV를 보면 공부를 지속하기가 어려워진다.

나는 오락을 하면 숙제를 할 수 없다는 것을 알면서도 오락을 한다.

행동-행동통제

나는 몇 시간 동안 얼마나 공부할 것인지 목표를 분명히 한 다음에 공부를 시작한다.

나는 효율적으로 공부하기 위해 시간 계획을 세워 공부한다.

나는 공부가 가장 잘 되는 시간은 비워놓고 그 시간에는 공부만 한다.

나는 효과적으로 공부하기 위해 공부시간을 확실히 정해둔다.

나는 시험 전에 계획을 세우고 그에 따라 공부한다.

행동-학업시간의 관리

내가 잘 모르는 내용이 있으면 도서관 등에서 다른 자료들을 찾아본다.

내가 잘 모르는 내용이 있으면 아는 사람에게 물어본다.

나는 학교공부에 도움이 필요하면 자발적으로 학원에 다니거나 과외를 한다.

내가 이해하지 못하는 것이 있으면 선생님께 여쭈어 본다.

나는 시험공부를 할 때 친구들로부터 시험에 대한 여러 정보를 구하려고 노력한다.

나는 수업 중에 모르는 것이 있으면 선생님께 질문을 한다.

나는 시험에 나올 만한 것을 잘 아는 친구가 있으면 물어보거나 같이 공부한다.

나는 공부를 하다가 모르는 부분이 생기면 다른 사람에게 도움을 청한다.

모르는 단어가 있으면 사전을 찾아본다.

나는 모르는 것이 생기면 백과사전을 찾아본다.

숙제나 공부를 하다가 잘 모르는 내용이 있으면 컴퓨터 통신이나 인터넷을 찾아본다.

행동-도움 구하기

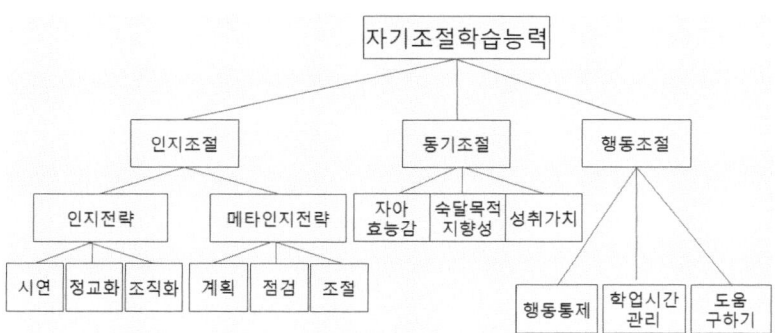

자기조절학습능력의 모형

인지조절: 인지조절에는 인지전략과 메타인지전략의 하위요인으로 구성되어 있다. 인지전략을 사용하는 목적은 학습내용을 배우고 기억하고 이해하는 능력이며, 메타인지전략은 자신의 인지를 계획, 검토, 수정하는 능력이다.

인지전략은 학습자가 자료를 기억하고 이해하는 데 사용하는 실제적인 전략이다. 인지전략의 하위요인은 시연, 정교화, 조직화가 있다.

시연: 단기기억에 저장된 정보가 사라지지 않게 하기 위한 전략으로 입으로 중얼거리기, 밑줄 긋기, 강조 표시하기, 베끼기, 색칠하기, 노트하기를 포함한다.

정교화: 의미 있게 하기 위해 새로운 정보를 이전 정보와 관련짓는 방법을 의미한다.

조직화: 학습내용 요소 간의 관계를 논리적으로 구성해 보는 것으로 중요한 개념을 중심으로 내용을 분석해 보거나 이들 간에 어떤 관계가 존재하는지를 추론하는 것을 의미한다.

초인지전략은 학습자가 학습하면서 자신의 인지과정에 대한 개념을 형성하는 것이다. 하위요인으로 계획, 점검, 조절을 포함한다.

계획: 어떤 전략과 정보처리를 사용할 것인지에 대한 생각을 의미한다. 예를 들면 목차부터 살펴보기, 무슨 내용에 대한 것인지를 대강 훑어보기, 문제를 풀기 전에 무엇을 묻고자 하는지를 추측하기가 있다.

점검: 자신의 주의집중을 추적하면서 이해 정도를 확인하는 것, 메타인지의 핵심이다.

조절: 점검과 밀접한 관련, 자신의 인지활동을 점검하다가 문제가 생기게 되면 앞으로 되돌아가고, 이해하기 어려운 부분이 있으면 속도를 조절하는 것을 의미한다.

동기조절은 학습에 참여하는 이유와 목적에 해당하는 것으로 자신의 행동을 조절하는 시작점이 된다. 하위요인으로는 자아효능감, 숙달목적지향성, 성취가치를 포함한다.

자아효능감: 특정 목적을 획득하는 데 필요한 자신의 인지 능력에 대한 판단이다.

숙달목적지향성: 내재적 가치와 노력을 강조하거나 새로운 지식과 기능의 습득을 위한 지향성의 정도이다. 반대의 개념으로는 성취목적지향성으로 학습에 대한 요인이 외적인 요인으로 시간이 지날수록 자신의 동기를 조절하는 데 도움이 되지 못한다.

성취가치: 주어진 학습을 가치 있게 여기는 이유에 해당한다.

행동조절은 학습을 효율적으로 하고 자발적으로 학습활동에 참여하는 것을 의미한다. 하위요인은 행동통제, 학업시간의 관리, 도움 구하기가 있다.

행동통제: 여러 어려움에 부딪혀도 포기하지 않고 학습을 계속해 나가는 능력을 의미한다.

학업시간의 관리: 효과적인 학습시간의 이용 정도이다.

도움구하기: 자신의 힘으로 해결하기 어려운 과제에 부딪혔을 때 자신보다 더 알고 있다고 여겨지는 이들에게 도움을 요청하는 전략 정도이다.

자기조절학습능력 검사 결과를 확인해 보자. 각 항목마다 전혀 그렇지 않다(1점), 그렇지 않다(2점), 보통이다(3점), 그렇다(4점), 매우 그렇다(5점)로 선택하고 총점을 더한 뒤, 문항의 개수로 나누어 평균(1~5점 사이)을 기록하면 된다. 각 항목의 상대적인 점수보다 자신에게 부족한 전략을 주의 깊게 살펴보아야 한다. 시연이나 정교화, 메타인지전략은 상급학년으로 올라갈수록 더욱 중요해지는 요소이다. 이 점수는 평소에 학습자가 기계적인 학습을 하고 있는지, 올바른 학습전략을 구사하는지에 대한 근거자료가 될 것이다.

인지조절	인지전략	시연	
		정교화	
		조직화	
	메타인지전략	계획	
		점검	
		조절	
동기조절	자아효능감		
	숙달목적지향성		
	성취가치		
행동조절	행동통제		
	학업시간의 관리		
	도움 구하기		

자기조절학습전략은 학습의 과정에서 잘 습관화되어 있으면 자신이 의식화하지 않아도 자동화시스템이 되어 있을 때 정보처리능력이 좋은 학습자라 할 수 있다. 3·3정보처리학습법과 자기조절학습전략과의 관계에 대하여 알아보자.

➤ 학습 3단계

학습이 이루어지는 과정은 시각(읽기)과 청각(듣기)을 통하여 외부에 있는 정보가 입력된다. 학습자의 내적 상태, 즉 저장되어 있는 지식과 사고하는 스타일의 조합인 인지적 과정을 거친다. 이것을 정보처리라고 하고 생각이라고 단순화할 수 있다. 이렇게 정보처리되어 있던 지식의 덩어리인 스키마는 시험과 같이 지식의 재생을 요청받았을 때 말하기나 쓰기의 형태로 정보를 표현하게 된다.

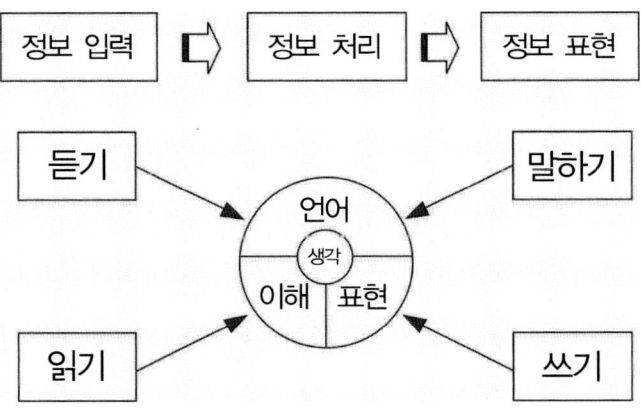

정보 입력 → **정보처리** → **정보 표현**의 3단계는 너무나 짧은 순간에 자신도 모르는 사이에 이루어지며 올바로 이루어졌는지 확인하기도 어렵다. 따라서 PQ4R과 같은 학습의 단계를 의식적으로 따라 하다 보면 자신도 모르는 사이에 사고의 자동화가 이루어지게 된다. PQ4R은 1장에서 다루었으므로 여기에서는 간략한 소개만 하기로 한다. PQ4R 의 단계에 따라 학습을 하면서 자신의 내적 집중 상태와 인지과정을 관찰하고 평가하는 과정을 초인지(Meta cognition)라고 하며 학년이 올라갈수록 또는 성인이 되어서도 성공적인 삶을 유지하는 데 결정적인 요인으로 작용하는 것이 바로 초인지전략이라 할 수 있다.

초인지

정보 입력			정보처리	정보 표현	
Preview 미리보기	**Q**uestion 질문하기	**R**ead 읽기	**R**eflection 생각하기	**R**ecite 암송하기	**R**eview 복습하기
전체보기	제목 중심으로 관계? Why? What? HOW?	청킹단위 읽기 분석적 읽기 중요한 것 선택 하며 읽기(사실 —감정)	자유생각 추론, 비판, 창의	요약하기, 읽기	확인학습
주의집중		**암가—기억**		**지식 통합정리**	
학습 3원리		· 전체—부분보기/개념학습/확인학습			

● 수업 전·중·후 전략

➤ 수업 전 활동

수업시간이나 자기주도학습시간이 되기 전에 학습을 할 수 있는 몸과 뇌와 마음의 준비를 해야 한다.

(1) 신체적 집중자세(10시간 이상 집중할 수 있는 자세)

아이들에게 바른 자세를 하라고 하면 제각기 다른 자세를 취한다. 누구나 자신이 편하다고 생각하는 자세를 취하게 마련이다. 예를 들어 팔을 책상 위에 올리고 턱을 괴고 있는 자세가 편하다고 하더라도,

그 자세대로 1시간을 견디기가 힘이 들어 팔을 내리거나 자세를 바꾸거나 졸리기 좋은 상태가 된다. 학습을 할 때 바른 자세는 10시간 이상 집중할 수 있는 올바른 자세이어야 한다.

학습시간의 자세는 사소하면서도 큰 힘을 발휘하는 습관이다. 습관은 하루아침에 만들어진 것이 아니라 오랫동안 반복해 온 행동이 굳어진 것이다. 처음에는 자신이 습관을 만들지만 나중에는 습관이 자신을 만든다고 하지 않는가? 좋은 신체 습관을 갖도록 하자.

첫째, 허리는 곧게 펴서 엉덩이를 의자 뒤에 붙인다. 허리는 온몸을 지탱해 주는 중추적인 역할을 하므로 조금만 비뚤어져도 금방 불편해지고 집중을 할 수 없게 한다.

둘째, 호흡은 최대한 천천히 숨을 내 쉬도록 한다. 의도적으로 숨을 가파르게 쉬어보면 집중이 되지 않음을 알 수 있다. 천천히 내쉬고 들이마시는 호흡을 하다 보면 몸도 차분해지고 마음도 안정됨을 느낄 수 있을 것이다.

셋째, 눈은 힘을 주고 책을 본다. 어디에도 집중하지 않는 상태에서 눈을 생각해 보면 힘이 없어지고 쉽게 풀리게 될 것이다. 반대로 눈에 힘을 의도적으로 주어 보면 자신도 모르게 어딘가에는 의식이 집중됨을 알 수 있다. 처음에는 의식적으로 눈에 힘을 주고 공부를 하다 보면 언젠가는 자연스럽게 총명한 눈을 갖게 될 것이다.

넷째, 입을 꼭 다문다. 자신이 입을 언제 벌리고 있는지를 생각해 보라. 입을 벌리고 의식적 집중을 하기는 어렵다. 입술을 꼭 다물게 되면 자신도 모르게 어딘가에 의식적인 집중을 하게 된다.

다섯째, 혀는 입천장에 붙인다.

눈, 입, 혀는 모두 중요한 신체기관이며 인간은 신체와 정신이 연결되어 있다. 정신을 모아 몸을 제어할 수도 있고 몸을 바른 자세로 하여 정신을 모을 수도 있는 상호 연결된 시스템이다. 몸과 마음 중 어느 것을 습관적으로 바로잡기가 쉬운가?

(2) 학습 뇌 만들기

인간의 뇌에서는 쉴 새 없이 정보가 이동되는데 이것은 전기신호와 화학적 신호를 발생시키며 이동된다. 뇌를 편히 쉬게 할 때 흐르는 전기신호인 고유리듬이 있으며 이 고유리듬이 개인마다 약간의 차이가 있기 때문에 다른 뇌파에도 약간의 차이는 있다. 그러나 모든 사람에게는 델타파, 세타파, 알파파, 베타파, 감마파의 전기신호의 흐름이 있다.

델타파는 깊은 수면상태에서 발생하는 파형으로 2~3.99Hz 정도의 주파수를 가진다. 세타파는 졸음파로 수면 직전 상태의 파형으로 4~7.99Hz 정도, 알파파는 안정파로 이완이나 명상 시에 발생하는 파형으로 8~12.99Hz 정도, 베타파는 스트레스파로 일상생활 시에 발생하며 13~20Hz 정도, 감마파는 각성과 흥분상태에 발생하는 파형으로 30Hz 이상의 주파수를 가진다. 차분하게 학습을 하거나 의식활동을 하기에 좋은 뇌의 상태가 알파파 상태이며, 그 이하의 주파수에서는 뇌가 의식적 활동을 하지 않는 상태로, 더 높은 주파수에서는 뇌가 집중하지 못하는 상태라고 할 수 있다.

공부를 하기 전에 뇌를 알파파의 리듬으로 맞추는 과정이 필요하다. 이것은 아이들이 도리도리하는 것과 같이 눈을 감고 천천히 도리도리를 2분 정도 해 주면 된다. 이렇게 뇌파 운동을 하다 보면 마음도 차분해지고 머리가 비워지는 듯한 느낌도 들 것이다.

(3) 예습하기

예습은 수업을 받기 전에 이루어지는 학습활동이다. 개인에 따라 다르겠지만 지나친 예습은 오히려 학습에 방해가 된다. 두뇌가 학습을 할 때에는 기존에 알고 있던 지식과 새로운 지식을 연결하는 과정이다. 이러한 이유에서 간단한 예습을 해두면 수업시간에 더 잘 이해가 된다. 예습의 목적은 알고 있는 것과 모르고 있는 것을 확인하는 것, 새로운 개념에 대해 조사하거나 모르고 있다는 것을 인지하는 것, 수업시간에 지식이 들어올 때 쉽게 받아들이기 위한 것 정도이면 충분하다.

① 수업시간 5분 전 예습

학기 중에 수업 전날이나 수업시간 5분 전에 예습을 할 수 있다. 이때에는 배울 내용을 훑어보는 정도가 좋다. 교과서의 목차를 중심으로 전체 구조를 파악하고 목차를 읽어보는 것이 좋다. 또한 학습목표를 읽어보면서 배울 주제에 대한 의문을 갖는 것이 좋다.

② 방학 예습

방학 때 다음 학기에 배울 내용을 예습하는 경우에는 조금 더 욕심을 내어 보아도 좋다. 과목별로 개념노트를 작성하는 것이 좋은데 개념은 이해의 기본이며 많은 경우 학생들이 간단한 어휘에 대한 오개념이 눈덩이처럼 불어나 더 심화되고 복잡한 내용으로 가면 제대로 이해하기를 포기하는 경우가 생길 수 있다. 상대적으로 시간이 많은 방학 때 국어, 사회, 국사 등 어휘가 특별히 중요한 과목에 대하여는 개념노트를 작성하는 것이 좋다. 국어, 사회, 국사과목의 경우 관련

도서를 읽는 것도 좋다. 구조가 중요한 사회, 국사 과목은 로직트리를 만들어 전체적인 구조를 파악해 보는 것도 권할만하다.

➤ 수업 중 활동

학교 시험의 출제자는 교사이다. 교사는 수업시간에 다룬 내용을 중심으로 시험을 출제한다. 그런데 많은 학생들이 교사의 실력에 대한 신뢰를 갖지 못한다는 이유로 또는 학원에 가서 더 훌륭한 학원 선생님께 배운다는 이유로 수업시간에 잠을 잔다거나 집중하지 않는 것이 요즈음 현실이다. 선생님과 학원선생님의 능력에 대한 저울질은 그냥 두고라도 학교 수업시간에 성실하지 못한 학생에게 성인이 되어 사회생활에서 성실성을 기대하기란 어려울 것이다. 수업시간에 성실하고 겸손한 자세로 임하는 것은 너무나도 기본적이고 리더로 성장하는 데 중요한 덕목이라 할 수 있다.

"나는 학교 수업을 아주 열심히 듣는 편이다. 시험 문제는 학원에서 내는 것이 아니라 학교 선생님들이 낸다. 그만큼 내가 공부하는 데 있어 학교 수업의 비중이 크다."

"수업시간에 선생님의 강의에 최대한 집중하는 것이 나의 최대의 무기다. 수업을 들으며 선생님이 강조하고자 하는 요지가 무엇인지, 교과서에서 말하고자 하는 내용이 무엇인지를 파악하면 수업 후 혼자 공부할 때도 훨씬 수월하다."

"수업시간에 설명을 잘 듣고, 모르는 것은 질문해서 반드시 알고 넘어간다. 시험공부를 할 때는 항상 교과서로 시작해서 교과서로 끝낸다. 다른 것에 손대지 않는 대신 교과서에 있는 내용만큼은 하나도 빠짐없이 샅샅이 읽고, 머릿속에 정리한다."

전교 1등 하는 학생들의 대화내용이다. 한결같이 학교수업시간과 교과서를 강조하고 있다. 우리는 언젠가부터 이러한 내용을 들으면 거짓말일 기라 생각하는 경향이 있다. 그렇지 않다. 교과서가 가장 으뜸인 시각 학습자료이며 수업시간 선생님의 설명이 으뜸 청각 학습자료이다. 또한 수업시간에 집중하려는 의지를 갖는 것이 중요하다.

● 적극적 듣기

우리나라 말에 잘 듣는다는 의미의 '경청'이라는 단어를 잘 보면 기울 경(傾), 들을 청(聽)이다. 즉, 말하는 사람을 향해 기울이고 들어야 한다. 들을 청자에 대하여 "백성들의 말을 듣는 임금님 같은 큰 귀와 열 개의 눈으로 진심으로 마음을 담아서"라고들 하는데 필자도 동의한다.

수업시간에 듣는다는 것은 귀와 눈과 마음을 모두 선생님께 기울여 들어야 겨우 그 의미가 들리지 않겠는가? 이것이 학습을 하는 진정한 태도이며, 평생학습을 통해 자신을 성장하도록 하는 습관일 것이다.

귀
열 개의 눈으로
聽
왕
진심으로
마음을 실어서

수업시간에 선생님과 눈맞춤(eye contact)하는 것도 좋은 방법일 것이다. 수업내용이 지루하고 자극적인 자료가 아니어서 자칫 집중을 하지 않게 되고 몸과 마음이 따로 있게 되기 쉽다. 몸은 교실에 있지만 마음이 우주 어딘가를 돌아다니는 유체이탈 현상이 수업시간에 있지 않으려면 자신만의 의식을 집중하기 위한 전략들이 있어야 할 것이다. 그 방법 중 하나가 선생님과 눈맞춤을 하는 것이다. 눈을 맞추다 보면 선생님의 설명이 귀에 들리고 필기하는 것이나 교과서나 눈에 더 잘 들어오게 되지 않겠는가?

몸과 마음을 한곳에 지금 여기(Now and Here)에 붙잡아두려는 적극적인 자기통제의 습관을 수업시간에 길러보자

나는 몸과 마음이 한곳에 있을 때와 그렇지 못할 때가 언제인가?

▶ 수업 후 활동

● 복습의 중요성

복습의 역할에 대하여 박원희 학생이 동생에게 설명한 내용을 인용해 보자.

수업시간에 배운 지식이 머리 표면에 달라붙어 있는데, 복습을 바로 하지 않으면 그 지식은 공중으로 날아가 버리고 복습을 바로 해주면 그 지식은 머릿속으로 쏙 들어와 내 것이 된다고 한다.

정말 올바른 표현이다. 에빙하우스의 망각곡선에서 보았듯이 새로운 내용을 접한 후 일정한 시간마다 지식이 망각된다. 망각되지 않고 장기기억에 붙잡아 저장하기 위해서는 적절한 조치를 취해야 한다. 이 적절한 조치가 바로 복습인 것이다. 그날 배우거나 있었던 사실들은 잘 때 장기기억으로 넘어가든지 망각되든지 결정된다. 측두엽에 있는 해마가 의미 있는 정보와 의미 없는 정보를 구분하여 장기기억으로 보내기도 하고 버리기도 한다. 이론적으로는 6번 반복하면 어떠한 내용이라도 장기기억장치에 들어간다고 한다.

에빙하우스 이론에 따른 복습주기는 1차 수업 후 5분간인데 수업 후 쉬는 시간에 빠르게 복습한다. 2차는 오늘 공부한 내용을 오늘 혹은 다음날 복습한다. 3차는 일주일간 공부한 내용을 주말에 복습한다. 4차는 한 달 후에 그달에 배운 내용을 복습한다.

에빙하우스의 이론을 그대로 따르기는 쉽지 않을 것이고, 적어도 그날 배운 내용을 저녁에 10분간 복습하기, 일주일 동안 배운 내용을 주말에 복습하기 정도만 꾸준히 할 것을 권한다.

● 복습의 4원칙: 구분 / 분류

어떤 현자에게 최고의 지성이 무어냐고 제자가 물었단다. 현자가 말하기를 "자신이 아는 것과 모르는 것을 아는 것이 아는 것의 기본이다"라고 하였단다. 많은 학생들이 글자를 읽었다고 해서 자신이 내용을 이해했으며, 알고 있다고 생각한다. 그러나 시험을 통해 모든 것이 밝혀진다. 자신이 이해하고 있다는 것이 엄청난 착각이었음을 말이다. 지식의 홍수시대인 요즈음 특히 더 그러하다. 소크라테스는 말하였다. "너 자신을 알라."

시각자료인 글과 청각자료인 선생님의 설명을 듣고 나면 두뇌에서는 엄청난 일들이 발생한다. 이것을 자신의 것으로 개념화하고 개념들 간에 연결을 하여 말이나 글로 표현할 때 학습이 되었다 할 수 있다. 명심하라. 말이나 글로 표현할 수 없는 것은 학습된 것이 아니다.

다음과 같은 복습의 4단계를 참고하는 것도 좋다.

1단계	이해한 것과 이해하지 않은 것을 구분 → 이해 구분
2단계	암기해야 할 것과 암기하지 않아도 될 것을 구분 → 암기할 것 구분
3단계	암기한 것과 암기하지 않은 것을 구분 → 암기 구분
4단계	별도의 시간을 내어 암기하기

각 복습 단계와 학습자료는 다음 표를 참고하면 된다.

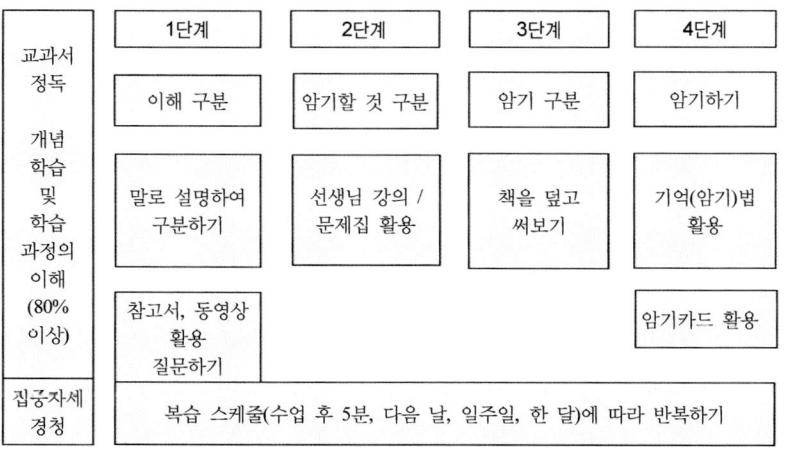

교과서 정독 개념 학습 및 학습 과정의 이해 (80% 이상)	1단계	2단계	3단계	4단계
	이해 구분	암기할 것 구분	암기 구분	암기하기
	말로 설명하여 구분하기	선생님 강의 / 문제집 활용	책을 덮고 써보기	기억(암기)법 활용
	참고서, 동영상 활용 질문하기			암기카드 활용
집중자세 경청	복습 스케줄(수업 후 5분, 다음 날, 일주일, 한 달)에 따라 반복하기			

- 지식 통합 정리

한 과목을 학습할 때 교과서가 있고, 기타 자료가 있다. 예를 들어 국어 과목은 기타 자료로 생활국어가 있고, 수학은 교과서 익힘책이 별도로 있다. 8종 정도의 교과서가 있어 선생님들은 더 많은 지식을 주기 위한 긍정적 의도로 주 교과서 외의 다른 교과서에 있는 내용을 유인물로 나누어주기가 쉽다. 이렇게 다양하고 여러 종류의 학습자료를 통합하여 정리해야 한다. 과목별로 교과서에 정리를 해도 좋고 별도의 노트를 준비하여 정리해도 좋다. 선생님이 주신 자료, 자신이 구한 자료, 학원에서 받은 자료 모두를 모아 하나의 지식자료로 통합하여 정리해야 한다. 정보처리능력에 대한 정의를 살펴보면, 여러 정보를 습득하고 판단하여 정리하고 새로운 정보를 창조하는 능력인데, 이것이 학습에서도 그대로 적용된다. 지식 통합 정리는 다른 장에서 구체적으로 학습하기로 하자.

참고문헌

양명희(2000), 「자기조절학습의 모형 탐색과 타당화 연구」, 서울대학교 박사학
    위 논문.

CHAPTER

10

과목별 학습법

● 교과목구분과 국민공통기본교육과정

교과목을 어떻게 구분하면 좋을까? 입시의 중요성을 기준으로 구분한다면 주요과목과 주변과목으로 구분할 수도 있겠다. 이해과목과 암기과목으로 구분하는 경우도 있는데, 이것에 대한 기준이 무엇인지는 잘 모르겠다. 이해 없는 암기도 불가능하고 암기 없는 이해도 불가능하기 때문이다. 공부 방법을 기준으로 구분해 본다면, 저자의 의도를 파악하는 것이 핵심인 과목을 의도과목, 제시된 내용의 구조가 중요한 구조과목, 주어진 현상 또는 원리에 대한 개념이해를 바탕으로 응용 및 적용하는 것이 핵심인 적용과목으로 구분할 수도 있겠다. 의도과목은 다른 학습을 하기 위한 도구로서 기능을 하므로 도구과목이라 할 수도 있다.

이 책에서는 의도과목, 구조과목, 적용과목으로 구분하여 제시해 보기로 한다.

- 의도과목: 글쓴이의 의도를 파악하는 것이 핵심인 교과목으로 국어, 영어
- 구조과목: 정보전달이 주목적으로 정보가 제시되는 구조 파악이 핵심인 교과목으로 사회, 국사, 생물
- 적용과목: 주어진 현상 또는 원리에 대한 개념이해를 바탕으로 응용 및 적용하는 것이 핵심인 교과목으로 수학, 물리, 화학

국민공통기본교육과정은 초 1~고 1까지 대한민국의 모든 국민들이 공통적이고 기본적으로 알아야 할 지식체계이다. 교육의 사회화 기능에 따라 기본적인 인지능력만 있으면 누구나 학습할 수 있는 내용으로 구성하고 전달하는 방식을 사용하고 있다. 저자는 누구나 학습할 수 있도록 학습목표, 제목, 목차, 기본문제, 심화문제 등의 많은 안내와 단서를 제공하고 있다.

인간의 작업기억(Working Memory)은 동시에 7 ± 2개 처리 가능한 원리에 따라 교과서에는 7 ± 2의 문제를 고려한 단서들을 구성하고 있는데 이것이 장, 절, 항, 소 및 문단 수조차도 7 ± 2개의 범위에서 제시하고 있다. 그리고 교과서를 구성할 때, 과목별로 학습하기에 가장 효과적인 방법으로 구성하였다.

저자가 제시하는 정보가 충분히 객관적이고 학습자마다 지식의 세계와 패러다임이 다르다 하더라도 같은 내용을 해석해야 하는 것이

교과서의 특징이다. 저자는 교과서를 개발할 때 낮은 인지능력을 갖춘 학습자부터 매우 우수한 인지능력의 학습자까지 모두 이해할 수 있게 하기 위해 외형구조와 내형구조를 사용한다. 내형구조는 저자의 의도를 개인의 주관적 해석을 최소화하여 이해하기 위한 교과서 장치로서 개요, 목표, 학습정리 등을 제공한다. 교과서를 쓴 저자가 만든 이해장치를 활용하여 전체적인 내용과 부분적인 사항의 관계를 파악해야 한다. 또한 소설은 생활 속의 이야기로 줄거리가 있고 은유적 표현을 사용히어 읽는 이의 삶의 경험을 활용해 재해석하는 깃을 추천할 만한 독서법이지만, 교과서는 함축된 지식이며 객관적 해석이 중요한 줄거리가 없는 읽을거리이기 때문에 학습자의 삶의 경험에 의한 해석은 하지 말아야 할 일이다.

예를 들어 과목별로 교과서에 제시된 틀은 다음과 같다. 모든 교과서는 한 개의 주제에 대해 같은 틀로 구성되어 있다.

- 과학: 본문 + 탐구·실험활동 + 각종 이미지 자료 + 읽기자료 + 문제
- 사회: 본문 + 각종 이미지 자료 + 읽기(또는 활동)자료 + 문제
- 국사: 학습개요 + 본문 + 각종 이미지 자료 + 도움글 + 학습정리 + 심화과정

● 구조과목: 사회, 국사, 지구과학, 생물

구조강조과목이란 저자가 만든 장치의 틀, 즉 목차가 중시되는 과

목이라 할 수 있다. 구조과목은 목차를 중심으로 한 내용의 구조가 중요하며 목차별로 요약하고 내용의 흐름을 이해하는 것이 핵심인 과목이다.

예를 들어 사회과목의 교과서를 보는 방식에 대하여 생각해 보자. 교과서는 모든 국민이 공통적으로 알아야 할 지식체계이므로 불필요한 정보는 최소화하였으며, 교과서에 있는 정보는 그림, 표, 그래프 하나에도 그 의미가 있다. 자신의 교과서를 펼쳐보고 교과서를 어느 범위까지 보는지 표시해 보자.

교과서 구성의 예

보충설명	제목 학습목표 목차(소제목) 본문	본문
		이미지 + 설명
		확인문제

보통 학생들의 교과서는 교과서를 볼 때 본문을 중심으로 내용을 읽고 저자가 중요하다고 강조하고 있는 제목, 학습목표 등의 단서를 무시하기 쉽다. 학습목표는 이번 단원을 학습하고 나면 꼭 알아야 할 목표를 제시하고 있으며, 학습목표의 내용은 곧 시험문제로 이어진다는 사실을 기억해야 한다.

교과서는 다음 그림처럼 각 단원이 동일한 구조로 제시되어 있다. 자신의 사회 교과서를 보고 다음과 같이 구조를 그려보는 것도 좋은 방법이다.

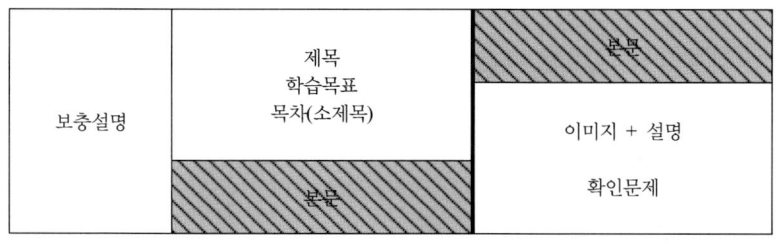

보충설명	제목 학습목표 목차(소제목)	본문
		이미지 + 설명
	본문	확인문제

　구조과목은 객관적 정보전달이 주목적인 과목으로 한 개의 문단을 저자가 요약한 것과 학습자가 요약한 것이 일치해야 하는 과목이다.

　시중에 나와 있는 참고서는 저자의 의도를 미리 요약하여 제시하여 단기간 공부하기에는 유용하겠지만, 장기적으로 볼 때 학교교육을 통해 요구되는 소통능력이나 의사결정능력, 핵심파악 능력이 길러지지 않을 것이다. 뿐만 아니라 대학교 교육과정과 만났을 때에는 심각한 문제가 발생하며, 요즈음 대학교의 많은 교수님들이 지적하는 바와 같이 '학생들의 읽기능력의 부족'이 따라올 것이다.

▶ 로직 트리(Logic tree)로 한 학기 분량의 내용

　한 학기 동안 한 과목에서 보통 4~5개의 장을 학습한다. 다음은 국사 교과서의 목차를 나열한 예이다. 5개의 장 제목은 큰 제목이고 큰 제목마다 중간 제목이 제시되어 있다. 그리고 중간 제목에는 작은 제목들이 있는데 이들을 한 표에 모아서 보면 이것이 한 학기 동안 배우게 될 전체 내용이다. 방학 때 이 전체보기 표를 작성하여 배울 내용에 대한 예습을 하는 것이 좋다. 목차를 활용하여 전체 흐름을 보는 습관을 들이면 이 교과목에서 강조하는 것이 무엇인지 알 수 있으며, 전체의 구조를 파악할 수 있어 통합적 사고를 할 수 있게 된다.

큰 제목	중간 제목	작은 제목
Ⅰ. 선사 고조선 기타 국가	· 생활 · 건국과 발전 · 발전	· 구석기, 신석기 · 청동기, 국가성립, 단군 · 철기, 부여, 고구려, 옥저, 동예, 삼한
Ⅱ. 삼국	· 발전 · 대외관계통일 · 사회와 경제문화	· 왕권강화, 백제, 신라, 고구려 · 살수대첩, 안시성, 백제, 고구려멸망, · 종교, 학문, 시가 음악, 미술, 과학기술
Ⅲ. 통일신라 발해	· 발전 · 문화의 발달 · 말기의 사회변동 · 발해와 만주시대	· 정치, 경제, 해상무역 · 유학, 불교, 미술, 과학기술, 향가와 문학 · 왕위 다툼, 골품제 · 발해의 건국
Ⅳ. 고려	· 국가체제 정비 · 전기의 대외관계 · 사회, 문화 · 무신정권 · 후기의 사회	· 정치, 군사, 교육과 과거제도, 토지제도 · 이자겸의 난, 묘청의 서경 천도 · 몽고와의 전쟁, 삼별초, 원과의 관계 · 신진사대부, 농장의 확대
Ⅴ. 조선	· 양반관료사회 · 초기 대외관계 · 경제 · 민족문화 · 왜란과 호란	· 국호제정, 중앙정치제도, 군사조직, · 명과의 관계, 일본, 여진 · 국토확장, 농본정책, 토지제도, 국가재정, 농민부담 · 민족의식, 훈민정음, 과학 · 임진왜란, 병자호란, 북벌론과 나진정벌

학기 중에는 전지를 이용하여 로직 트리(논리 나무)를 작성해 나가면 된다. 배워야 할 장의 수대로 전지를 나누어 장 제목, 절 제목, 항제목을 쓴다. 수업에서 내용을 학습할 때마다 복습을 하면서 학습한 내용을 문단 단위로 요약을 하여 전지에 써 넣는다. 처음에 요약하기가 어려우면 잘 요약된 참고서를 활용하는 것도 좋다. 무작정 암기할수 있는 것은 중학교까지이다. 고등학교 교육과정은 단순하게 암기로해결하기에는 양이 너무 많으며, 수능까지 기억을 유지할 수도 없다. 잘 정리하여 장기기억에 저장하면 두뇌의 저장용량에는 한계가 없다는 것을 기억해야 한다.

I	II	III	IV
1.	1.	1.	1.
가.	가.	가.	가.
한 단원 내용 요약			
나.	나.	나.	나.
2.	2.	2.	2.
가.	가.	가.	가.
나.	나.	나.	나.
3.	3.	3.	3.
가.	가.	가,	가
나.	나.	나.	나.

● 의도과목: 국어

의도강조과목은 저자가 주장하고자 하는 의도를 파악하는 것이 핵심인 과목이다.

다음은 국어 교과서의 제시 방식에 대한 예이다.

- 단원의 길잡이: 각 단원에서 꼭 알아야 할 학습목표를 확인
- 읽기 전에: 제시하는 문제 등을 통해 흥미 유발
- 본문: 글의 종류와 주제, 단락의 중심 문장을 파악하는 방식으로 진행
- 학습활동: 각 작품에서 배운 것을 전반적으로 평가하는 부분이므로 복습하는 차원에서 꼭 풀어보기

– 보충·심화에 제시되는 작품: 배경지식을 넓히기 위해 주말이나
  방학 때 읽어 두기

국어는 언어 능력을 키우기 위한 교과목이다. 언어능력이란 읽기,
쓰기, 듣기, 말하기 능력의 조합이다. 학습자 입장에서 읽기, 듣기는
정보입력의 수단이며 말하기, 쓰기는 사고 표현의 수단이다. 읽기, 듣
기를 통해 입력한 정보를 재료로 하여 자신의 언어로 이해하고 해석
하여 새로운 정보의 형태로 표현하는 것이 정보처리단계이다.

➤ 글의 종류

읽기와 듣기는 글쓴이나 말하는 이가 언어를 수단으로 의도한 바
를 정확하게 이해해야 한다.
글로 정보를 표현하는 방법에는 주로 사실로 표현하는 방법과 주
로 정서와 감정으로 표현하는 방법이 있다. 사실로 표현하는 글을 실
용적인 글이라 하고 정서와 감정으로 표현하는 글을 문학적인 글이
라 할 수 있다.

실용적인 글은 전달하고자 하는 내용을 직접적으로 전달하려는 의
도로 쓴 글로서 논문, 논설문, 설명문, 보고서 등의 종류가 있다. 사실
(fact)의 이해를 바탕으로 주제를 직접적으로 전달하며 글을 쓰는 목
적은 자신의 생각이나 정보를 전달하기 위한 것이다. 효과적 글 읽기
(4장)에서 제시한 대로 요약하기나 **분석적 읽기 법으로 학습해야 하
는** 이해와 분석의 대상이다.

문학 작품은 재미를 느끼고 감동을 주기 위한 글로 시, 소설, 수필 등의 종류가 있다. 느낌(feeling)을 통해 글을 쓴 사람과 읽는 사람 사이에 감정적 공유를 목적으로 하며 사실, 감정을 은유, 비유 등의 추상화 방법을 통해 감동을 주는 것에 초점을 두며, 글을 사실적으로 읽기보다는 감상해야 한다. 감상의 대상은 주로 정서와 감정, 의도이다.

▶ 문학적 글 읽기

이 장에서는 문학적 글 읽기를 중심으로 살펴보기로 하자. 문학적 읽기를 잘하기 위해서는 언어의 구조를 먼저 이해해야 한다. 의도과목은 저자가 읽는 이에게 전달하고자 하는 의도를 중요시하는 과목이며 언어를 도구로 복합적인 의도가 포함되어 있기 때문이다. 교과서는 국민공통기본교육과정의 용어에서 의미하듯 대한민국의 국민으로 생활하는데 유용한 지식과 정보, 기능을 체계적으로 정리한 것이다. 의도과목은 언어의 구조를 파악하고 표면적으로 드러나는 사실적 내용뿐 아니라, 내면적으로 숨어 있는 의도와 감정을 함께 이해하는 것이 중요하다. 언어는 그 언어가 표현되게 된 맥락이 중요하므로 문학적 글 읽기는 글이 쓰이게 된 시대상황, 저자가 처한 상황, 문화 등 맥락파악이 선행되어야 한다.

문학적 글 읽기는 정서와 분위기가 느껴지는 소재나 표현을 찾아보고, 말하는 이의 감정과 그에 따른 분위기를 살펴, 정서와 분위기를 바탕으로 작품 전체를 감상하면 된다. 문학적 글은 문학적 감동을 주거나 상상의 즐거움, 삶에 대한 깨달음과 교훈을 주기 위한 글이다.

➤ 언어의 구조와 작용기제

사람은 내면에 있는 복잡하고 다양한 감정, 욕구, 의도를 2% 정도 의식화할 수 있다고 한다. 이러한 감정, 욕구, 의도를 고도의 집중력으로 인식하고 표현하기 위해 언어라는 도구를 빌려 사용하게 된다. 이렇게 내면의 것들을 언어로 표현하고 상대방에게 전달되면, 듣는 이는 자신의 내면에 있는 다양한 감정, 욕구, 의도와 생각시스템, 즉 의식시스템과 조합하여 또 다른 감정, 욕구, 의도로 해석한다. 이러한 과정에서 많은 오류가 발생하여 표현하는 이와 듣는 이 사이에 소통의 오류가 발생하게 된다. 즉, 사람의 내면에 존재하는 실체를 의미(meaning)라 하고, 이러한 의미를 표현하기 위해 선택하는 그릇과 같은 도구를 표현 또는 메시지라 한다. 표현하는 이는 말하기와 쓰기를 통해 전달하고 듣는 이는 듣기와 읽기를 통해 이해하게 된다. 따라서 많은 소설, 수필, 시와 같은 문학적 글 읽기는 겉으로 드러나는 표현만을 읽을 것이 아니라, 글쓴이가 원래 표현하고자 했던 감정, 가치, 의도를 적극적으로 느끼려는 태도가 중요하다.

언어가 담고 있는 내용을 정보라는 말로 표현할 수 있으며, **언어는 정보를 전달하는 수단**이라고 할 수 있다. 글이란 글쓴이가 자신의 가치관 속에서 세계(대상)를 인식하고 그 인식한 바를 언어로 표현한 것이다. 따라서 좋은 글 읽기란 글쓴이의 가치관과 내면에서 표현하고자 하는 것들을 느끼는 것이다. 언어를 표현하는 수단은 글이나 말이다.

언어의 내적, 외적 구조에 대하여 다음과 같이 설명할 수 있다.

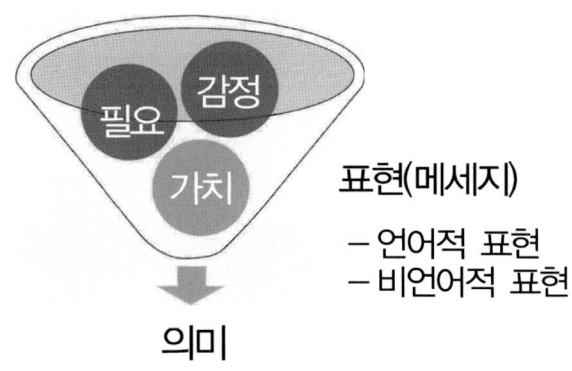

필요 감정 가치

표현(메세지)
– 언어적 표현
– 비언어적 표현

의미

내일이 시험인데 약속한 공부도 하지 않고 축구를 하고 들어오는 중 1 아들에게 엄마가 다음과 같이 말했다.

엄마: "얘, 정신이 있는 거야? 내일이 시험인데 축구를 해?"
아들: "저는 축구를 하지 않으면 공부를 할 수 없어요. 그리고 지금부터 공부하면 되요."
엄마: "말은 잘한다~~~."
아들: "저를 못 믿으세요? 알았어요, 믿지도 않으시는데 안 할래요."

엄마의 내면에서는 아들이 시험을 잘 보았으면 좋겠다는 바람과 시험을 앞두고 축구하는 아들을 보는 안타까움, 책임을 다했으면 좋겠다고 하는 가치가 있었을 것이다. 이렇게 내적 욕구를 의미라고 한다. 이러한 내적 욕구를 겉으로 표현하기 위해 빌려서 사용하기로 선택하는 것이 메시지인데, 메시지에는 언어적 표현과 비언어적 표현을 포함하고 있다. 엄마의 목소리는 톤이 높고 약간 비꼬는 듯하였으며, 아들을 바라보는 눈빛은 차갑고, 날카로우며, 말하는 입은 이지러지는 듯한 비언어적 표현을 사용하였다. 언어적 표현은 "얘, 정신이 있는 거야? 내일이 시험인데 축구를 해?"이다. 아들의 내면에서는 어떠한 일들이 벌어졌을까?

아들: '나도 잘못한 거 안다고. 엄마는 또 잔소리네, 아무리 그래도 너무 하잖아.'

이런 내적 상태에서 아들이 원하는 욕구는 엄마의 이해를 바라는 마음, 이제라도 공부를 잘 해야겠다는 의지, 자유롭고 싶은 마음 등이 있었다. 그런데 이러한 자신의 욕구를 표현하기 위해 빌려 사용한 언어 도구가 "저는 축구를 하지 않으면 공부를 할 수 없어요. 그리고 지금부터 공부하면 되요." "저를 못 믿으세요? 알았어요, 믿지도 않으시는데 안 할래요"가 된 것이다. 비언어적인 표현, 즉 목소리와 얼굴표정, 말하는 태도가 공손하지도 않았다. 이렇듯 언어는 외적으로 표현되는 내용 자체보다 인간의 내면에서 표현하고자 하는 의미가 더욱 중요하다. 특히 문학적 글에서는 이러한 의미 파악이 핵심이다.

말이나 글로 표현되는 언어의 수직적 구조를 따져 보자.

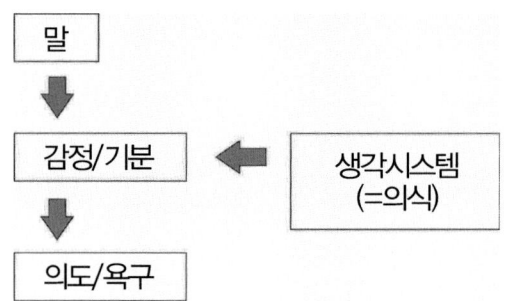

위에서 엄마가 "말은 잘한다~~"라고 했을 때,

말(표현): 말은 잘한다.

감정/기분: 한심하다. 화난다. 걱정된다. 잘하기를 기대한다.

생각시스템: 내일이 시험이면 당연히 들어와서 스스로 공부해야 한다.

의도/욕구: 아들이 스스로 잘해주면 나는 엄마 역할을 잘하는 것이다.

엄마는 자신이 좋은 엄마 역할을 하고 싶다는 욕구를 아들이 들어주어야 하는데, 잘 되질 않으니, 짜증이 나고, 화나는 감정을 느끼며, "말은 잘한다"라는 표현을 한 것이다. 엄마도 자신의 욕구를 이해하지 못하고 아들에게 엉뚱한 말을 하고 있으며, 아들도 엄마나 자신의 욕구를 이해하지 못한 채 엉뚱한 말을 하고 있는 것이다.

문학적 글 읽기에서는 이러한 말의 구조를 파악하는 힘이 필요하다.

문학적 글 읽기는 글을 이해하는 독해의 영역과 글을 통해 읽는 이가 의미 재확대, 창조적 과정을 통해 글쓴이와 만나는 활동의 영역이 있다.

글을 쓰는 이의 입장에서 글쓰기의 요소를 파악해 보면 반대로 글 읽기의 요소가 된다.

글 읽기 요소는 글이 태어난 조건, 글의 형식, 글의 내용, 글을 읽는 목적으로 나누어 볼 수 있다. 어떠한 글을 읽을 때 4가지 요소를 기준으로 생각해 보면 도움이 된다.

- 글쓴이의 글의 세계(소재)와 글 읽는 이를 대하는 상황 및 관점

은 어떠한가? ⇒ **글이 태어난 조건**

– 글이 어떤 식으로 쓰이며, 단락과 같은 글의 작은 부분들은 어떻게 구성되어 전체를 이루는가? ⇒ **글의 형식**

– 소재는 무엇이며 그것에 관한 혹은 그것을 통해 제시되는 주제는 무엇인가? ⇒ **글의 내용**

– 이 글을 왜 읽는가? ⇒ **글을 읽는 목적**

➤ **문학적 읽기(=글 감상하기, 공감적 읽기) 실습**

다음 글을 문학적 글 읽기를 해 보자

글쓴이가 전달하고자 하는 내용은 다음과 같다.
– 행복은 물질의 많고 적음에 있는 것이 아니라 사람과의 관계에 있다
– 인간의 진정한 행복이 무엇인가?

① 사실로 표현
다음 글에서 중요하다고 생각되는 곳에 밑줄을 치면서 읽어 보자.

사실로 표현:

참 행복은 물질의 많고 적음에 있는 것이 아니라 서로를 위해 주는 마음에 있다. 아무리 돈이 많고 궁궐 같은 집에 산다 해도 서로 미워하는 마음이 가득하다면 행복감은 절대 느낄 수 없을 것이다. 그러나 반대로 조금 가난하다고 해도 서로 아끼고 사랑하는 마음이 있다면 어려움도 잘 극복할 수 있기 때문에 행복감을 느낄 수 있을 것이다.

💡 이 글을 분석해 보자.

1. 이 글은 실용적인 글인가? 문학 작품인가?

2. 이 글은 몇 문단인가?

3. 각 문단의 중심내용은 무엇인가?

4. 이 글의 형식은 무엇인가?

5. 주제는 무엇인가?

6. 제목은?

② 문학적 글(정서)로 표현

다음 글에서 중요하다고 생각되는 곳에 밑줄을 치면서 읽어 보자.

정서로 표현 :

가난한 날의 행복

그들은 가난한 신혼부부였다.
보통의 경우라면,
남편이 직장으로 나가고
아내는 집에서 살림을 하겠지만,
그들은 반대였다.

남편은 실직으로 집 안에 있고,
아내는 집에서 가까운 어느 회사에 다니고 있었다.

어느 날 아침,
쌀이 떨어져서 아내는 아침을 굶고 출근했다.

"어떻게든지 변통을 해서 점심을 지어 놓을 테니,
그때까지만 참으오."

출근하는 아내에게 남편은 이렇게 말했다.

마침내 점심시간이 되어서 아내가 집에 돌아와 보니,
남편은 보이지 않고,
방안에는 신문지로 덮인 밥상이 놓여 있었다.

아내는 조용히 신문지를 걷었다.

따뜻한 밥 한 그릇과 간장 한 종지……

아내는 수저를 들려고 하다가
문득 상위에 놓인 쪽지를 보았다.

"왕후의 밥, 걸인의 찬……
이걸로 우선 시장기만 속여 두오."

낯익은 남편의 글씨였다.
순간, 아내는 눈물이 핑 돌았다.

만금을 주고도 살 수 없는
행복감에
가슴이 부풀었다.

💡 이 글을 분석해 보자

이 글은 실용문이 아니므로 2~6을 분석하기가 쉽지 않다.

문학작품 감상 시 다음과 같은 내용을 주의하여 읽어보자.

- 작품 전체를 한꺼번에 읽는 것이 좋다. 왜냐하면 한 편 전체를 읽어야 주제를 알 수 있는 경우가 많다.

- 글쓴이나 글의 주인공과 하나가 되는 것이 좋다. 문학 작품은 독자의 감정에 호소하는 글이 대부분이다. 감정은 말하는 사람과 듣는 사람, 또는 글쓴이와 읽는 이 사이에 공감대가 형성될 때 전달이 쉽게 이루어진다. 따라서 문학작품을 읽을 때는 가능하면 글쓴이나 글의 주인공과 감정이 일치되도록 노력하는 것이 도움이 된다.

- 상황이나 배경의 변화에 주목해야 한다. 문학 작품에서 큰 단락의 구분은 주로 인물, 상황, 변화와 더불어 이루어진다.

📌 문학적 글 읽기(=글 감상하기)의 핵심은 상상하기와 객관적 자료 참고하기

💡 상상하기

시, 장편소설 등 문학작품은 이야기(스토리)를 가지고 있어, 문학작품을 이해하는 가장 기본적인 작업은 스토리를 파악하는 것이다.

문학작품은 **풍부한 감수성**을 가지고, 중간 중간에 빠져 있고 **상징과 비유로 숨겨진 보물**들을 찾아내는 작업이다. 수필이나 소설은 스토리 파악이 상대적으로 쉽지만 시는 언어의 압축과 생략이 심하여 스토리를 복원하기가 곤란하다.

스토리를 파악하거나 작품의 상황, 분위기를 상상하는 방법 중 하나는 중요한 용어라고 생각되는 **단어, 어구에 동그라미**를 치는 것이다. 문학은 분명하고 직설적으로 정보를 전달하기보다는 **상징과 비유**라는 방법을 통해 간접적으로 정보를 전달하는 방식으로 쓰인다. 글쓴이는 자신의 생각을 전개시키기 위해 특정 단어에 특별한 의미를 부여한다. 따라서 글을 읽을 때는 문학 작품 이해를 위해서 이런 단어를 포착하고 다음으로 자신의 상상력을 동원하여 그 단어가 암시하고 있는 상황이나 분위기를 상상해야 한다. 동원된 상상은 독자 개개인의 삶의 투영이기 때문에 사람에 따라 달라질 수도 있다. 그러나 이런 과정을 통해서 문학 작품을 이해하고 감상하는 능력을 배양하지 않고 남이 해 놓은 감상을 무비판적으로 받아들인다면, 결코 작품을 감상하면서 즐길 수 있는 능력은 배양되지 않을 것이다.

○ 실습해 보기

다음 글을 중요한 어구나 단어에 동그라미를 치면서 감상해보자.

소나무

소나무는 씩씩하다.
봄에도 죽지 않고
여름에도 죽지 않고
가을에도 죽지 않고
겨울에도 죽지 않고
소나무는 씩씩하다
– 서창우(초등학생)

💡 이 글을 감상해 보자.

---

1. 이 글은 실용문인가? 문학작품인가?

2. 이 시를 쓴 초등학생의 기분, 느낌은 어떨까?

3. 중심생각은 무엇인가?

4. 다른 제목을 붙여 보세요.

5. 위 시를 감상한 소감이나 느낌을 중심으로 댓글을 달아 보세요.

☆ 객관적인 자료 참고하기

개인의 상상력을 통해 문학 작품을 감상하고 즐긴다. 그러나 상상은 개인적이고 주관적이기 때문에 상상력에만 의지한 작품의 이해는 잘못될 가능성도 있다. 이런 문제를 보완하기 위해서 객관적인 사실을 알려주는 참고자료가 있어야 한다. 객관적인 자료는 주요 개념어의 보편적인 의미, 시대적·공간적 배경, 글쓴이에 대한 정보 등이 있다.

예를 들어 한용운의 '님의 침묵'에서 **님**은? 이라는 질문에 대하여 '님'이라는 단어만 보았을 때 저자의 의도를 이해하기가 쉽지 않다. 그러나 **시대적, 공간적 의미와 글쓴이에 대한 정보**를 알려주고 난 후 **님**에 대한 이해는 달라질 수 있다.

● 의도 교과목 학습법 정리

① 개념학습을 하라.

② 문학 작품은 글쓴이가 표현하고자 하는 진정한 의도를 파악하여 공감적 읽기를 하라.

③ 비문학은 글을 읽고 이해하는 단계, 요약하기, 분석적 읽기를 하라.

※ **개념노트**

과목 :
단원 :

개념	상상한 뜻	사전 찾기

● 적용과목: 수학, 물리

➤ 수학(數學)에 대한 자신의 개념 확인

○ 수학이란?

○ 수학은 왜 공부해야 하는가?

○ 나는 수학 공부를 어떻게 하고 있나?

➤ 수학과목에 대한 학교교육과정 정의를 살펴보자

수학과는 수학적 개념, 원리, 법칙을 이해하고 논리적으로 사고하며, 여러 가지 현상을 수학적으로 관찰하고 해석하는 능력을 기르고, 여러 가지 문제를 수학적인 방법을 사용하여 합리적으로 해결하는 능력과 태도를 기르는 교과이다.

수학적 개념의 깊이 있는 이해와 활용, 합리적인 문제 해결 능력과 태도는 모든 교과를 성공적으로 학습하는 데 필수적일 뿐만 아니라 개인의 전문적인 능력을 향상시키고 민주 시민으로서 합리적 의사 결정 방법을 습득하는 데에도 필요하다. 또한 수학적 지식과 사고 방법은 오랜 역사를 통해 인간 문명 발전의 지적인 동력의 역할을 해왔으며, 미래의 지식 기반 정보화 사회를 살아가는 데 필수적이다.

수학적 개념, 원리, 법칙을 익혀 또 다른 학습능력을 기르는 필수적인 교과목이라 표현되어 있다. 그렇다면 수학이란 무엇일까? 수학이란 자연세계를 수학적 언어를 이용하여 표현하는 방법이며, 수학적 언어란 자연세계의 일들을 표현하는 방법 중 식으로 표현하는 것으로 생각해 볼 수 있다. 또 다른 표현으로는 내재적 지식을 표출하는 방법 혹은 자연세계를 표출하는 방법이며 수학도 언어의 한 종류라 할 수 있다. 언어는 처음에 언어를 배울 때 정확하게 배우면 쉽게 알 수 있다.

학력고사에서는 학생이 얼마나 많은 공부를 했느냐를 측정하는 것이 관건이었다. 그러나 修學능력고사에서는 수학능력, 즉 대학에 가서 학문을 받아들일 능력이 있느냐를 묻는 것이다. 그렇다면 수리과목에서 학문을 받아들일 어떠한 능력을 확인하고 싶을 것이냐의 질문에 대한 답은 **이해력, 추론능력, 문제 해결 능력인데** 문제가 발생한 원인은 한 가지 이유만이 아니다. 어떤 면에서 얼마나 많이 공부했느냐는 중요하지 않다. 수학은 암기하는 것이 아니라 이해능력이 필요한 과목이다. 수능에서는 똑같은 문제는 나오지 않는다. 문제에서 나오는 **규칙성 발견**이 관건이다.

예를 들어 **수열에서는 보기를 읽고, 이해하기 정도는 출제자의 의도가 아니다. 한 점으로부터 또는 어떤 것으로부터 규칙성을 찾을 수 있는지 추론 능력을 요구한다.**

➤ 수학은 언어이다.

언어란 정보를 전달하는 도구이다. 언어의 종류는 서술적 언어, 그림·도표의 언어, 수학적 언어로 구분해 볼 수 있다.

- **서술적 언어**: 일상생활에서 가장 많이 사용하는 언어, 주고받는 대화
- **그림·도표의 언어**: 자연현상이나 사회연상을 그림, 도표로 정리하여 제시하는 언어
- **수학적 언어**: 자연 세계의 규칙을 표현해 주는 언어

서술적 언어	그림·도표의 언어	수학적 언어
원점에서 거리가 1인 점들의 모임	(원점을 중심으로 반지름 1인 원, 1, -1, 0, -1)	$x^2 + y^2 = 1$
중 1: 원주, 호의 길의, 원의 넓이, 부채꼴의 넓이	10-나	10-나

수학적 언어를 익히는 방법은 위의 세 가지 언어를 상호 변경할 수 있는 것이다.

① 서술적 언어 → 수학적 언어

② 수학적 언어 → 서술적 언어

③ 수학적 언어 → 그림·도표의 언어

④ 수학적 언어 → 또 다른 수학적 언어

⑤ 서술적 언어 → 그림·도표의 언어

⑥ 그림·도표의 언어 → 서술적 언어

⑦ 그림·도표의 언어 → 수학적 언어

⑧ 그림·도표의 언어 → 다른 그림·도표의 언어

⑨ 서술적 언어 → 다른 서술적 언어

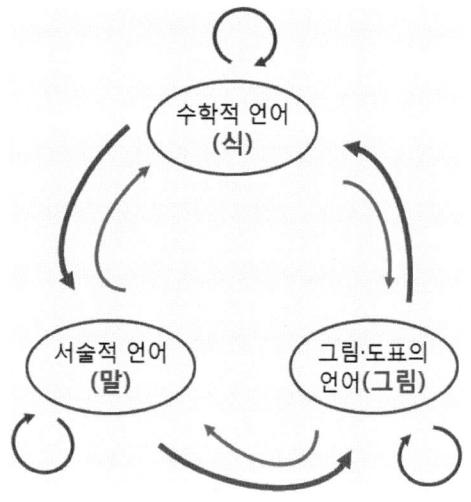

요약하면 수학은 언어이고, **수학에서 하는 사고과정**은 위와 같이 **어떤 언어를 다른 종류의 언어로 바꾸는 과정이다.**

「數學」 공부단계
개념이해(노트) → 문제 풀이 → 확인학습

– 개념이해란? **말, 즉 서술적 언어**로 설명할 수 있어야 하고, **글·식·그림, 즉 수학적 언어**와 **그림·도표**로 표현할 수 있어야 한다.

– 확인학습을 통한 문제풀이
학습은 자신이 모르는 문제를 해결하는 과정에서 이루어진다. 많은 경우 처음에 이해하고 제대로 푼 문제는 계속하여 올바로 문제를 풀고, 틀린 문제는 반복하여 틀리게 된다. 틀린 문제를 반드시 해결하여 이해하고 넘어가기 위한 방식이 확인학습이다.

1R:
– 문제집 한 권을 선택하여 전체적으로 문제를 푼다.
– 채점 후 틀린 문제는 동그라미(○)를 친다.
2R:
– 동그라미(○) 친 틀린 문제만 전체적으로 푼다.
– 채점 후 또 틀린 문제는 이중 동그라미(◎)를 친다.
– 모두 맞을 때까지 반복한다.

틀린 문제를 해결하는 것이 실력향상이며, 이미 맞은 문제를 계속 푸는 것은 무의미하다는 것을 명심해야 한다.

○ 교과서의 실생활 문제를 꼭 풀면서 사고력, 문제 해결능력을 향상시켜야 된다.
왜냐하면 수학과목의 기본 목표가 사고력, 이해력, 문제 해결능력 향상이기 때문이다.

○ 중, 고(6년간) 목차를 제시한 전체보기표를 활용하여 자신이 약한 분야를 확인해야 한다. 자신이 취약한 단원을 확인하고 복습, 예습해야 한다.

○ 선행학습을 할 때는 7-가, 8-가, 9-가의 순서대로 하는 것이 좋다. 매 1학기 혹은 매 2학기 단위로 하라는 의미이다.

➤ 중학교 수학 교과서의 전체보기 표를 만들어 보자

중 1~3 수학 전체보기표

구분		1학년	2학년	3학년
1학기	집합	· 집합: 연산		
	수	· 자연수: 기수법, 함수, 배수 · 정수 · 유리수: 근사값	· 순환소수	· 무리수 = 제곱근
	문자와 식	· 문자와 식	· 식의 계산 = 다항식, 부등식	· 다항식의 곱셈 · 인수분해
	방정식	· 일차방정식: 해	· 연립 방정식	· 이차방정식 = 근의 공식
	함수	· 함수: 좌표 평면	· 일차함수 그래프와 활용	· 이차함수 = 최대, 최소
2학기	통계	· 통계: 상대도수	· 확률	· 통계=상관관계
	도형	· 평면도형: 다각형, 작도 · 입체도형: 부피와 겉넓이 · 도형의 관찰: 오일러의 공식	· 삼각형의 성질 · 사각형의 성질 · 닮음	· 피타고라스의 정리와 활용 · 원과 곡선 · 원주각, 원과 비례 · 삼각비
	명제		· 명제	

💡 전체보기표를 보고 다음 질문에 답해 보자.

---

1. 분류별로 대수학과 기하학을 분류해 보시오.

2. 분류별로 자신의 수준을 진단해 보시오.

분류	상	중	하
방정식			

3. 중 2 학생이 일차 방정식의 이해가 부족할 때 어떻게 공부하면 될까요?

▶ 수학의 세 가지 분류 – 대수학, 기하학, 통계

중고등 과정의 수학은 통계를 제외하면 크게 대수학과 기하학으로 나뉜다. 대수학은 문자와 숫자의 사칙연산으로 결합된 식들의 변형이 주 내용이다.

① 중학교 과정은 실수(무리수, 유리수)에 관한 것과 일차·이차 방정식, 함수, 일차부등식이 주류를 이룬다.

② 중학교 과정의 기하학은 주로 삼각형, 사각형, 원에 관하여 좌표계를 사용하지 않는다.

(좌표계를 이용한 도형 해석은 고교과정)

함수는 고등학교에서는 도형으로 취급한다.

중학과정에서 도형을 배울 때 주의할 점은 공식을 암기하는 것도 필요하지만, 공식의 유도과정을 이해하고 스스로 증명할 수 있는 능력을 갖추고 있는 것이 중요하다.

대수학의 논리성이 기하학에서의 증명을 통하여 형성되고 강화되기 때문이다.

도형 증명에 자신감이 생길 때까지 중학교 도형의 증명문제를 공부해야 한다.

③ 고등학교 대수학은 복소수, 인수분해, 고차방정식, 이차부등식뿐만 아니라 추상적 개념과 결합한 기호들에 주눅 들기 쉽다. 항상 생각이나 뜻을 기호로, 기호를 뜻으로 전환하는 능력이 필요하다.

④ 고등학교 기하학은 중학교 때 배운 도형을 프랑스의 데카르트가 제안한 좌표계를 이용하여 해석하는 분야이며, 함수도 도형으로 취급한다. 즉, 도형을 관계식으로 표현하며, 나중에 미분적분학으로 발전한다. 수학원리와 기본기를 충실히 한 사람은 미

분적분학이 매우 재미있고 쉽지만, 성적에 급급하여 문제풀이 위주로 공부한 사람은 적응하기 어렵다.

입체도형도 초, 중과 달리 공간좌표계로 해석하며, 벡터를 도구 삼아 해석하기도 한다. 좌표계를 도입한다는 것은 정성적으로만 해석하던, 초, 중과 달리 정량적으로 해석한다는 의미를 가지고 있다.

⑤ 통계는 수학 공부를 많이 한 사람일수록 어려워하는 분야이다. 검증하기 어렵기 때문이다. 도형과 통계분야를 잘할수록 머리가 좋은 사람이다.

수학은 학년이 올라갈수록 정성적인 것보다 정량적인 것을 요구하며 수식의 도움 없이는 해결하기 어려운 문제들이 거의 대부분이다. 수식은 생각의 한계를 극복하기 위해 사용하는 도구이다. 그렇다고 **공식에 얽매인다면 아무리 노력해도 30%밖에 이해하지 못한다. 나머지 70%는 생각하는 힘**이다. 수학은 생각하는 능력을 기르는 과목이며, 공식을 암기하는 과목이 아님을 명심해야 한다. 만약 공식을 암기해서 문제를 빨리 푼다면, 자신의 수학 생명은 빨리 끝난다.

또한 수학에서의 **계산**이란 산수가 아니라 **관계식의 변형**을 말한다. **관계식의 변형의 기본은 교환, 결합, 분배법칙, 공통인수 묶어내기, 등식의 성질, 부등식의 성질**이며, 이것만 제대로 하여도 수학 계산의 기본은 되어 있다고 해도 과언이 아니다.

Part **04**

행동적 전략

CHAPTER

11

시간관리

● **시간의 소중함 인식**

자신이 생각하는 시간이 중요한 이유를 생각하고 작성해 보자.

○ 시간이 중요한 이유를 나열해 보자.

-
-
-

○ 나는 그동안 어떻게 시간을 보냈는지 생각해 보자.

소중하게 ☐   되는대로 ☐   함부로 ☐

➤ 시간의 평등성과 개인성

그리스 사람들은 시간을 '크로노스(Chronos)'와 '카이로스(Kairos)'로 나누어 구분을 했다고 한다. 크로노스는 가만히 있어도 흘러가는 자연적인 시간, 즉 달력의 시간, 객관적인 시간이다. 천문학적으로 해가 뜨고 지면서 결정되는 시간이며, 지구가 자전과 공전을 하면서 결정된다. 낮과 밤을 알려주며, 봄 여름 가을 겨울을 알려 주는 시간, 우리를 육체적으로 늙게 하고, 죽게 하는 시간이다. 인간의 지위 고하를 막론하고 누구에게나 똑같이 주어지는 공평한 시간을 말한다. 카이로스는 목적을 가진 사람에게 포착되는 의식적이고 주관적인 시간이다. 순간의 선택이 평생을 좌우하는 시간이 되는, 즉 기회의 시간이며 결단의 시간이다. 1분이 1년보다 길 수 있으며, 1년이 1분보다 짧을 수 있다. 응급환자에게 있어서의 1분은 무위도식하는 사람의 1분과는 비교할 수 없을 정도로 소중한데 바로 이 시간이 카이로스이다.

우리는 크로노스의 시간을 관리할 수는 없지만 카이로스의 시간은 마음먹기에 따라서 얼마든지 늘릴 수도 줄일 수도 있다. 왜냐하면 주관적인 시간이므로, 같은 양의 물리적 시간이라도 사용하는 방법에 따라 두 배 혹은 세 배까지도 늘려서 사용할 수가 있기 때문이다.

크로노스(평등성)	카이로스(개인성)
물리적 시간	심리적 시간
달력의 시간	기회와 때
양적인 시간	질적인 시간
객관적인 시간	주관적인 시간

➤ 누구에게나 하루는 24시간

1시간은 3,600초, 하루는 8만 6,400초, 1년이면 3,153만 6,000초, 칠십 평생으로 잡으면 22억 752억 만 초, 신이 인간에게 허락한 시간은 똑같지만 흐르는 속도는 상대적이다. 아인슈타인은 "아름다운 여자와는 2시간 동안 같이 앉아 있어도 2분처럼 느껴지고, 뜨거운 화덕 위에는 2분만 앉아 있어도 2시간이 지난 것처럼 느껴진다"라는 말로 '상내성' 개념을 실명하었나. 시간이 상내적으로 흐르는 네는 또 다른 이유가 있다. 어떤 사람은 정말 필요한 일에 2분을 쓰고, 어떤 사람은 필요한 서류가 어디 있는지 찾거나 쓸데없는 걱정에 2시간을 쓴다. 시간을 어떻게 효율적으로 사용하는지에 따라 부족하기도 하고 넉넉하기도 하다.

『80 대 20』 저자인 경영컨설턴트 리처드 코치는 "시간이 부족하다는 것은 말이 안 된다. 오히려 우리는 넘치는 시간에 둘러싸여 살고 있다. 문제는 그 시간 중 제대로 활용하는 것이 단 20%뿐이라는 데 있다. 80 대 20의 법칙에 따르면, 일주일에 이틀만 일하고도 지금보다 60% 이상의 성과를 올릴 수 있다"라고 하면서 일의 성취를 위한 것이든 개인적 행복을 위한 것이든 가치가 낮은 활동은 단호하게 포기하라고 충고한다. 그가 말하는 최악의 시간 활용법은 다음과 같다.

1. 타인으로부터 부탁받은 일을 한다.
2. 항상 같은 일을 같은 방법으로 한다.
3. 특별히 소질이 없는 일을 한다.
4. 재미없는 일을 한다.
5. 항상 방해받는 일을 한다.

6. 타인은 거의 관심을 보이지 않는 일을 한다.

7. 원래 예상한 시간보다 2배나 더 걸릴 일을 계속한다.

8. 신뢰할 수 없는 사람, 능력이 떨어지는 사람과 일한다.

『작은 노력으로 성공하라』의 친닝 추는 '시간 관리'라는 개념 자체가 허구라며, "시간은 인간의 관리를 받아 본 적이 단 한 번도 없다"라고 했다. 그는 14개월간 질질 끌어온 일을 단 3시간 만에 끝내버린 자신의 경험을 통해 시간은 덧없이 흘러가는 것이 아니라 몰입 여부에 따라서는 단 5분도 긴 시간이 될 수 있음을 깨달았다. 그리고 "내가 어떤 일을 끝마칠 시간이 충분하지 못하다면, 그것은 시간의 문제가 아니라 나 자신의 문제"라고 말한다. 그의 조언은 비교적 간단하다. ① 당신이 잘하지 못하는 일은 남의 도움을 받거나 아니면 맡겨라. ② 스무 시간 걸릴 일을 열 시간 안에 다 하겠다고 무리하게 계획하지 마라. 차라리 하루 여섯 시간 분량의 일을 여덟 시간 안에 해치우는 계획을 세운다. ③ 계획했던 시간보다 더 오래 공부하는 것에 신경 쓰지 마라. 공부는 놀듯이 해라. ④ 시간 약속은 반드시 지키거나, 지킬 수 없다면 다시 약속을 한다. 다른 사람의 시간을 소중하게 여기는 것이 내 시간을 아끼는 방법이다. ⑤ 일에 집중해야지, 시간에 집중하면 안 된다. 너무 빠듯한 마감에 쫓기다 보면 일 자체를 그르친다.

➤ 지혜로운 사람, 어리석은 사람

세상에는 두 종류의 사람이 있다. 시간을 지혜롭게 관리하는 사람이 있는가 하면 또 미련하게 처세하며 시간을 낭비하고 살아가는 어리석은 사람이 있다. 비전이 있는 사람은 시간 관리를 잘하는 사람이다. 이 세상에는 돈을 잘못 사용해서 인생을 망친 사람보다 시간을 잘못 사용해서 망한 사람이 더 많다. 우리는 몇 천 원, 몇 만 원을 길에 버리면 미친 사람이라고 하면서 시간을 길에 허비하는 것은 전혀 아까워하지 않는다. 또 돈이나 물건을 도둑맞으면 야단법석을 떨지만 생명과 같은 시간은 도둑맞고 흘려버려도 태평하다.

몽테뉴는 "누가 당신에게 돈을 꾸어 달라 하면 당신은 주서할 것입니다. 그런데 어디 놀러가자고 하면 당신은 쾌히 승낙할 것입니다. 사람은 돈보다 시간을 빌려주는 것을 쉽게 생각합니다. 만일 사람들이 돈을 아끼듯이 시간을 아낄 줄 알면 그 사람은 분명히 성공할 것입니다"라고 말하였다.

피뢰침을 발명한 미국의 과학자 벤자민 프랭클린이 성공한 인쇄업자로 이름을 떨칠 수 있었던 이유는 모두 50여 년 동안 철저히 시간 관리를 해온 덕분이다. "그대는 인생을 사랑하는가? 그렇다면 시간을 낭비하지 마라. 인생을 구성한 재료는 바로 시간이기 때문이다. 똑같이 출발했는데, 세월이 지난 뒤에 다시 보면 어떤 사람은 뛰어나고 어떤 사람은 낙오자가 되어 있다. 이는 하루하루 주어진 시간을 잘 이용했느냐 이용하지 않고 허송세월을 보냈느냐에 달려 있다"라는 시간 관리에 관한 명언을 남겼다. 그는 ① 폭음·폭식을 삼가는 절제, ② 유익한 말 외에는 하지 않는 침묵, ③ 시간을 정해 놓고 일을 진행하는 규율, ④ 결심한 일은 꼭 실행하는 결단, ⑤ 시간을 헛되이 쓰지 않는 근면 등 13가지 덕목을 항상 수첩에 기록하며 평생을 살았고,

덕목의 실행 여부를 꼼꼼히 체크하는 일까지 **빼놓지** 않았다고 한다. 그래서인지 평소 프랭클린은 아침 일찍 일어나 매일매일을 열심히 살아도 알찬 계획표와 점검표 없이는 낭비되기 쉬운 게 시간이라며 긴급도, 중요도 등 기본적인 원칙을 정해두고 그에 철저히 따랐다고 한다. 꼼꼼한 시간 관리를 통해 과학자로도 명성을 얻고, 인쇄출판업 자로도 성공을 거머쥐게 되었던 것이다.

시간관리의 필요성

시간관리란 무엇일까? 그것은 자신이 목표하는 것을 위해서 노력 하기 시작한다는 것이다. 성공하고자 하는 사람들은 평소에도 시간 관리를 열심히 하는 사람들이며 시간의 중요성을 깨닫고 많은 시간 을 공부에 투자함으로써 성공하였고 나아가 효율적인 시간 관리방법 을 깨닫게 되고 성공을 굳힌 것이다. 자신에게 주어진 시간을 면밀히 분석하여 쓸모없는 곳에 시간을 낭비하지 않으며 기존의 시간 사용 습관에 대해서도 최소의 시간에 최대의 효과를 보려고 노력하는 것 을 말한다. 시간은 다시 돌아오지 않으므로 신중히 생각하고 행동해 야 한다.

"시간은 금이다."

"하루 5분이면 인생이 바뀐다."

"하루하루를 우리의 마지막 날인 듯이 보내야 한다."

"세월은 화살과 같이 지나간다."

등의 속담과 격언들은 순간을 의미 있게 보내라는 금언이다.

시간 관리 전략을 통해 자신에게 주어진 제한된 시간을 활용하여 누구나 목표를 이루는 삶을 시작하는 것을 말한다.

동화

어떤 사람이 하루는 숲 속으로 산책을 나갔다가 큰 나무를 톱으로 열심히 자르고 있는 나무꾼을 만났다.

그런데 나무꾼이 하도 끙끙거리며 애를 쓰고 있기에 다가가서 자세히 보니 톱날이 엉망이었다.

그래서 나무꾼에게 말을 건넸다. "실례지만 제가 보기엔 톱날이 너무 무디군요! 날을 갈아서 쓰면 훨씬 일이 쉬울 텐데요." 그러자 나무꾼은 지친 표정으로 한숨을 내쉬며 말했다.

"그럴 시간이 없어요. 나는 이것을 빨리 잘게 쪼개서 장작으로 만들지 않으면 안 됩니다."

위의 동화를 읽고 다음 질문에 답을 해 보자

· 농경시대에 갈아야 할 톱날은 무엇이었을까?

· 산업시대에 갈아야 할 톱날은 무엇이었을까?

· 정보화시대에 갈아야 할 톱날은 무엇이었을까?

· 현재의 나는 어떤 톱날을 갈아야 할까?

· 농경시대, 산업시대의 톱날과 정보화시대의 톱날에는 어떤 차이가 있을까?

➤ 시간이란 무엇인가?

악마가 인간을 시험하기 위하여 고난을 주었다고 한다. 인간은 이 고난을 딛고 찬란한 문화의 꽃을 피웠다. 화가 난 악마는 이성을 주었다고 한다. 그랬더니 인간은 시나 음악과 같은 예술을 만들었다고 한다. 마지막을 악마가 인간에게 지금 할 일을 다음으로 미루는 습관을 주었더니 결국에는 인간이 인생을 후회하게 되었다고 한다.

시간이 다른 자원과 어떤 차이점이 있을까?
- 보이지 않는다.
- 늘이거나 줄일 수 없다.
- 빌려주거나 빌릴 수 없다.
- 안 써도 저절로 없어진다.
- 사람마다 가치가 다르다.
- 다시 돌아오지 않는다.
- 살 수도 팔 수도 없다.

즉 시간은 관리되지 않는다. 시간을 관리하는 핵심은 자신을 관리하는 것이다.

시간이란 과거로부터 현재를 거쳐 미래로 이어져 가는 크고 작은 사건들(Events)의 연속이다(웹스터 사전).
인생은 시간의 연속이며 시간은 사건들의 연속이다. 따라서 시간관리는 인생관리와 같다. 어떠한 사건을 선택하고 어떠한 사건을 제거하는 것이 시간관리이며 인생관리인 것이다. 불필요한 일을 하지 않는 지혜가 바로 인생의 지혜라 할 수 있다.

빌 클린턴 대통령이 당선되자마자 비서 중 한 명이 시간관리사였다고 한다. 시간관리사의 조언에 따라 빌 클린턴은 아침에 출근하자마자 자신의 집무실에서 20분간 혼자만의 시간을 보냈다고 한다. 20

분간의 시간 동안 그날의 시간계획을 세웠고 계획에 따라 시간을 효율적으로 사용하여 많은 일을 수행한 대통령이 되었다고 한다. 빌 클린턴은 그날의 계획을 A, B, C의 우선순위로 나누어 계획을 세웠다고 한다.

A: 꼭 스스로 해야 할 일
B: 다른 사람 시켜도 될 일
C: 하지 말아야 할 일

● 소중한 것을 먼저 하라

시간 활용에 있어 가장 핵심은 "긴급한 것보다 소중한 것을 먼저 하라"라는 말이다. 그렇다면 소중한 것은 무엇일까? 자신의 가치관, 역할, 비전, 목표와 가장 밀접한 것이다. 소중한 것과 긴급한 것을 구분하고 선택하기 위하여 다음의 내용을 명심해야 한다.

- 인생의 분명한 목표를 정하라.
- 해야 할 일의 우선순위를 정하라.
- 미래의 관점에서 판단하라.
- 선택과 제거를 명확히 하라.

➤ 시간관리 매트릭스

효과적인 시간관리를 위하여 긴급함과 중요함을 기준으로 4분면으로 구분하여 생각해 볼 수 있다. 중요함은 중요한 일, 소중한 것, 맡은 임무와 목표에 도움이 되는 활동이다. 긴급함은 급한 일, 눈앞의 일, 즉각적인 행동을 요구하는 활동을 의미한다. 1분면은 긴급하면서도 중요한 일들, 2분면은 긴급하지는 않지만 중요한 일들, 3분면은 긴급하지만 중요하지 않은 일들 4분면은 긴급하지도, 중요하지도 않은 일들로 구분할 수 있다.

　자신이 하루 중 소비하는 시간이 각 분면별로 얼마나 되는지 생각하여 써보자.

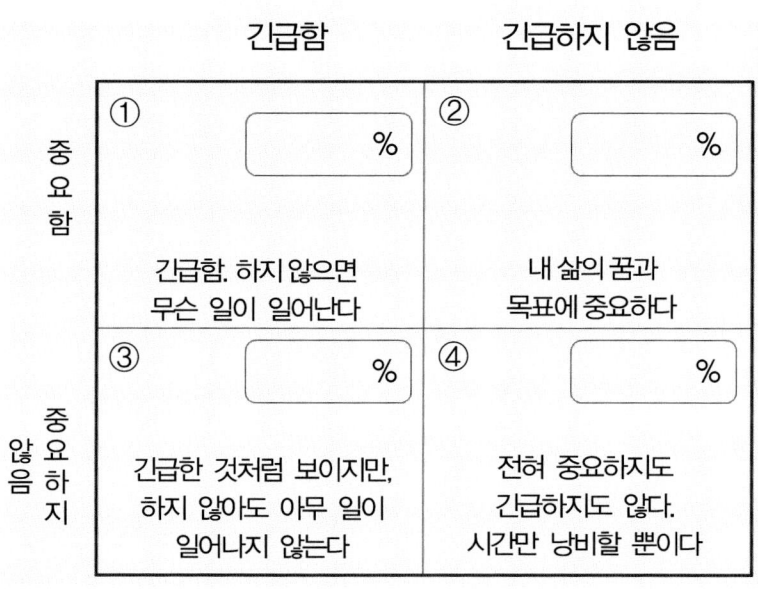

　1분면은 긴급하면서 필수적 영역으로 장기적으로는 위기의 장이 될 수 있다.

2분면은 비전을 가지고 준비해야 할 영역으로 장기적으로 보았을 때 성공의 장이 될 수 있다.

3분면은 선택과 거절해야 할 영역으로 유혹의 장이 될 수 있으며, 4분면은 낭비와 폐인이 되는 영역으로 장기적으로는 낭비의 장이라 할 수 있다.

	긴급함	긴급하지 않음
중요함	① 위기의 장 〈긴급·필수 영역〉	② 성공의 장 〈비전·준비 영역〉
중요하지 않음	③ 유혹의 장 〈선택·거절 영역〉	④ 낭비의 장 〈낭비·폐인 영역〉

각 분면별 활동은 다음과 같다. 자신의 경우 어떤 분면의 활동을 많이 하는지 확인해 보자

	긴급함	긴급하지 않음
중요함	**1. 위기의 장** – 3일 뒤인 시험공부 – 내일까지 제출해야 하는 수행 평가 숙제 – 학교수업, 학원수업	**2. 성공의 장** – 운동, 독서, 주요과목 매일 학습 – 계획수립, 인증시험 대비 – 리더십 캠프 참가 – 일기 쓰기(반성)
중요하지 않음	**3. 유혹의 장** – 친구 생일 파티 – 공부시간 늦으며 축구하기 – 사소한 전화 – 잡담과 수다 – 엄마의 잔소리 – 주변의식(주인공이 아닌 삶)	**4. 낭비의 장** – 게임, PC 방 – 의미 없는 휴대폰 문자 – 지나친 TV 시청 – 만화보기 ⇒ 시간도둑

<u>긴급하고 중요한 일</u> – 자신이나 가족이 아팠을 때 병원에 가는 일, 약속시각까지 송금하는 일, 정해진 시간까지 서류 제출, 학교 숙제하는 일

<u>긴급하지만 중요하지 않은 일</u> – 끝도 없는 회의, 우편물 정리, 집 안 청소, 식사 메뉴 정하기, 자주 만나는 친구들 만나기, 개업식 참석하기 등

<u>긴급하지 않지만 중요한 일</u> – 좋은 책 읽기, 우정 다지기, 외국어 익히기, 견문 쌓기, 인격 다듬기, 가족애 만들기, 건강 지키기 등

<u>긴급하지도 않고 중요하지도 않은 일</u> – TV 드라마 보기, 친구와 전화로 수다 떨기, 시장 구경가기 등

시간을 어떻게 보내는지 습관형성이 되면 자신의 삶의 모습이 된다. 특정한 분면에 많은 시간을 보냈을 때 어떠한 삶의 모습이 되어 있을까?

	긴급함	긴급하지 않음
중요함	1. 위기의 장 – 짜증과 스트레스 – 피로와 탈진 – 중간정도의 성적	2. 성공의 장 – 여유 – 행복 – 높은 성과
중요하지 않음	3. 유혹의 장 – 자제력 상실 – 남의 뒤치다꺼리만 하는 삶	4. 낭비의 장 – 책임감 없음 – 자포자기 – 죄의식

위기의 장에 많은 시간을 보내면 극도의 스트레스가 쌓이게 된다. 이 장의 일들을 없앨 수는 없다. 그러나 줄일 수는 있다. 이것들을 줄일 수 있는 방법은 첫째, 준비, 예방, 계획이며 둘째는 능력향상으로 위기관리 능력을 향상하는 것이다. 즉 성공의 장에서 시간을 보내는 만큼 위기의 장이 줄어들게 된다.

다음 질문에 답해 보자.

- 나를 성장하게 하는 영역은 무엇인가?

- 그중에서 가장 중요한 것은?

- 나를 가장 힘들게 하는 영역은 어디인가?

- '무조건 그래'에서 '안돼'라고 해야 하는 영역은 어디인가?

- 나의 삶에서 제거해야 할 게으름에는 어떤 것이 있는가?

● 시간설계

➤ 학습설계 진단

  다음의 표를 이용하여 자신의 하루 시간 사용을 진단해 보자. 특히 자기주도학습시간이 얼마나 되는지 확인해 보자.

일일 시간 사용정도〈단위: 시간〉

구분	학교수업	학원	과외	총 수업시간	숙제 및 수행평가	자기주도 학습시간	취침	기상
월	5	2	1	8	1	2	7:00	23:00
화								
수								
목								
금								
토								
일								

  위와 같이 작성하였다면, 학교수업은 5시간, 학원에서 공부하는 시간이 2시간, 과외 1시간 이어서 총 수업시간은 8시간이 된다. 숙제 및 수행평가를 하는 데 1시간, 자기주도학습시간은 2시간이다. 이렇게 일주일 동안 자신의 시간을 어떻게 사용하는지 작성해 보자. 중학생은 1일 자기주도학습이 최소한 2시간, 고등학생은 3시간 이상을 확보하는 것이 좋다.

⮞ 월간 계획표 작성하기

 월간 계획표는 한 학기 동안에는 거의 동일하므로 작성하는 것이 많이 부담스러우면 한 학기 동안 1번 작성하는 것도 무방하다.

★ 이 달에 해야 할 일
1. _____
2. _____
3. _____
4. _____

구분	월	화	수	목	금	토	일	평가		
1주								上	中	下
2주								上	中	下
3주								上	中	下
4주								上	中	下
5주								上	中	下

➤ 주간 계획표

　다음으로 주간 계획표를 작성한다. 학기 동안 매주 시간표가 같다면 굳이 매주 작성하지는 않아도 된다. 시간표는 하루의 시간을 펼쳐놓고 한눈에 볼 수 있도록 작성하는 것이 좋으며 책상 앞, 방문 등 눈에 잘 띄는 2~3곳에 붙여 놓는 것이 좋다.

월일 요일	/ 월	/ 화	/ 수	/ 목	/ 금	/ 토	/ 일
06:00 ~							
07:00 ~							
08:00 ~							
09:00 ~							
10:00 ~							
11:00 ~							
12:00 ~							
13:00 ~							
14:00 ~							
15:00 ~							

16:00 ~							
17:00 ~							
18:00 ~							
19:00 ~							
20:00 ~							
21:00 ~							
22:00 ~							
23:00 ~							
24:00 ~							
01:00 ~							
02:00 ~							

평가	上	中	下	上	中	下	上	中	下	上	中	下	上	中	下	上	中	下	上	中	下

더 나은 내일을 위하여							

주간 시간표를 작성할 때 다음의 내용을 참고하여 작성하도록 한다.

① 고정시간을 체크한다.

   학교, 학원 등 일정하게 정해진 시간이 해당된다.

② 개인목표 시간을 체크한다.

   휴식, 독서, 친구와의 만남 등 개인적으로 정한 시간이 해당된다.

③ 자기주도학습시간을 배정하기 위하여 가용 시간을 계산한다.

   24시간 - 고정시간 - 개인목표 시간

▶ 자기주도학습(SDL: Self Directed Learning) 시간 목표 수립

만약 자기주도학습을 습관화 들이는 초기라면 다음의 표를 이용하는 것도 권할 만하다. 필자의 경우, 중 1 아들의 자기주도학습을 습관화들이기 위해 매일 같이 함께 확인을 하여 성공적으로 습관화 들였었다.

요일	월	화	수	목	금	토	일
SDL 목표시간	2	2					
실제 SDL 시간	2	1					

시간 사용 Tip

- 급하지만 중요하지 않은 일보다 급하지 않지만 중요한 일을 먼저 한다.

- 과거의 일보다는 미래의 일을 먼저 한다.
- 작은 일보다는 큰일을 먼저 한다.
- 부분적인 공부보다는 핵심적인 공부를 먼저 한다.
- 쉬운 공부보다는 어려운 공부를 먼저 한다.

▶ 자투리 시간 계획

자신에게 정말 중요한 시기 또는 10분의 시간도 아껴 쓰려는 학생은 자투리 시간계획도 세워 볼 수 있다.

언제	시간(분)	계획
등·하교 때	40분	영어단어 50개씩 암기
합계		

성공한 사람들의 달력에는 'Today'가 있다.

실패한 사람들의 달력에는 'Tomorrow'가 있다

성공한 사람들의 시계에는 'Now'가 있다.

실패한 사람들의 시계에는 'Next'가 있다. 그리고 Next는 악마의 유혹이라는 것을 기억하자.

시간이란······

기다리는 사람에게는
너무 느리고,
두려워하는 자에게는
너무 빠르게 지나가고,
비탄에 빠진 자에게는
너무 길고,
기뻐하는 자에게는
너무 짧고,
그러나 사랑하는 자에게
시간은 영원하다.

스트레스 관리

● 스트레스와 뇌

인간이 화가 나면 IQ가 80인 돌고래와 같아지고, 슬퍼지면 IQ가 70인 원숭이와 같아진다는 우스갯소리가 있다. 정신적 충격인 스트레스를 받으면 뇌가 제대로 작동하지 못한다는 의미이다.

스트레스는 내부, 외부의 압력을 조정하고 그것에 적응하려는 각 개인의 생리적, 심리적, 행동학적 반응을 총칭한다. 19세기 물리학에서 기원하였으며, 외부로부터 주어진 힘 또는 압력을 의미하며, 강제, 압박, 긴장이 유사개념이다. Hens Seyle가 1925년에 처음 명명하였다.
스트레스는 환경으로부터 요구받는 수준과 자신의 해결능력 간의 불균형으로 생기는 결과로 이해한다.

스트레스(stress)란 라틴어에서 유래된 말로 곤경, 곤란, 역경, 고통, 압력, 긴장 등을 의미하는 말이다. 외부에서 주어지는 자극, 본인 스스로 느끼는 심적 압박감 등이 서로 작용하여 신체적, 심리적, 행동적 문제 등을 일으키는 것을 스트레스라 할 수 있다.

스트레스의 증상

스트레스를 받으면 개인에 따라 차이는 있겠으나 신체적, 정신적, 감정적, 행동적인 증상이 나타난다.

신체적 증상: 피로, 두통, 불면증, 근육통이나 경직(특히, 목, 어깨, 허리), 맥박이 빨라짐, 흉부통증, 복부통증, 구토, 전율, 사지냉감, 안면홍조, 땀, 자주 감기에 걸리는 증상이 나타남

정신적 증상: 집중력이나 기억력 감소, 우유부단, 마음이 텅 빈 느낌, 혼동이 오고 유머 감각이 없어짐

감정적 증상: 불안, 신경과민, 우울증, 분노, 좌절감, 근심, 걱정, 불안, 성급함, 인내부족 등의 증상이 나타남

행동적 증상: 안절부절못함, 손톱 깨물기, 발 떨기 등의 신경질적인 습관, 먹는 것, 마시는 것, 흡연, 울거나 욕설, 비난이나 물건을 던지거나 때리는 행동이 증가함

스트레스를 요인에 따라 분류해 보면 물리학적, 생리학적, 사회·심리적 요인으로 분류해 볼 수 있다.

물리학적 요인에 의한 스트레스: 더위, 추위, 소음 등

생리학적 요인에 의한 스트레스: 피로, 질병 등

사회·심리적 요인에 의한 스트레스: 대인관계 등에서 비롯되는

갈등, 좌절, 불안 등

스트레스가 뇌에 미치는 영향에 대하여 살펴보자.

① 스트레스와 해마
- 해마는 단기기억에 저장되어 있는 기억을 분류하여 장기기억으로 저장하는 기억응고화를 담당하는 주체로 알려졌다. 해마의 신경세포는 운동이나 환경적 요인에 반응하여 새로운 뇌세포를 형성하는 것으로 알려졌다. 스트레스는 이러한 해마의 신경세포 형성을 방해한다고 보고되고 있다. 스트레스를 심하게 받으면 해마의 뇌세포가 손상되고 이는 의식적 기억의 장애를 가져올 수 있다.

② 스트레스, 외상과 편도
약한 스트레스는 각성상태를 유지시켜 편도를 통한 기억력을 증진하고 외상은 편도를 자극(sensitize)시켜 공포 반응을 일으키게 된다. 무서운 사실 자체는 잘 기억하지 못해도 그때의 공포 정서(감정)는 기억된다.

요약하면 스트레스를 받으면 뇌가 제 기능을 못하게 되고 학습에도 지장을 준다는 것이다. 살다 보면 스트레스를 받지 않을 수는 없다. 그러나 스트레스를 해소하기 위한 인지적, 정서적 능력을 키워야 한다.

자신이 어떤 종류의 스트레스를 받는지 확인해 보자.

① 최근 나의 스트레스는?

- ·
- ·
- ·

② 스트레스를 해결한 방법은?

- ·
- ·
- ·

③ 지난 일주일 동안 내가 느꼈던 감정 확인하기

우리가 느낄 수 있는 감정의 종류와 깊이는 매우 다양하다. 감정은 크게 긍정적인 감정과 부정적인 감정으로 나누어 볼 수 있다. 자신이 지난 일주일 동안 느낀 감정에 ○ 표시해 보자

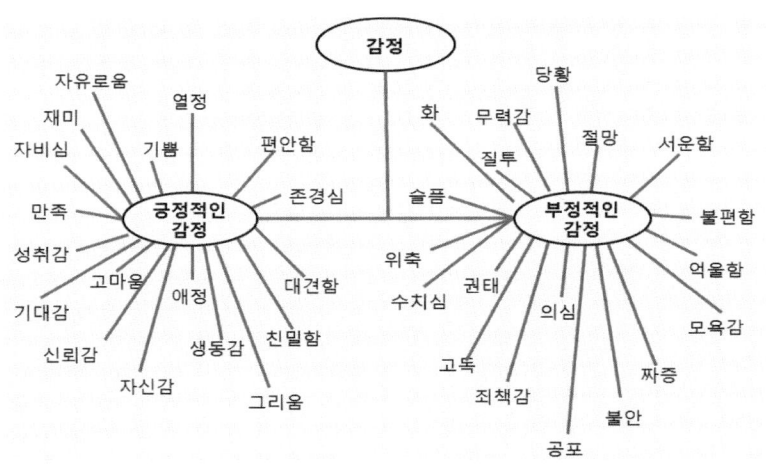

세상에 존재하는 감정의 종류는 매우 많지만 일정 기간 동안 우리가 느끼는 감정은 유사하며 매우 적은 종류의 것이 된다. 인간의 두뇌에는 긍정 정서를 느끼는 감정회로와 부정 정서를 느끼는 감정회로가 각각 있어, 한번 느낀 감정은 폐푸르를 돌면서 증폭되는 경향이 있다. 마치 물컵에 약간의 물을 넣고 흔들면 점점 물의 흔들림이 세지는 것처럼 감정도 세기가 세지는데… 이것을 스스로 인식하고 빠져나오는 것이 중요하다. 이것은 자석의 법칙과 같아서 한 번 강한 감정상태에 빠지면 유사한 감정들이 끌려지는 것과 같다.

➤ 스트레스 정도 진단

내용	전혀 그렇지 않다	약간 그렇다	매우 그렇다
부모님이 늘 공부하라고 해서 짜증이 난다.			
부모님이 나의 일에 지나치게 간섭해서 짜증이 난다.			
부모님께서는 시키는 일이 너무 많아서 피곤하다.			
부모님이 내게 거는 기대와 요구가 지나치게 높아 부담스럽다			
부모님이 내 성적에 너무 신경을 써서 부담스럽다			
부모-자녀 관계 총점:			
우리 가족은 별로 화목하지 않아 속상하다.			
우리 집이 잘살지 못해서 서글프다.			
우리 집 분위기가 마음에 들지 않는다.			
부모님께서 자주 다퉈서 힘들다.			
가족들이 내게 관심을 보이지 않아서 불만이다.			
가정환경 총점:			
마음에 맞는 친구가 없어서 우울하다			
친구들이 나를 따돌리는 것 같아서 속상하다			
친구들이 나를 무시하는 것 같아서 언짢다.			
친구들과 마음껏 어울리지 못해서 불만족스럽다			
친구들과 이야기가 잘 통하지 않아서 불만족스럽다.			

친구 관계 총점:			
성적 때문에 신경이 많이 쓰인다.			
시험 때마다 불안하고 긴장된다.			
학원이나 과외 활동이 많아서 힘들다.			
앞으로 해야 할 공부를 생각하면 걱정이 앞선다.			
노력해도 성적이 오르지 않아서 고민이 크다			
학업 총점:			
학교 숙제가 많아 부담스럽다.			
선생님들이 몇몇 학생들만을 편애하는 것 같아 불만족스럽다.			
학교생활에 적응하기가 힘들다.			
교실, 화장실 등 학교 시설을 이용하는 것이 불편하다.			
몇몇 선생님들의 수업 방식이 마음에 들지 않는다.			
교사 및 학교 총점:			
집에서 학교를 오고 가는 데 시간이 많이 걸려 짜증이 난다.			
버스나 전철이 복잡해서 짜증이 난다.			
주위가 시끄러워 공부하는 데 짜증이 난다.			
우리 동네가 마음에 들지 않는다.			
집과 학교를 오고 가는 데 교통편이 나빠서 불편하다.			
주변 환경 총점:			

스트레스 합산 점수:

스트레스의 정도를 확인하고 종류에 대하여 순위를 매겨보자.

스트레스 총점	
순위(영역별 총점)	1순위: 2순위: 3순위: 4순위:

● 스트레스 원인-행동 찾기

자신이 스트레스 상황에서 자주 경험하는 생각, 감정, 행동을 찾아보자.

스트레스를 받는 상황과 스트레스에 대한 자신의 생각, 감정, 행동을 찾아보자.

스트레스 상황	엄마가 학원에서 돌아오자마자 숙제하라고 하신다.
나의 생각	학원에서 놀다 왔는지 아시나! 도대체 나한테 관심이 있는 거야. 공부한테 관심이 있는 거야!
나의 감정	정말 짜증난다. 열 받는다. 반항심 생긴다.
나의 행동	숙제를 더 하지 않고 빈둥거린다.

스트레스 상황	
나의 생각	
나의 감정	
나의 행동	

➤ 스트레스의 문제점

우리 옛말에 "기가 막혀 죽겠네"라는 말이 있는데 이 말은 바로 스트레스를 받아서 죽겠다는 말이다. 실제로 스트레스를 받으면 맥이 막혀 소화도 되지 않고 두통이 생기며 가슴이 답답해지는데 더 심해지면 심각한 질환이 되기도 하고 혈관이 터져서 뇌졸중으로 사망하기도 한다. 최근의 조사에 따르면 고등학생의 86.4%가 시험스트레스에 시달리고 있다고 한다. 실제로 스트레스가 많은 학생은 시험 당일이면 식은땀이 나고 불안해서 공부도 안 되고 공부한 내용도 기억이 나지 않는다고 한다. 이렇게 스트레스가 심하면 성적이 제대로 나오지 않고 학습효과도 떨어진다. 따라서 공부를 잘하기 위해서는 스트레스 요인을 줄이고 나아가 스트레스를 관리하는 전략을 세워야 한다.

● 스트레스 무찌르기

➤ 관심의 원이 아니라 영향력의 원에 집중하라

자신이 마음대로 할 수 없는 영역인 관심의 원이 있고, 마음대로 할 수 있는 원인 영향력의 원이 있다. 관심의 원에 에너지를 집중할 때 자신의 무력감, 실패에 대한 두려움, 타인에 대한 거부감을 느끼게 되면서 스트레스 또는 걱정거리가 된다.

관심의 원에 에너지를 쓰면 불평, 불만, 비판, 욕설이 늘어나게 되고 자신이 통제할 수 있는 영향력의 원에 사용할 에너지가 줄어들게 되면서 영향력의 원이 축소하게 된다. 영향력의 원이 축소되면 이는 또 다른 스트레스 거리가 되고 다시 이것은 영향력의 재축소의 원인이 된다. 반면, 영향력의 원에 에너지를 집중할 때, 우리는 차분하고 내면의 평화를 경험하면서 학업이나 인간관계에서 원하는 결과를 얻을 수 있게 된다. 그 결과 영향력의 원이 커지게 되며, 영향력이 커지면 자신이 통제할 수 있는 것이 증가되며, 이것은 또 다른 영향력의 원이 커지는 결과를 낳는다. 결국, 영향력의 원에 에너지를 집중하는 것은 스트레스 해결뿐 아니라 삶의 진정한 지혜가 된다.

그러나 처음 영향력의 원에 에너지를 충실히 집중하기 위해서는 준비된 자세가 필요하며 씨를 뿌리고 화초를 키우는 마음으로 기다리는 인내도 필요하다. 때가 무르익으면 열매를 맺게 되리라는 것을 믿으면서 말이다.

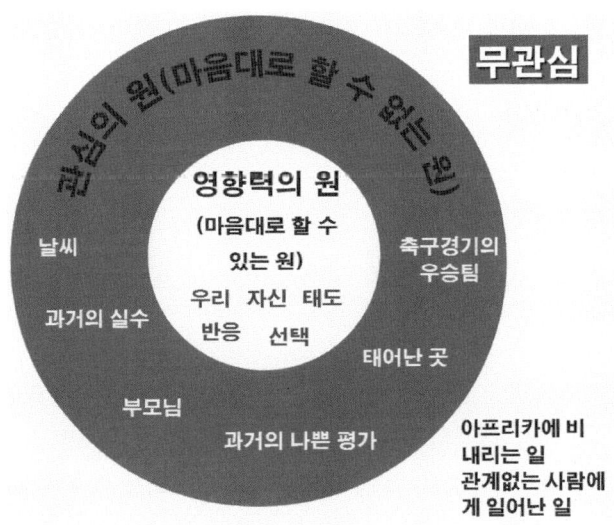

➤ 자극에 대한 반응은 내가 선택한다.

인간에게 일어나는 사건은 단 10% 만이 사실이고 나머지 90%는 사건에 대한 반응이다. 모든 일에 긍정적으로 반응하면 긍정적인 사람이 되고, 부정적으로 반응하면 부정적인 사람이 된다. 중요한 것은 '사실'이 아니라 '어떻게 반응하느냐'이다. 반응하는 대로 결과가 나온다. 인생의 승패는 반응의 대처가 열쇠이다. 즉 "스트레스를 주는 상황"이란 없고 "스트레스를 받는 반응"이 있을 뿐이다. 선택과 책임의 법칙에 따라 스트레스로 내가 선택하는 것뿐이다.

걱정은 부정적 상상에서 오는 것이며 부정적 상상은 스트레스 혹은 불안감으로 다가온다. 또한 걱정은 미결정의 상태로부터 오는 것이며, 이것은 "NO"라는 단호한 행동(생각, 말, 행동)으로 해결할 수 있다.

이제 스트레스를 무찌르는 방법에 대해 알아보자. 스트레스 상황이 오면 먼저 마음의 힘을 발휘해야 한다.
- 모든 행동에는 긍정적 의도가 있었음을 생각하자.
- 모든 사람의 머리에는 고유한 지도가 있음을 생각하자.
- 인간은 누구나 O.K.이며, 가능성이 있음을 생각하자.

➤ 단계별 무찌르기 방법

① 1단계: 스트레스의 원인을 분석한다.

영향력의 원에 해당하는 것인지, 관심의 원에 해당하는 것인지 분석한다. 누구나 걱정의 40%는 절대 현실로 일어나지 않을 일, 30%는 이미 일어난 일에 대한 걱정, 22%는 사소한 고민들, 4%는 우리 힘으로 어쩔 도리가 없는 것이며, 4%만이 우리의 힘으로 바꿀 수 있는 것이라고 한다.

걱정의 40% - 절대 현실로 일어나지 않을 일	관심의 원
걱정의 30% - 이미 일어난 일에 대한 걱정	관심의 원
걱정의 22% - 사소한 고민들	영향력의 원/관심의 원 ⇒ 선택의 문제들
걱정의 4% - 우리 힘으로 어쩔 도리가 없는 것	관심의 원
걱정의 4% - 우리 힘으로 바꿀 수 있는 것	영향력의 원

② **2단계: 영향력의 원에 해당한다면**

- 공부 스트레스는 명확한 목표가 비법이다. 자신의 삶의 무지개와 징검다리를 머릿속에 그려라.
- 대인관계 스트레스: 주인의식 발휘가 비법이다.

자아의식에 도움을 요청하자. 스트레스를 무찌르는 비법은 대체의 법칙을 사용하는 것이다.

스트레스 요인		대체법(크게 3번 이상 외쳐라)
의미와 목적 결핍	→	나는 글로 쓴 목표가 있다.
미완의 행위	→	Do it Now!
실패에 대한 두려움	→	나는 할 수 있다.
현실에 대한 거부	→	대가를 지불하라.
분노	→	모든 것이 내 책임이다.

- **대인관계에서는** 당당하게 요청한다.

많은 경우 자신이 원하는 것을 말하지 못하거나, 상대방이 하는 말에 대해 자신이 원하는 것을 말하지 못하여 받는 스트레스를 경험했을 것이다.

행동과 사실	상대방의 행동과 사실에 대해 말한다.
생각과 기분	나의 생각과 기분을 말한다.
상대방 의견 묻기	상대방의 의견을 묻는다.
기대사항 요청하기	나의 기대사항을 당당하게 요청한다.

예) 스트레스 상황: 엄마가 학원에서 돌아오자마자 숙제하라고 하신다.

행동과 사실	엄마, 제가 학원에서 돌아와서 피곤해서 좀 쉬고 있는데 엄마는 저를 보자마자 숙제를 하라고 하셨어요.
생각과 기분	그래서 저는 엄마가 저한테 관심이 있는지 숙제에 관심이 있는지 궁금했어요. 그리고 짜증이 나고 반항심도 생겼어요.
상대방 의견 묻기	엄마는 어떻게 생각하세요?(잠시 침묵)
기대사항 요청하기	(인정하면) 저를 이해해 주셔서 감사해요. (인정하지 않으면) 이제 제가 숙제하는 점에 대해서는 알아서 할 테니까, 엄마는 저녁때 한 번만 확인해 주세요. 저를 믿어 주세요.

③ 3단계: 관심의 원에 해당하는 것이라면

자신이 걱정할 것이 아니라고 선택하면 'STOP'을 외치고 머릿속에서 지워버린다.

자신이 걱정해야 할 것이라면 진심으로 기도한다.

④ 판단이 어려울 때

하루하루를 충실히 살아라. 과거는 역사, 오늘은 선물, 내일은 신비이다. 미래에 대한 가장 확실한 준비는 지금 여기에 100%를 투자하는 것임을 명심하라. 걱정은 건강에도 해로우며 아무것도 할 수 없게 한다. 화낼 때마다 80명을 죽일 수 있는 독소가 배출된다고 한다. 우선순위를 정하여 즉시로 행동하라.

※ **정종진 역(1998)의 12가지 뇌의 학습 원리**

① 학습자 개개인의 뇌는 서로 다르다.

② 위협과 과도한 스트레스는 학습에 악영향을 준다.

③ 뇌의 발달단계에 따라 학습이 이루어진다.

④ 풍부한 학습 환경은 학습을 촉진한다.

⑤ 정서는 학습에 절대적이다.

⑥ 기억과 인출에는 다양한 경로가 있다.

⑦ 학습은 신체와 정신의 결합으로 이루어진다.

⑧ 뇌는 의미를 추구하며 학습한다.

⑨ 유형화를 통해 학습이 이루어진다.

⑩ 뇌는 의식적으로 학습할 뿐만 아니라 무의식적으로도 학습한다.

⑪ 뇌는 사회적이다.

⑫ 뇌는 개인의 경험에 따라 환경에 적응해 나간다.

참고문헌

정종진 역(2010), 『뇌기반 교육의 원리』, 학지사.

강 훈 ─────────────────────────────

　국제뇌교육대학원대학교 뇌교육학 대학원 과정 중
　홍익인재교육원 원장

김미영 ─────────────────────────────

　충남대학교 교육학 박사
　카이스트 영재교육센터 선임연구원
　충남대학교 사범대학 기술교육학과 겸임교수

민세홍 ─────────────────────────────

　충남대학교 교육학 박사
　한국생명공학연구원 원내전문강사

정현옥 ─────────────────────────────

　충남대학교 교육학 박사

행복하게 **성공**하기 위한

자기주도
학습전략

초 판 인 쇄 | 2012년 3월 2일
초 판 발 행 | 2012년 3월 2일

지 은 이 | 강 훈, 김미영, 민세홍, 정현옥
펴 낸 이 | 채종준
펴 낸 곳 | 한국학술정보㈜
주   소 | 경기도 파주시 문발동 파주출판문화정보산업단지 513-5
전   화 | 031) 908-3181(대표)
팩   스 | 031) 908-3189
홈 페 이 지 | http://ebook.kstudy.com
E - m a i l | 출판사업부 publish@kstudy.com
등   록 | 제일산-115호(2000. 6. 19)

ISBN   978-89-268-2947-9 03370 (Paper Book)
          978-89-268-2948-6 08370 (e-Book)

이담 books 는 한국학술정보(주)의 지식실용서 브랜드입니다.